히틀러에 저항한 사람들

히틀러에 저항한 사람들
- 반나치 시민의 용기와 양심

2022년 6월 20일 초판 1쇄 발행

지은이 | 쓰시마 다쓰오(對馬達雄)
옮긴이 | 이문수
편집 | 이만옥·조용종
디자인 | 달바다 design company
펴낸이 | 이문수
펴낸곳 | 바오출판사

등록 | 2004년 1월 9일 제313-2004-000004호
주소 | 서울시 마포구 신수동 448-6 한국출판콘텐츠센터 422-7호
전화 | 02)323-0518 / 문서전송 02)323-0590
전자우편 | baobooks@naver.com

ISBN 978-89-91428-36-2 03920

히틀러에
저항한
사람들

반나치 시민의 용기와 양심

쓰시마 다쓰오 지음

이문수 옮김

일러두기

- 이 책은 쓰시마 다쓰오(對馬達雄)의 『ヒトラーに抵抗した人々』(中公新書, 2017, 3版)을 우리말로 옮긴 것이다.
- 주는 모두 옮긴이 주이다.
- 이 책의 사진은 독자들의 이해를 돕기 위해 수록한 것이다.

히틀러 독재 붕괴 후 나치 독일과 대비되는 '또 하나의 독일'이라는 말이 생겨났다. 히틀러에게 목숨 걸고 저항했던 사람들이 그 독일에도 존재했기 때문이다. 이 책은 그 말 속에 담겨 있는 독일인 저항자들에 대한 이야기다.

나치 독일은 유대인 증오에 눈이 멀었던 히틀러 지배 하에서 프로파간다와 테러, 밀고와 감시가 일상적으로 일어났던 경찰국가라는 이미지가 있다. 그런 이미지는 확실히 히틀러 독재의 일면이긴 하지만, 현실에서 히틀러는 대단히 인기 있는 지도자였다. 독일 국민은 국내에 수백 개의 강제수용소가 건설되었다는 사실을 알고 있었으며, 유대계 주민들에 대한 박해를 용인했다. 마침내는 집시 50만 명과 함께 유럽의 유대계 주민 600만 명을 말살한 홀로코스트로까지 발전하였지만 히틀러에 대한 지지는 계속되었다.

이런 상황 속에서도 히틀러 암살 계획과 실행 미수는 40건이 넘었다. 가장 대표적인 것이 소형 시한폭탄으로 히틀러 암살과 쿠데타를 기도한

'1944년 7월 20일 사건'이다. 이 사건은 독일의 패전과 점령을 피할 수 없는 상황에서 국방군 내 반히틀러 세력이 일으킨 것이었다.

하지만 히틀러는 가벼운 상처를 입는 데 그치고 말았다. 그렇지만 이 소식은 히틀러에 대한 동정과 함께 사건을 일으킨 사람들에 대한 격분을 불러일으켰다. 그만큼 신뢰를 받았던 총통 히틀러 하의 나치 체제는 유럽 전역을 유린하고 자국의 도시가 폐허가 된 상태로 1945년 5월 8일 무조건 항복 때까지 12년간이나 계속되었다. 따라서 히틀러 독재체제를 타도하려는 시도는 결실을 맺지 못했으며, 국민 부재의 지하운동은 종전과 함께 끝나고 말았다. 이 지하운동이 반나치 저항운동이다.

반나치 저항운동은 지금까지 여러 측면에서 검토가 이루어지고 있으며, 상당한 분량의 관련 서술과 자료가 축적되어 있다. 그중에서 항상 주목을 받는 것은 앞서 언급한 '7월 20일 사건'이다. 무려 7천 명이 체포되고, 200여 명이 처형된 이 사건은 반나치 저항운동의 마지막 불꽃이었다.

사건의 중심인물은 전시 중 북아프리카 전선에서 왼쪽 눈과 오른손 등에 부상을 당한 슈타우펜베르크 대령이었다. 그의 일관된 애국적 언동은 처형으로 완결됨으로써 지금까지 여러 차례 드라마로 만들어졌고, 저항운동의 상징적인 인물이 되었다. 덧붙이면, 할리우드에서 2008년에 나온 영화 「발키리」에서 이 암살 미수사건의 전모를 새롭게 조명하고 있다. 한편 군인 그룹의 무력과는 무관하게, 또 특정 조직과도 아무런 관계가 없는 상황에서 나치 체제를 총체적으로 거부한 사람들도 있었다. 그들 중 뮌헨 대학의 학생이었던 숄 남매를 중심으로 한 '백장미' 그룹은 일찍부터 알려져 있다.

숄 남매와 그의 동료들은 전시 하였던 1942년 이후부터 유대인 및 점령지 주민의 대학살이 분명해진 상황에서 히틀러 체제 타도를 기도했지만 1943년에 전원 체포되어 당국의 처벌을 받았다. 이 백장미 그룹을 둘러싼 재판은 '7월 20일 사건' 재판과 함께 공개적으로 이루어짐으로써 나치 시대부터 전후 초기에 걸쳐 모든 내용이 알려지게 되었다. 그렇기 때문에 반나치 활동을 상징하는 또 하나의 좋은 사례가 되었다. 이들의 활동은 체제를 비판하는 유인물을 단 한 장이라도 배포하면 형무소나 강제수용소에 끌려가야 했을 뿐 아니라 체제를 부정하는 내용이 있으면 잔혹하게 처형될 각오도 해야 하는 행동이었다.

지난 2005년 독일에서 나온 「백장미의 기도-조피 숄 최후의 날들(Sophie Scholl-Die letzten Tage)」(2005)은 역사적 사실을 있는 그대로 담담하게 그린 감동적인 영화다.

앞에서 예로 든 인물들은 반나치 활동의 대표적인 사례이지만, 그들과 연대하고 협력하거나 혹은 독자적으로 행동했던 사람들도 있었다. 히틀러를 지지하는 압도적인 다수의 입장에서 보면 지극히 소수인데다 각지에 분산되어서 활동했지만 나치즘(나치당의 사상과 정책)에 맞서 싸우며 저항했던 독일인들이다. 그들은 무명의 소시민에서부터 문민 엘리트에 이르기까지 사회 각계각층에 포진해 있었다. 하지만 그들의 행동은 타인의 강요에 의한 것이 아니라 어디까지나 시민의 한 사람으로서 자발적인 의사에 따른 것이었다. 유대인 구원에서부터 나치 체제 타도까지 각자의 자리에서 다양하게 활동했던 반나치 시민 또는 저항 시민이 바로 이 책에서 논의할 대상이다.

여기에서 우선 유의해야 할 것은, 히틀러 독재가 국민의 지지를 받는 체제였다는 것이다. 지금까지 언급되었던 독일 국민은, 나치의 프로파간다에 속아서 동조하였다든가 테러 공포의 위협으로 수동적인 태도를 강요했다는 것이다. "과거에 눈을 감는 자는 현재도 볼 수 없다"는 말로 유명한 바이츠제커 전 독일 대통령의 종전 40주년 연설이나, 5월 8일 패전일을 국민 모두의 "해방의 날"로 표현한 것은 기본적으로 국민을 그런 시각에서 보고 있다는 것을 의미한다. 그렇지만 이야기는 그렇게 단순하지만 않다. '해방'된 국민 대중이 사실은 나치 지배를 압도적으로 지지했다는 사실은 우리를 혼란스럽게 만든다.

물론 나치와 거리를 두고 회색지대에 머문 사람도 많았을 것이다. 하지만 국민 대중의 대부분은 나치 체제의 경제적 수익자로 살았으며, 나치 지도부도 계속적인 지지를 얻기 위해 다양한 수단을 동원했다. 선전장관01 괴벨스의 일상적인 프로파간다와 친위대 장관 하인리히 힘러의 비밀국가경찰대의 위협이 있었지만 일방적인 강권지배는 없었다. 히틀러 독재에 대해 최근 "동의의 독재"(괴츠 알리Götz Aly)라는 성격이 강조되는 것도 이 때문이다.

히틀러가 진심으로 나치 국가를 맡기려고 했던 것은 성인 세대보다는 유연한 청소년 세대였다. 실제로 나치 지배는 당장 눈앞의 실리를 통해 국민 대중의 지지를 획득해나가면서 그와 동시에 청소년에게 나치 사상을 철저하게 주입시키는 전략을 펼쳤다.

이 책에 등장하는 '저항하는 시민'은 앞에서 언급한 상황에 처해 있었다. 그런 면에서 보면, 반나치 활동을 앞에서 가로막아선 것은 이웃 주민

---

01   정확하게는 대중계몽선전국가부(Reichsministerium für Volksaufklärung und Propaganda; RMVP) 장관이다. 나치 독일에서 나치즘 사상의 강요를 담당한 정부 부처다.

과 더불어 총통 히틀러를 열광적으로 신봉하는 청소년이었다. 그들에게 나치 체제를 부정하는 자는 자신들의 생활과 세계를 위협하는 존재이자 전시 하에서는 자국 독일의 패배를 도모하는 반역자나 다름없었다.

전후 연합군 점령 하의 사회에서도 히틀러에 대한 지지는 여전했고, 그로 인해 저항자에게는 배신자라는 오명이 따라붙었다. 그 유족들도 물심양면에서 지속적으로 어려움을 겪어야 했다. 이런 점에서 피점령지에서 활동했던 파르티잔이나 레지스탕스가 영웅시되었던 것과는 커다란 차이가 있다.

독일인의 반나치 활동은 알려질 수 없을뿐더러 아무에게도 알릴 수도 없는 고독한 현실에 투신하는 것이었다. 그럼에도 불구하고 그들은 왜 그렇게 결단하고 행동했던 것일까. 이 물음의 종착지는 히틀러의 독일과 다른, 그들이 상상한 조국 독일, 즉 '또 하나의 독일'이라고 할 수밖에 없다.

나치 붕괴 후 70여 년이 지난 현대 독일에는 나치의 과거를 망각하지 않기 위해 '기억 문화'라는 말이 정착되었다. 그래서 독일 전역에는 수많은 기념관과 추모비, 기념물이 흩어져 있다. 그리고 매년 7월 20일 저항 기념일에는 추모식이 열린다. 추모식에서 중심이 되는 사람들은 군인이 아닌 유무명의 보통 시민들이다.

이 책에서는 혹독한 시대를 살았던 독일인 저항 시민의 모습을 있는 그대로 그려보려고 하였다. 이는 "어떻게 살 것인가?" 하는 보편적인 질문에 진지하게 응답하고 행동했던 사람들에 대해 이야기하는 것이기도 하다.

차례

1장

압도적인 지지를 받았던
히틀러 독재와 시민의 저항

히틀러를 환영한 국민,
히틀러를 반대한 국민

01

히틀러의 정권 장악

경제위기가 뼈에 사무친다는 것은 예나 지금이나 다르지 않다. 1933년 히틀러 정권을 탄생시킨 가장 큰 요인은 역시 바이마르 공화국 말기의 심각한 경제위기였다. 제대로 기능하지 못하는 의회 정치에 국민 대중의 불신감은 높아졌고, 파탄 난 경제와 궁핍한 생활에 국민은 크게 분노했다. 경제가 대공황의 늪에 빠져 허덕이자 실업률은 40퍼센트까지 치솟았고, 실업자 수는 600만 명을 넘어섰다. 중간층은 붕괴의 위기에 처했고, 자살과 범죄가 급증하는 등 안정과 질서가 사라진 사회는 절망감으로 가득 찼다. 그중에서도 젊은이들은 미래의 희망이 거세된 희생자였다. 이런 현실이 히틀러가 정권 탈취에 나서게 한 요인이 되었다.

1933년 1월 30일 총리가 된 히틀러가, 오스트리아에서 태어난 극우선동 정치꾼에서 이듬해 8월 2일 국가원수 겸 민족의 지도자 '총통'으로 변신한 것도, 강압적이었지만 국민이 전통적으로 각별히 사랑하는 질서를 회복시키고, 가장 중요한 고용문제에 눈에 띄는 성과를 거두어서 국민 다수의 신임을 얻었기 때문이다.

무엇보다 히틀러 정권이 고용확대와 경기회복에 몰두한 것은 정권 안정이 목적이었고, 종국적으로는 그런 성과를 바탕으로 나치 사상을 실현하려 하였다. 나치 사상은 요컨대 '반유대 인종론'을 바탕으로 국내적으로는 모든 사회집단이 '공익'을 위해 '민족공동체'에 일체화되어 1인 지도자를 무조건 따르는 체제(총통국가)를 만드는 것이었다. 여기에서 독일인은 신분의 차이가 평준화되어 '국민동포'가 된다. 또 대외적으로 독일 국민은 우수한 '아리아인'으로서 열등한 다른 민족을 지배하는 존재이다. 그리고 슬라브 민족은 '종속민'이면서 본래 독일 민족의 생존 권역에서 살고 있는 인종이다. 따라서 독일이 그에 '상응하는 영토'를 확보하는 것도 이 우승열패(優勝劣敗)에 따른 인종사상의 입장에서는 얼마든지 정당화할 수 있는 것이다.

대단히 독선적이면서 호전적인 『나의 투쟁(Mein Kampf)』(상하권, 1925·26)에서 제시한 나치 사상은 '피와 땅'(Blut und Boden)의 이데올로기가 되어 유럽 전역에서 유대인을 비롯한 소수 인종을 배제시키고, 동유럽 지역을 식민지화하는 현실 정책으로 나아갔다.

히틀러가 4년 이내에 국가재건과 경제재생을 이루겠다고 약속하고, 헌법 규정을 정지 상태로 만들어서 의회의 입법권을 정부에 맡긴 전권위임법(Ermächtigungsgesetz, '수권법'이라고도 한다)[01]을 성립(1933년 3월 23일)시

히틀러에 저항한 사람들

강제노동에 동원된 정치범들(다하우 강제수용소, 1933)

킨 것은 앞서 언급한 것처럼 나라 전체의 나치화(균제화)를 겨냥한 것이었다. 때문에 유대인 문제가 정책의 근간이 될 수밖에 없었다. 그리고 원수나 다름없는 공산당을 철저하게 탄압했을 뿐 아니라 사회민주당(SPD)과 중앙당(DZP, 가톨릭계 정당), 독일민주당(DDP)의 지도자, 그리고 노동조합(사회주의 계열 조합 및 그리스도교 노조 등)은 당연히 내부의 적이 되었다. 심신장애인와 동성애자, 만성 알코올 중독자도 '공동체의 이질적 분자'로서 배제와 차별의 대상이 되었다.

　나치 체제를 만든 시책, 예를 들면 대중계몽선전국가부의 설치, 재판없이 구속할 수 있는 강제수용소의 건설, 비밀국가경찰의 설립, 유대계·

01　비상사태 발생 시 입법부가 행정부에 입법권을 위임하는 법률을 말한다. 일반적으로 1933년 독일에서 나치 정권에 입법권을 위임한 법률을 가리킨다. '수권법' 또는 '권리부여법'이라고도 한다. 정식 명칭은 '민족과 국가의 위난을 제거하기 위한 법률'(Gesetz zur Behebung der Not von Volk und Reich)이다.

좌익계 공무원의 강제 퇴출, 노동조합의 해산, 정당 해체, 유전병 환자의 강제 단종, 국가반역죄를 재판하는 인민법정의 설치 등은 1933년 3월 중순부터 이듬해 4월에 걸쳐 실행되었다.

이러한 시책에 대한 반대행동은 표면화되지 않았다. 뮌헨 시 근교의 다하우를 비롯 각지에 급조된 강제수용소에만도 1933년 한 해 동안 공산당을 중심으로 사민당 국회의원 등 정적과 노조 활동가 약 10만 명이 구금되는 등 일거에 반대운동이 봉쇄되었기 때문이다.

국내의 반나치 시민

시민들 중에는 나치즘을 본질적으로 거부하는 시민들도 있었다. 그들은 어떻게 그런 입장을 갖게 되었을까? 그들은 제정독일 붕괴 후 인권보장을 내세운 바이마르 헌법의 토대 위에 탄생한 의회제 민주주의가 굳게 뿌리를 내리는 것을 옹호하는 한편 히틀러 붐에는 커다란 위기감을 갖고 있었다. 그 때문에 적지 않은 저명한 문화인들이 반나치 캠페인에 적극적으로 참여했던 것이다. 하지만 나치 정권이 탄생함에 따라 공개적인 반나치 운동이 불가능해지면서 국외망명을 택할 것인지 아니면 국내에서 눈에 띄지 않게 일상생활을 보낼 것인가를 놓고 선택의 기로에 서게 되었다.

국외 연고가 있고 비자 취득이 가능한 유대인이나 신변에 위험을 느낀 독일인은 자산을 처분해서 재빨리 망명길에 나섰다. 그렇지만 대부분의 유대인은 위기의식을 크게 느끼지 못한 채 모국 독일에 희망을 걸었지만, 아인슈타인 같은 노벨상 수상자급 과학자나 저명한 사상가, 음악가들은 나치 당국의 추방조치에 따라 망명을 선택할 수밖에 없었다. 독일의 전체적인 학술 수준을 쇠퇴시킨 1급 과학자들의 망명은 1천 500명이 넘었는데, 그 대부분은 미국을 망명지로 택했다. 그렇다면 독일에 남아 있기로 하고, 훗날 정치적 저항자의 길을 걸은 사람들은 어떻게 되었을까? 몇 가지 사례를 들어보자.

전시하의 대표적인 반나치 시민 그룹이었던 크라이자우 서클(Kreisauer Kreis)[02]의 유력 멤버였던 아돌프 라이히바인(Adolf Reichwein, 1898~1944, 사형)은 사민당원이라는 이유로 할레 교육대학에서 쫓겨났지만 자진해서 농촌 지역의 초등학교 교사가 되었다. 비교적 이른 나이인 20대에 히틀러 정권을 보낸 사람들의 경우, 대학 졸업 후 어떤 특정한 직업을 선택한 것 때문에 정치적 저항의 길에 들어선 경우도 적지 않았다.

크라이자우 서클의 핵심 인물이었던 헬무트 제임스 그라프 폰 몰트케(Helmuth James Graf von Moltke, 1907~1945, 사형)는 '근대 독일 육군의 아버지' 대 몰트케(Helmuth Karl Bernhard von Moltke, 1800~1891)의 후손으로, 히틀러 정권 탄생으로 나치당 입당이 강제된 판사직에서 물러나 베를린에서 변호사로 활동하며 유대계 피박해자들의 지원과 구제에 관여했다. 같은 그룹의 일원이었던 아담 폰 트로트(Adam von Trott, 1909~1944, 사형)는 로즈 장학생으로 옥스퍼드 대학 수학 후 관직에 투신해 반나치 성향의 고위 관료가 많

---

02   히틀러 치하 나치 독일에 존재했던 반나치 저항그룹. 2차 대전 당시 추축국에 점령당한 국가들에서는 여러 저항 조직이 생겨났는데, 크라이자우 서클은 독일인들이 주축이 되어 설립한 독일 내부의 저항조직이었다. 단체명은 설립자 헬무트 제임스 그라프 폰 몰트케 백작의 저택이 위치한 크라이자우 지역에서 따온 것이다. 이 책에서는 앞으로 이 서클에 대해 자세히 다룰 것이다.

았던 외무부에 들어갔다. 그는 같은 외무부 내에서 역시 그룹 멤버가 된 한스 베른트 폰 헤프텐(Hans Bernd von Haeften, 1905~1944, 사형)과 연대해서 체제 비판자들의 국외 이주를 도왔다.

그러나 나치 정권 초기에는 히틀러 붐으로 유지되는 정권이 앞으로 안정될 것인지 여부를 판단하는 것이 기본적인 자세가 되었다. 트로트가 영국의 친구에게 "나치 체제에 맞서 모든 수단을 동원해서 싸워야 하지만 공공연한 반대는 오히려 도움이 되지 않는다"고 한 것도 그런 판단에 따른 것이었다. 때문에 그리스도교 신앙의 나치화에 맞서 결성된 '고백교회'(Bekennende Kirche)[03]를 개인적인 차원에서 지원하거나 정치적 피박해자와 유대인의 국외 이주를 원조하는 것 외에 아직은 낮은 단계의 저항에 머물러 있는 상태였다.

히틀러 지지자들이었던 저항자들

트로트가 "공공연한 반대는 오히려 도움이 되지 않는다"고 본 이유는 대부분의 정치경제 분야의 엘리트들이 나치 정권의 탄생을 긍정적으로 보았기 때문이다. 훗날 반나치 그룹 '괴르델러 서클'을 이끈 라이프치히 시장 카를 괴르델러(Carl Friedrich Goerdeler, 1884~1945, 사형)를 비롯한 재무관료 요하네스 포피츠(Johannes Popitz, 1884~1945, 사형), 외교관 울리히 폰 하

---

03   1934년 히틀러에 반대하여 설립된 독일 프로테스탄트 교회. 1935년 독일 바르멘에서 민족과 국가의 신격화를 부정하고 하느님의 말씀인 예수 그리스도만이 복종의 대상이요, 하느님의 계시라는 내용의 '바르멘 선언'을 발표하여 히틀러에 대한 불복종을 선언하였다.

히틀러에 저항한 사람들

셀(Ulrich von Hassell, 1881~1944, 사형)처럼 반나치 운동에 투신한 사람들도 바이마르 말기에는 반공화정적인 입장에서 히틀러 정권 초기에 재등용되었다. 또한 후에 국방군 내에서 반히틀러 그룹의 총수가 된 루트비히 베크(Ludwig Beck, 1880~1944, 자결) 장군이나 청년장교 클라우스 폰 슈타우펜베르크(Claus von Stauffenberg, 1907~1944, 사형) 같은 군인에게도 베르사유 조약[04]에 따른 군비 제한에 불만을 갖고 있는 상황에서 새로운 정권의 탄생은 "1918년 이후 비로소 커다랗게 빛나는 희망"(루트비히 베크)으로 보였던 것이다.

뮌헨 대학에서 저항운동을 펼쳤던 '백장미 그룹'의 숄 남매는, 아버지 로베르토가 뮌헨 부근 포히텐베르크의 시장이었던 부유한 시민 가정에서 태어나 자유롭고 그리스도교적인 분위기에서 성장했는데, 그 시기에 맏딸이었던 잉게 숄은 나치당의 청소년 조직인 히틀러 유겐트(Hitlerjugend)에 열성적으로 참가하고 있었다. 그런 아이들에게 로베르트가 "나치 패거리를 믿어서는 안 된다. 저들은 늑대일 뿐이야. 저들은 독일 국민을 파멸로 몰고 갈 거야"라고 경계의 목소리를 높였지만 그들은 아직 아버지의 말을 이해할 수 없었다.

이러한 사람들이 후에 확고한 신념을 가진 반나치 저항자가 되어 히틀러 타도라는 기치 아래 저항 행동으로까지 나아간 것은 나치 본래의 인종정책이 본격화·첨예화되었기 때문이다.

---

04   1차 대전 후 파리 강화회의에서 승전국들, 특히 프랑스 제3공화국이 패전국 독일 제국 이후의 바이마르 공화국을 상대로 맺은 조약이다. 조약의 내용은 엄청난 양의 보상금과 바이마르 공화국의 무장해제를 골자로, 1차 대전 동안 피해를 입은 영국과 프랑스 등이 주축이 되어 이뤄졌다. 그렇지만 지나치게 가혹하면서도 동시에 유약한 조약은 결국 2차 대전을 불러일으킨 원인 중 하나가 되었다.

히틀러의 여론 장악과
국민 대중의 열광

<u>02</u>

실업문제 해결

히틀러가 국민들의 지지를 받았던 것은 대량실업 문제를 조속한 시간 내에 해결했기 때문이다. 1차 대전의 책임으로 독일에게 부과된 영토 할양과 극단적인 군비 제한, 과중한 배상을 규정한 베르사유 조약을 파기하고, '위대한 국가' 건설이라는 외교정책을 천명한 히틀러의 연설에 국민 대중은 환호를 보냈으며, 그의 인기는 높이 치솟았다.

당시 독일 국민은 권위에 휘둘려 사상이나 신념의 자유를 그다지 소중하게 여기지 않는 미성숙한 정치의식으로 인해 민족주의를 선동하는 히틀러의 교묘한 연설에 취했던 것이다. 선전장관 괴벨스가 가정과 직장에 값싸게 공급한 라디오는 히틀러의 그런 연설은 물론 나치 프로파간다의

히틀러에 저항한 사람들

히틀러는 독일 국민들에게 열광적인 지지를 받았다.

강력한 수단이 되었다.

하지만 외교 문제 이상으로 국민 대중에게는 실업 불안과 생활의 어려움에 대한 해결이 최대의 관심사였다. 국민 모두가 사회 밑바닥으로 추락할 수 있다는 두려움과 궁핍에 대한 불안감에 휩싸여 있었다. 젊은이들은 연인이 있어도 결혼을 생각하기 힘들었고, 부부는 안심하고 자녀를 낳을 수 없었다. 그리고 중간층 사람들에게는 물가가 수천 배나 올라 통화가 휴지조각이나 다름없었던 1920년대 전반의 하이퍼인플레이션 경험이 커다란 트라우마로 남아 있었다.

실업난에 허덕이는 사람들은 히틀러가 경제문제, 즉 먹고사는 문제를 해결해주기를 갈망했다. 그들이 나치당에 지지를 보내면서 기대했던 것도 그런 이유 때문이지 과격한 반유대인 인종론을 내세운 나치 사상에 동조했기 때문은 아니었다.

히틀러는 매일 가계를 꾸려나가는 평범한 일반 여성들에게 높은 지지를 받았는데, 그런 여성들의 회고에서도 히틀러에 대한 지지가 실업문제 해결과 직결되었다는 것을 알 수 있다.

예를 들면, 이런 이야기다.

> "우리들이 바라는 건 오직 일과 빵이었어요. 배가 고파서 데모도 했지요. 그러나 그건 히틀러가 총리가 되기 전의 일이지요." "히틀러는 단번에 모든 걸 바꾸어놓았습니다. 어느 날 갑자기 남편에게 일자리가 생겼는데, 다른 사람들도 모두 그렇게 되었습니다. 그러니 국민 대중이 모두 히틀러 지지자가 될 수밖에요." (『여성들─독일여성 제3제국을 말한다』)

"단번에"라든가 "갑자기" 같은 표현은 제쳐놓더라도 히틀러가 공약한 것처럼 통계적으로는 1933년부터 1936년까지 '제1차 4개년 계획'으로 실업자가 601만에서 155만 명으로 4분의 1 가까이 줄어들었고, 1932년에 최저수준이었던 국민총생산이 1936년까지 약 50퍼센트 상승하였으며, 국민소득도 46퍼센트 증대하는 등 그가 경제회복·경기회복에 성과를 거둔 것은 사실이다.

그중에 고용을 견인한 것은 대규모 재정지출에 따른 전국 규모의 공공토목사업, 특히 도로망 확충과, 자동차 공업과 연관 산업의 조성책이었다. 당시 이 시책의 책임을 맡은 인물은 중앙은행 총재이자 경제장관으로서 하이퍼인플레이션을 퇴치한 영웅 얄마르 샤흐트(Hjalmar Schacht, 1877~1970)였다. 그리고 물가를 감시하고 그 안정의 책무를 지고 전국물가관리관에 취임한 사람은 라이프치히 시장 괴르델러였다.

히틀러에 저항한 사람들

아우토반과 꿈의 폭스바겐

공공토목사업의 핵심은 아우토반 건설이었다. 고속도로망 정비는 바이마르 공화국 때부터 시작되었지만, 히틀러의 중점 시책은 모터리제이션(Motorization)[05]을 발전시켜 군사용으로도 전용할 수 있도록 하는 것이었다. 그리고 이런 사정을 고려해서 대중의 환심을 사기 위한 대책도 내놓았다. 1934년 6월에 시작된 '국민차 계획'이었다.

히틀러는 상당한 자동차 마니아였다. 당연히 지식도 풍부했다. 그는 당시 부유층의 상징이었던 자동차를 '한 집에 한 대'라는 슬로건을 내걸고, 대중들에게 자동차를 보급시키기 위해 직접 기본 디자인을 해서 자동차 공학자인 포르쉐에게 넘겨주었다. 그가 제작을 의뢰한 자동차는 파격적으로 저렴한 가격에 견고할 뿐더러 공랭식의 고성능 저연비로, 부부와 아이 세 사람이 탈 수 있는 대중차였다.

이에 부응해 포르쉐는 1938년 최종 시작차를 완성하고, 포드사를 통해 배운 대량생산 체제를 갖추었다. 이 계획에 맞춰 사람들은 적립방식으로 차를 예약구매하기 위해 대대적으로 나섰다. 매주 5라이히마르크(이하 마르크로 약칭)를 납입하면 일반 노동자도 4년 후에는 꿈에 그리던 자동차를 소유할 수 있게 되었다. 이 계획을 세운 것은 나치당 국가조직 '독일노동자전선'의 하부조직인 KdF[06]였는데, 자동차의 이름도 'KdF'였다.(개전으로 인해 335만 6천 명의 응모자 중 일부만 자동차를 받았지만, 전후에는 모든 응모자에게 인도되었다.)

---

05   자동차가 사회와 대중에 널리 보급하고 생활 필수품화 되는 현상을 말한다.

06   KdF는 Kraft durch Freude의 약자로, "기쁨을 통해 힘을!"이라는 뜻이다.

자신의 49세 생일(1939년 4월 20일)에 포르쉐 박사(왼쪽)가
폭스바겐에 대해 설명하는 것을 기쁜 표정으로 지켜보는 히틀러

레저의 매력

KdF는 나치 사상이라는 민족적 유대로 일체화된 '국민동포' 의식을 고양시키고, 생산력 향상에도 도움이 되는 여가를 충실하게 보급하는 데 상당한 역할을 했다. 주 40시간 노동제의 도입[07]과 휴가의 증가(연평균 3~6일에서 12일)는 대량실업자를 줄이는 워크 쉐어링(일자리 나누기) 시책이었지만, 이는 레저 활동이 활발해지는 계기로 작용했다.

레저 보급을 위해 정기적인 스포츠 행사와 연주회, 축제가 벌어졌고, '빌헬름 구스틀로프호'[08] 같은 대형 여객선을 이용한 저렴한 국내외 관광여행도 이루어졌다. 그리고 각지에서 휴양사업, 예를 들면 독일 북단

---

07   한국의 경우, 주 52시간 노동제가 2018년 7월부터 공공기관과 공기업, 300인 이상 사업장을 대상으로 시행되었다. 그리고 2021년 7월부터 5인 이상 50인 미만의 사업체에도 확대 적용되었다.

구스틀로프호(1937) 배의 이름은 유대인에게 죽임을 당한
나치당 간부 빌헬름 구스틀로프를 기념하기 위해 히틀러가 붙인 것이다.

의 뤼겐섬에 건설된 종합레저시설 '프로라'에서의 하기휴양 같은 다양한
사업이 지속적으로 실시되었다. 이 시설은 2만 명이나 상시숙박이 가능
했다고 한다.

　일반 노동자층을 중심으로 한 국민 대중은 실업문제가 해결되고 꿈의
폭스바겐과 자유로운 생활을 즐길 수 있는 레저 사업이 등장하자 환호할
수밖에 없었다. 그런 분위기 속에서 1936년 베를린에서 개최된 하계 올
림픽은 더할 나위 없는 국위 선양의 기회로 선전되었고, 히틀러의 인기
는 최고조에 달했다.

　이처럼 히틀러 독재가 압도적으로 지지를 받는 가운데 반유대주의는
어떤 과정을 거쳐 나오게 되었을까.

08　　나치가 공장 노동자와 농민, 회사원 등 일반 노동자에게 국외 여행을 제공하기 위해 건조한
　　　2만 5천 톤 규모의 여객선. 그러나 1945년 1월 30일. 동부 지역 피난민과 부상병을 태워서
　　　탈출하는 과정에서 소련의 잠수함에 격침되었다. 이 과정에서 많은 사람이 목숨을 잃었다.

나치의 인종정책과
"조용한 봉기"의 시작

03

반유대 정책의 시동

왜 반유대주의였을까? 나치 정권 출범 당시 독일 총인구 6천 500만 중에
서 독일계 유대인(유대교도 유대인)은 약 50만 명으로, 여기에 혼혈 유대계
독일인 75만을 더해도 전체의 약 2퍼센트에 지나지 않는 마이너리티에
불과했다. 그렇지만 이들의 경제적 영향력은 금융업을 중심으로 거의 절
대적이었다.

　여기에는 그들이 중세 이후 그리스도교도가 혐오하는 돈놀이 사업 등
에 뛰어드는 것을 마다하지 않았고, 소외된 생활을 민족 독자의 이디시
어[09]를 사용하는 유대교 공동체를 통해 극복해온 역사가 있다. 반유대
주의는 그러한 유대인 사회를 그리스도교 문화권의 '이단아'로 보고, 차

별·배척했던 유럽 사회에서 만들어진 흐름이었다.

　독일에서도 반유대주의에 대한 뿌리 깊은 전통이 있었지만, 다른 나라와 비교해볼 때 그렇게 강하지 않았다. 오히려 이곳의 유대인은 유럽에서도 가장 빨리 동화되어 비유대인과 결혼해서 개종하는 등 적극적으로 독일인 사회에 녹아들었다. 당연히 그들은 다른 독일인과 마찬가지로 각자의 직업을 갖고 경제계와 과학예술 분야에서 활약해왔다.

　스스로를 독일인이라고 자부하는 그들에게 독일은 모국이자 조국이었기 때문에 1차 대전에서도 실전요원으로 지원해서 독일제국에 충성을 바쳤다. 재상 비스마르크 치하에서 이미 국민으로서의 권리가 부여되었던 그들은 바이마르 헌법에 따라 시민권과 공민권을 가진 완전한 독일 국민이 되었다. 경제계는 처음부터 그랬고, 정부의 요직을 비롯한 행정, 사법, 문화 분야에서도 중요 포스트를 차지하는 등 공화국의 기둥을 떠받쳤다. 이런 유대계 시민의 대다수는 평균 이상의 수입으로 혜택 받는 중간층에 속했다.

　하지만 다른 한편으로 그들의 일상은 극우 반유대주의의 공격에 노출되어 있었다. 유대인들은 "금권을 지배하는 유대인"이라든가 공산주의의 원흉 "유대 볼셰비키" 같은 상투적인 멸칭으로 지칭되었다. 무엇보다 결정적인 것은, 히틀러가 『나의 투쟁』에서 "유대인이 세계 정복을 획책하고 있다"는 내용의 『시온 의정서』[10]를 위서가 아닌 "진짜"라고 강변하면서 그들이 가진 음모의 위험성을 널리 유포시켰다는 것이다. 결과적으로

09　아슈케나즈 유대인(디아스포라 이후 서유럽, 동유럽에 정착한 유대인)이 사용했던 서게르만어군 언어. 중세 독일어에서 파생된 방언에 히브리어, 유대 아람어, 슬라브어 및 로망스어 계열의 요소들이 결합된 언어다.

이들의 선동은 유대계 부유층에 대한 반감과 적개심을 크게 부추겼다.

히틀러 정권과 당 지도부도 나치 돌격대원들의 유대인 폭행과 부당한 체포를 묵인하였고, 1933년 4월 1일에는 전국적인 유대인 보이콧을 지시했다. 하지만 대부분의 국민은 도리어 그러한 폭력행위에 반발하였으며, 보이콧에 대해서도 다수의 지역, 특히 대도시 주민은 반응을 보이지 않았다. 히틀러 정권도 실업문제와 경제에 대한 악영향을 고려해서 그다지 강압적으로 박해를 하지는 않았다.

그러나 실업문제가 빠르게 해결되고, 게다가 군부와 대다수 국민들이 바랐던 패전으로 빼앗겼던 알자스 지방의 독일 귀속, 징병제의 부활과 재군비 선언으로 베르사유 체제가 타파되자 히틀러는 독일 민족의 빛나는 미래와 영광의 체현자로 우뚝 서게 되었다. 그는 청소년들에게 이상시 되어 1936년에는 히틀러 유겐트의 입단자 수가 540만을 넘어섰고, 유대계 이 외의 청소년들도 모두 의무적으로 가입해야 하는 국가 청소년 조직이 되었다. 원래 히틀러는 성인보다 청소년을 중시했다.(애당초 그는 청소년은 "교체할 수 있는 부품"이라는 생각이 있었다.) 무엇보다 그들에게 나치 사상을 쉽게 주입할 수 있었기 때문이다.

불과 27세에 전국 청소년 지도자에 임명된 B. V. 시라흐(Baldur von Schirach)는 학교 교원을 "무의미한 지식을 주입시키는 자들"이라며 혐오했던 히

10　『시온 의정서(*The Protocols of the Elders of Zion*)』는 반유대주의를 조장하기 위해 만들어진 위서다. 1903년 러시아에서 처음 출판된 이후 여러 언어로 번역되었으며, 20세기 초반에 전 세계에 퍼졌다. 전통사회를 붕괴시키고, 언론매체와 금융시장을 장악한 다음 사람들의 의식을 개조하여 노예로 만들고 종국적으로는 유대인이 세계를 지배하는 왕국을 건설한다는 것이 주된 내용으로, 24개 행동강령으로 구성되어 있다. 이 문서로 인해 유럽과 미국 내 반유대주의가 급속도로 퍼졌으며, 홀로코스트 등 대량학살의 원인 중 하나로 지목되어 사상 최악의 위조문서라는 평가를 받고 있다.

명예집회에 참석하기 위해 독일 전역에서 모인 히틀러 유겐트(뉘른베르크, 1936)

틀러의 입장에다 자신의 청년운동 체험을 확장시켜 학교 교육보다 유겐트 활동을 앞세움으로써 청소년을 나치 사상을 실천하는 첨병으로 길러 냈다. 이런 상황 속에서 아이들의 학력수준이 현저하게 떨어지거나 가족 관계가 파탄 나는 일도 적잖이 일어났다.

이처럼 총통 히틀러가 신격화되는 가운데 나치즘 동조자는 급증하는 반면, 유대인 박해를 비난하는 목소리는 점차 잦아들었다. 이런 상황을 끊임없이 조장한 것은 자기편이 아니면 모두 적이라는 나치 지배의 수법 이었다. 미디어는 일상적으로 반유대 정서를 부채질하는 데 가세했고, 나치당 말단 감시원들의 주민 정보수집 활동과 익명의 게슈타포 첩보원 의 존재 등은 유대계 주민과 일상적으로 접촉한 주민들에게 심리적 위압 감을 주었을 뿐 아니라 점차 그들과 거리를 두게 만들었다.

이미 1933년 이후 단계적으로 유대계 독일인은 관직과 전문직, 학술 문화 활동에서 배제되었는데, 이를 법률적으로 정당화한 것은 뉘른베르크법(Nürnberger Gesetze)[11]이었다. 이 법률에 따라 조부모 4인이 아닌 3인이 유대계인 사람은 '완전 유대인'으로 취급했는데, 그에 해당하는 77만 5천 명(1939)은 시민권을 빼앗겨서 공적 부조 자격도 박탈되었다. 인종법은 약 20만으로 추정되는 비정주 민족 신티(Sinti) 로마인(집시)도 그 대상으로 삼았으며, 전시 하에는 점령지역 주민에게도 확대 적용하였다.

이런 상황에서 자산이 있는 유대인의 국외 이주는 1937년까지 약 13만 명에 달했다. 처음에는 안네 프랑크 일가처럼 네덜란드 같은 인근 국가로 피난하였지만 나치 체제가 안정되면서부터는 대부분 북미나 남미, 특히 영국의 위임통치령이었던 팔레스타인으로 피신했다. 나치 정권은 이 같은 성가신 존재를 내쫓기 위해 골몰하면서도 한편으로는 그들에게 법외의 특별출국세까지 부과했다. 그런데 국제적인 반유대주의 흐름에다 각국도 실업문제로 골머리를 앓고 있었기 때문에 자산 없는 유대인을 받아들이는 데 주저했다. 여기에는 자국 내부의 반대여론에 부딪힌 이민대국 미국도 예외가 아니었다.

전쟁 준비와 연동된 유대인 박해

여기서 한 가지 주목해야 할 것은, 앞서 언급한 유대인 박해가 전쟁 준비

---

11   뉘른베르크 인종법이라고 부르기도 한다. 1935년 9월 15일 뉘른베르크 전당대회에서 발표된 나치 독일의 반유대주의 법이다. 나치당 정권 하에서 제정된 두 개의 법률, 독일인의 피와 명예를 지키기 위한 법(Gesetz zum Schutze des deutschen Blutes und der deutschen Ehre)과 국가시민법(Reichsbürgergesetz)의 총칭이다. 유대인의 권리를 박탈한 법률로 악명이 높다.

를 위한 '제2차 4개년 계획'(1936년 9월)과 밀접한 관련이 있었다는 것이다. 이 '계획'은 '생존권'의 확보(이는 농민층의 동구식민정책이기도 했다.)를 목표로 대폭적인 군비증강과 자급자족 경제를 달성해서 전쟁이 가능한 체제를 만들려는 것이었다. 하지만 이미 과중한 국고 부담에다가 급속하게 군비를 증강하는 것은 국가 재정의 붕괴로 이어질 것이 분명했다.

이런 정책에 반대한 재정책임자 샤흐트는 괴르델러와 함께 무역을 촉진해야 한다고 주장한 시장경제파의 입장에서 유대인 박해에도 이의를 제기함으로써 내각에서 고립되었다. 샤흐트는 유일하게 산업계의 신뢰를 얻었던 인물이었지만, 앞서 언급한 이유로 이듬해인 1937년 11월, 경제장관에서 해임되었다.(1939년 1월에는 중앙은행 총재에서도 해임되었다.) 괴르델러의 경우, 법질서를 무시하는 히틀러 정권 자체에 환멸을 느낀 터에, 라이프치히 시가 자랑하는 음악가 멘델스존[12] 기념상이 인종적인 이유로 철거되는 것을 계기로 나치 정권의 공직만이 아니라 시장직에서도 사임(1937년 3월)하고 반나치 활동에 나서기 시작했다.

그리고 반유대 인종정책과 함께 국방군을 자신의 야심을 위한 도구로 만든 히틀러를 위험시 했던 참모총장 베크를 중심으로 한 장교 그룹과 프로이센의 재무장관 포피츠, 그리고 주이탈리아 대사 하셀(Ulrich von Hassell, 1881~1944, 사형) 같은 보수파 엘리트들도 전쟁에서 이기면 그 뒤에는 어떻게 할 것이라는 계획도 없이 끊임없이 무모한 길을 내달리는 히틀러와 그 추종자들을 보고 "세계대전과 독일의 대파국의 위험"(베크)을 확신하지 않을 수 없었다. 이들은 독일·일본·이탈리아 방공협정(1937)을 거

12　독일 태생의 유대인이었다.

쳐 전쟁의 위험이 고조된 1938년 여름 무렵에는 나치 정권과 결별하고 히틀러에게 타격을 가하는 정치적 저항자의 길을 걷기 시작했다.

한편 히틀러가 지시한 전시 경제체제를 구축하기 위해서는 국고 파탄으로 민심 이반이 일어나지 않도록 해야 했다. 고소득층의 증세와 저소득층의 조세부담 경감은 '국민동포'의 평준화된 생활보장을 내건 나치 공약의 전제조건이었다. '수정의 밤' 사건[13]으로 유명한 유대인 대박해를 계기로, 유대인을 경제활동에서 배제하여 자산을 송두리째 빼앗은 것도 이러한 맥락에서 나온 것이었다.[14]

1938년 11월, 나치 지도부가 계획한 포그롬(pogrom)[15]은 독일 전역과 오스트리아의 유대인을 향한 폭행과 살해, 약탈, 상점 파괴, 유대교 회당 방화 등으로 나타났다. '수정의 밤'이란 파괴된 유대인 상점가의 유리 파편들이 달빛에 빛나는 광경을 표현한 것으로, 사건이 어떤 양상을 띠었는지 짐작할 수 있게 해준다. 그리고 계획적으로 부유한 유대인 3만 명을 강제수용소에 구금하여(석방 조건으로 출국을 약속하게 한 후에 과도한 특별출국세를 부과했다.) 사건 발생에 대한 유대인의 연대 책임을 물어 배상금으로 10억 마르크를 부과했다. 괴츠 알리에 따르면, 나치 정권은 지급불능 사

---

13 1938년 11월 9일부터 11월 10일까지 이틀 사이에 나치스 돌격대(SA)와 독일인 시민들이 수만 개에 이르는 유태인 상점과 250여 곳의 유대교 회당(시나고그)을 공격한 사건이다. '깨진 수정의 밤' 혹은 '깨진 유리의 밤'으로도 불리는데 이 명칭은 본문의 설명처럼 사건 당시 수많은 유대인 상점의 유리창 파편이 수정처럼 반짝였다고 해서 붙여진 것이다.

14 영국의 역사학자인 마틴 길버트가 쓴 『크리스탈나흐트(Kristallnacht-Prelude to Destruction)』를 보면, '수정의 밤'은 독일 역사에서 가장 수치스러운 순간 중 하나로 기억되겠지만, 그 광기의 순간에도 이 책의 주인공들처럼 유대인을 도왔던 의인들이 존재했다는 사실을 여러 기록으로 증언하고 있다.

15 특정 민족 또는 종교 집단에 대하여 학살과 약탈이 수반되어 일어나는 폭력적인 폭동을 말한다. '대박해'라고 부르기도 한다.

히틀러에 저항한 사람들

'수정의 밤' 때 약탈·파괴된 유대인 상점(마그데부르크, 1938)

태에 직면한 국가재정 상황을 이 유대인 배상금으로 돌파했다고 한다.

그뿐만이 아니었다. 이미 이전 해부터 유대계 기업을 망가뜨린 후 비유대계 기업에게 유리하도록 흡수통합토록 하였지만, 사건 후에는 유대인의 소매, 수출, 수공업 금지 및 모든 유대인 기업의 강제적 '아리안화'(독일인 기업으로 만드는 것)가 일어나 유대인 자산은 모두 몰수되었다. 눈앞으로 다가온 개전에 대비했던 것이다. 이렇게 해서 유대인은 독일 경제에서 말살되었고, 모든 직업과 생계수단도 빼앗겼다.

포그롬 후 유대인의 생활 양상은 크게 바뀌었다. 행동의 자유는 제한되었고, 자녀들의 공립학교 등교도 금지되었다. 자녀들은 히틀러 유겐트 단원들을 두려워했고, 집 밖에서 놀 수도 없었다.

상점의 '유대인 사절' 팻말은 일상의 풍경이 되었다. 정권 초기에는 유대인에 대한 폭력행위를 의연하게 제지했던 독일인 주민도 있었다. 하지만 반유대주의의 광풍 속에서 그런 잘못을 본척만척하는 태도가 일반화

되었고, 극도의 빈곤함 속에서 굶주림과 병으로 고통받는 유대인 희생자를 도와주는 사람의 모습은 표면적으로는 보이지 않았다. 밀고가 일상화되었기 때문이다.

반나치 운동의 태동

밀고사회에서 국민적인 반나치 운동은 생겨날 수 없다. 하지만 모든 사람이 체제에 계속 동조한 것은 아니었다. 특히 포그롬 이후 보통 시민의 반나치 지하활동이 각지에서 자연발생적으로 생겨난 것도 그 때문이다. 물론 불안과 공포를 이겨내는 것은 쉽지 않은 일이었을 것이다. 그러나 그런 어려움을 극복한 사람들에게는 타인에게 '어떻게 보일 것인가'가 아니라 '내가 무엇을 해야 하는가'의 문제였다. 나치 지배의 불법과 무도한 실태가 독일 사회에 드러나게 된 것이 결정적인 계기였다.

그들은 공산당을 비롯한 좌파 정당이나 노조의 활동가들처럼 위에서 내려온 지령에 따라 반나치 선전 활동 같은 확실한 정치투쟁에 나선 것이 아니라 자기만의 방식으로 나치즘에 항의 표시를 한 것이다. 처음에는 공식적인 '국민동포' 인사 형식으로 강제된 '히틀러식 경례'나 나치 깃발 게양, 거실 정면 벽에 히틀러 초상화를 거는 것을 무시하고, 또 공식적으로 정해진 나치 축제나 시위 행동에 참가하지 않는 등 개인적인 차원에서 소극적인 반나치 행동을 펼쳐나갔다.

이러한 저항은 결국 믿을 만한 친구나 동료들과 나치의 선전과 다른 정보를 교환하고, 그것을 유포하는 활동으로 이어졌다. 나치가 지배하는

히틀러에 저항한 사람들

동안 인종론에 반대했던 복음파 고백교회는 피박해 유대인의 피난처가 되었는데, 이 고백교회를 매개로 그들에게 구원의 손길을 내미는 그룹도 생겨났다.

이런 과정을 통해 일반 남녀 시민의 자발적인 행동과 확신에 찬 반나치 저항 그룹 활동과의 연대와 협력도 이루어지게 되었다. 작가 귄터 바이젠보른(Günther Weisenborn, 1902~1969)이 말했다는 "조용한 봉기"(Der Lautlose Aufstand)[16]가 시작된 것이다. 이처럼 나치에 저항한 비합법 그룹의 수는 수백 개에 이르렀다.

---

16 나치 체제 하에서 반나치 활동을 벌였던 저항자들의 활동상을 기록한 최초의 책으로 알려져 있다. 1953년 출간. 책의 부제는 '1933~1945년 사이 독일 국민들의 저항운동에 관한 보고서'(Bericht über die Widerstandsbewegung des deutschen Volkes 1933-1945)이다.

전시 체제 하의
반나치 운동

04

게토 이송과 약탈의 전쟁 경제

피박해 유대인은 포그롬을 계기로 필사적으로 국외 탈출을 시도했다. 나치 정권도 그들의 국외 이주를 더욱 재촉했다. 1939년 5월 당시, 독일 영토 내에는 약 23만 3천 명의 유대인이 남아 있었다. 그런데 같은 해 9월 1일, 독일군이 폴란드를 침공함으로써 2차 대전이 발발, 동유럽 쪽으로 급속하게 영토가 확장되자 수백만에 이르는 새로운 유대인이 나치 정권의 지배하에 놓이게 되었다. 폴란드의 유대인 수만 해도 340만이었고, 새롭게 점령한 중부 유럽과 남유럽의 유대인과 망명 유대인의 수도 적지 않았다.

그래서 아프리카 동쪽의 마다가스카르 섬으로 이송할 계획도 세웠지만, 결국 이 출국 방안에 따른 유대인 배제 계획은 실행되지 않았다. 그 대안으로 1940년 2월 이후에는 무력 점령한 폴란드를 중심으로 만들어진 수백 개의 게토(유대인을 격리수용한 집단 거주지)와 수용소로 유대인을 강제 이송하는 방안을 시행하였다.

야누시 코르차크(1933)

독자는 바르샤바 게토에 대해 들어보았을 것이다. 이곳의 극도로 열악했던 비참한 주거와 식생활 환경에 대해서는 '코르차크 선생'이라는 애칭으로 알려져 있는 의사이자 작가 야누시 코르차크(Janusz Korczak, 1878~1942)[17]가 고아원 아동 200명을 살리기 위해 노력했지만 결국 트레블린카 절멸수용소로 이송되어 처형될 때까지의 이야기를 사실적으로 묘사한 안제이 바이다 감독의 「코르차크」(1990)를 통해서도 알 수 있다.[18] 게토는 '살아 있음'을 부정당한 유대인을 굶기고 병들게 함으로써 천천히 대량살육을 저질렀던 곳이었다.

한편으로 나치는 전쟁을 수행하면서 점령지에서 대규모 인적·물적

---

[17] 1878년 7월 22일 폴란드 바르샤바에서 출생한 유대인으로, 의사이며 교육학자, 작가, 기자, 사회운동가였다. 특히 아동인권운동 분야의 선구자로서 아동들의 권리와 보호에 헌신하였던 실천적인 교육학자였다. 1942년 8월 5일 바르샤바 게토 내에서 자신이 돌보았던 고아 200명과 함께 트레블린카 절멸수용소로 가는 차량까지 행진을 벌였는데, 이 모습은 많은 회고록에 등장하는 홀로코스트의 상징적인 장면 중 하나가 되었다고 한다.

[18] 코르차크에 관한 이야기는 독일 영화 「코르차크 박사, 당신은 자유라네(Jest pan wolny, Doktorze Korczak)」(1975)를 통해서도 알려져 있다.

'전리품'을 잔뜩 들고 본국으로 일시 휴가를 가는 독일병사들(1943)[19]

자원을 약탈했는데, 이를 통해 자국민의 생활을 유지하고, 후방의 불만을 억누르는 정책을 펼쳤다. 이른바 '약탈경제'였다. 이미 개전 전부터 잔류해 있던 실업 상태의 유대인은 그룹 단위로 개간과 도로건설, 공장노동 등에 동원되었지만, 이들은 최소한의 생필품조차 구입할 수 없는 최저임금을 받으며 강제노동에 시달려야 했다.

전시 하에서는 출정으로 인한 노동력 부족을 메꾸기 위해 점령지역, 특히 동부에서 폴란드인 남녀와 러시아인 전쟁 포로 등 최대 750만 명(1944년 5월에는 전 노동인구의 20퍼센트)이 농업을 비롯한 광업, 군수산업 등에 투입되었다. 또한 모든 점령지역에서 유대인 자산을 압수하는 데 그치

---

19 독일군은 나치 지도부의 정신으로 행동했으며, 그 목표는 점령한 국가의 모든 경제적 자원을 쥐어짜내는 것이었다. 강도와 도둑질은 정권의 중요한 구성 요소였다. 따라서 나치 정권은 병사들의 명백한 범죄를 옹호했을 뿐 아니라 점차적으로 전리품에 대한 제한마저 없애버렸다. 이는 병사의 사기 진작과 더불어 물자부족에 시달리는 본국의 가족들을 달래기 위한 조치였다.

히틀러에 저항한 사람들

지 않고 약탈한 식량과 물자를 독일 본국으로 실어 날랐는데, 이들 점령지역의 분담금 비율이 최종적으로는 국가 전체 기준으로 26.4퍼센트에 달했다. 빼앗은 물품을 앞뒤로 짊어진 채 만족스러운 표정으로 귀국하는 독일 병사들의 모습을 찍은 사진 자료들이 많은데, 그들은 단지 약탈자일 뿐 그 이상도 그 이하도 아니다. 나중에 어떻게 되든 될 대로 되라는 세상이었다.

이런 상황에서 배급제를 실시한 독일 국내의 생활은 다소 어렵긴 해도 생활수준이 급격하게 하락하지 않고 비교적 안정되어 있었다. 그리고 1941년 후반기에 영국 공군의 공습이 시작되자 집 잃은 가족에게 추방 유대인의 주거와 국외에서 약탈해서 들여온 엄청난 가재를 제공하였다. 이는 나치 지도부가 이전 전쟁이 국민들에게 극도의 빈곤을 강요했기 때문에 민심 이반이 일어났다는 판단 하에 취한 조치였다. 때문에 눈앞의 실리를 최대한 제공해서 후방의 지지를 유지해나가는 방안을 모색하지 않을 수 없었던 것이다.

따라서 대부분의 국민들은 히틀러에 대한 감사의 감정만큼은 갖고 있었다. 이웃으로 살았던 유대인 주민이 모든 것을 잃고 노예노동에 강제 동원 되거나, 또 점령지역 사람들이 약탈과 착취로 고통받고 있는 현실은 무시되었다. 그들에게 남은 것은 철저하게 이기적인 '국민동포'로서의 생활뿐이었다. 타자를 생각하는 마음의 고통 따위는 없었다.

상례화 된 동계빈민원조운동(실제로는 군비를 충당하기 위한 것이었다.)이나 월 1회 일요일에 소박하게 식사를 하자는 슬로건도 이런 것이었다.

"행동으로 총통에게 감사드리자!!"

이런 사정이 있었기 때문에 거의 종전까지 국민 대중은 나치 체제에 충

자기 땅에서 추방되어 화물열차에 오르는 독일계 유대인들(빌레펠트, 1941)

성심을 보였고, 히틀러에 대한 신뢰도 계속되었다. 이는 결국 나치 사상이 빚어낸 유대인 말살, 즉 홀로코스트를 백안시하는 태도로까지 이어졌다.

반나치 운동의 고양

1941년 10월, 상의 왼쪽에 노란색 '다윗의 별'(유대인 표식)을 붙이게 됨으로서 국외 이주마저 금지된 잔류 유대인은 17만 명이었고, 그중 7만 3천 명은 베를린에 거주했다. 그들은 강제노동 끝에 화물차로 이송되어 노동 불능 상태가 되면 죽임을 당했다. 이미 같은 해 6월 소련 침공 이후 전선의 배후에서는 친위대(SS) 지휘 하의 특별행동대가 대학살을 저질렀다. 그 참상은 독일 국내에서도 입소문을 타고 널리 전해졌다. 동부전선에서 귀환한 병사의 이야기도 있었고, 또 동부 점령지역의 독일인 관계자의

히틀러에 저항한 사람들

정보를 통해서도 알려고 하면 얼마든 알 수 있었다.

이에 대해 나치 정권은 개전과 동시에 라디오로 외국방송의 청취를 금지하였고, 또 전쟁을 비판하는 소식이나 소문을 퍼뜨리는 자를 엄벌하는 전시법규로 대응했다. 후방의 국민 대중 역시 무관심한 척해야 했다.

하지만 한편으로 유럽 점령지역의 소수 인종 말살이 미증유의 사태로 나아가자 포그롬 이상으로 큰 충격을 받은 반나치 시민들의 지하활동도 수도 베를린을 비롯한 대도시에서 점차 활발해졌다.

히틀러 유겐트에 열광했던 숄 남매도 바뀌었다. 처음에 상상했던 자기해방과는 정반대인 나치 조직의 실체를 알고 난 뒤, 가족 간의 친밀한 대화와 교회 성직자의 가르침에 귀 기울임으로써 자기 자신을 되찾게 되었고, 게다가 포그롬을 경험한 후에는 확신적인 반나치 성향의 청년으로 성장하였다. 1943년 2월, 이들 남매가 일으킨 '백장미' 사건은 대학생들의 반나치 운동으로 크게 주목받았다. 하지만 이 사건을 제외하면 1944년에 일어난 히틀러 암살과 그에 뒤이은 쿠데타를 계획한 '7월 20일 사건'의 실패와 공표까지 시민 차원의 반나치 저항운동은 각지에서 노출되었더라도 비밀리에 '처리'되어서 겉으로는 드러나지 않았다.

그러나 나치 당국이 계속 숨겼던 반나치 시민의 지하활동은 구체적으로 어떤 모습이었을까. 그들은 무엇을 생각하고 행동했을까. 그들은 대체 어떻게 되었을까. 앞으로 이런 질문에 대해 시대 순으로 서술해보도록 하자.

제2장

홀로코스트와
반나치 유대인 구원 네트워크

박해받는 유대인과
구원자들

01

강제 이송과 홀로코스트

나치 정권 하에서 살았던 유대계 독일인의 국외 이주는 크게 세 차례의 전기가 있었다. 첫 번째는 1933년 정권 출범, 두 번째는 1935년의 뉘른베르크 인종법 공포, 세 번째는 1938년의 포그롬('수정의 밤' 사건)이다. 박해가 극심해짐에 따라 출국자도 점차 늘어났다. 국외 이주는 나치 정권 하의 인종주의 국가 독일에서 추방과 배제였으며, 박해받는 유대계로서는 뜻하지 않은 모국으로부터의 탈출이었다.

하지만 그 탈출마저도 불가능해진 유대계 사람들에게 기다리고 있던 것은 강제이송이었다. 1940년 10월 29일, 승전 분위기로 들떠 있던 독일 바덴뷔르템베르크의 뢰라흐(Lörrach)에서 남프랑스 귀르스(Gurs)의 강제수

강제이송 된 유대인의 압류 자산 공개경매에 모인 독일인들(뢰라흐, 1940)

용소로 유대인을 이송했다는 기록이 남아 있다.

　　1인당 소지금 100마르크, 어른 50킬로그램, 어린이 30킬로그램으로 제
한된 수하물 가방을 든 유대인 가족들이 모인 곳은 "흥분한 구경꾼들"
이 날뛰는 분위기에 휩싸여 있었다. 이송되는 사람들을 모욕적인 눈길
로 방관하는 사람과, 심지어 악담을 퍼붓는 사람들 속에는 히틀러 유겐
트 소년도 있었다. 강제이송 며칠 후 유대인들이 남겨놓은 소유물을 처
리하는 공매회에서는 당연하다는 듯이 이 기회에 '싸고 좋은 물건'을 손
에 넣으려는 주민들로 넘쳐났다. (「모두가 지켜보는 가운데-유대인의 강제이
송과 자산 경매」)

　　일말의 동정심 없이 물욕으로 가득 찬 독일 주민의 모습이 특히 눈길
을 끄는데, 이와 비슷한 상황이 전국 각지로 확대되었다.

　　　　　　　　　　　　　　　히틀러에 저항한 사람들

유대계 사람과 다른 6천 500여 명을 함께 수용한 귀르스 수용소는 1942년 여름까지 이들을 동부 점령지역의 절멸수용소로 이송하기 위한 집합수용소였다. 국내외에 이러한 강제수용소가 상당수 만들어졌는데, 다수는 구 폴란드령에 있었다.

1941년 9월, 유럽 유대인 수송 교통의 요충에 해당하는 아우슈비츠 강제수용소(현재는 폴란드 오시비엥침)는 가스 살해의 효과와 효율을 시험하는 거점이었다. 10월에는 제2수용소 비르케나우가 건설되어 나치 정권은 자신들과 유착관계였던 거대 화학기업 이게 파르벤(IG Farben)[01]을 비롯한 독일 기업과 공장의 주문에 따라 노동력을 공급하였으며, 크고 작은 39개의 수용소를 병합하여 최대의 절멸수용소로 확장시켰다. 이후 이곳에서

나치 점령 하 폴란드에서 저항군을 조직했던 비톨트 필레츠키.
아우슈비츠에서 그의 수인 번호는 4859번이었다.

01 독일의 화학공업 복합기업. 1차 세계 대전 이래로 긴밀하게 협력하던 여섯 개 주요 화공기업이 1925년 합병하여 만들어졌다. 파르벤은 존재하던 당시 세계 최대의 화공기업이었으며, 산업 전체 규모로 세계 4위의 기업이었다. 20세기 초 유럽 최대의 화학회사였지만 동시에 홀로코스트에 적극적으로 협조한 것으로도 악명이 높았고, 그 때문에 나치 패망 후 전범기업으로서 해체당했으며 관련자들은 법정에 서야 했다. 그러나 해체 후 70여 년이 지난 지금까지도 바이엘, BASF 등 옛 자회사들은 전범기업이란 오명을 벗지 못하고 있다.

노동력을 공급받기 위해 독일 국내의 유대인 강제노동자가 대량으로 이송되었다.

하지만 그들의 노예노동에는 아사와 병사, 독가스로 인한 죽음이 기다리고 있었다. 1945년 1월 소련군에 의해 수용소가 해방될 때까지 희생자 수는 100만 명이 넘었다.[02] 이렇게 해서 아우슈비츠는 사상 유례가 없는 나치 국가의 홀로코스트를 후세에 기억시킨 상징적인 언어가 되었다.

유포된 절멸수용소 정보

앞에서 언급한 사태는 당연히 반나치 인사들에게도 전해졌다. 예를 들면, 크라이자우 서클의 주재자 몰트케는 구 독일령 도우 슐레지엔 주 브레슬라우(현재는 폴란드 브로츠와프) 부근에 소유지 크라이자우(현재 폴란드 크르지오와, 인구는 약 2천 명으로 청년 시절에 그는 자신의 소유 영지 내 농민들을 해방시켰다.)가 있었기 때문에 수용소의 건설 사정에 대해 상세히 알고 있었다. 1943년 3월 25일, 스웨덴의 스톡홀름에서 영국의 친구 라이오넬 커티스(Lionel Curtis, 1872-1955)에게 이렇게 전했다.

---

02 희생자 수에 대해서는 여러 설이 있다. 이 수용소를 해방한 소련군은 희생자가 400만 이었으며 그중 유대인은 250만이라고 발표했다. 그러나 「뉴스위크」의 기사(1995년 1월 18일자)에 따르면 희생자 수는 유대인 포함 110~150만으로 추정되지만 정확한 수는 알 수 없다고 추산했다. 2005년 폴란드의 아우슈비츠 국립박물관은 해방 60주년 행사를 알리는 기사에서 유대인 희생자 수가 110만에 달하며, 러시아인과 동유럽인 300만이 희생당한 것으로 추정하고 있다. 이 절멸수용소의 실태는 나치에 저항하며 스스로 수용소에 잠입했다가 탈출한 폴란드의 위대한 전사 비톨트 필레츠키(Witold Pilecki, 1901~1948)의 「비톨트 보고서(Witold's Report)」(1943)를 통해 최초로 세상에 알려졌다.

농장에서 몇 마일 떨어진 곳에 강제수용소가 건설되었습니다. 지금까지 몇 개월 단위로 새로운 수용소가 만들어졌습니다. 마을 이장이 (그곳에서) 장티푸스가 발생해서 마을까지 널리 퍼지지 않도록 막을 방법이 있는지 물어왔습니다. 수용자 수는 15만에서 35만 사이로 변동이 있었습니다. 소각로가 있는 강제수용소가 16개 있는 것을 확인했습니다. 오버슐레지엔(현재 폴란드령)에는 꽤 큰 강제수용소가 건설 중이고, 수용자는 4만에서 5만, 매월 4천 명 정도 살해할 수 있다고 합니다.

나치에서 도망쳐서 북유럽 망명자가 된 유대계 독일인으로 전 판사였던 프리츠 바우어(Fritz Bauer, 1903~1968)[03]는 전시 하에 스웨덴에서 반나치 활동을 했던 인물이다. 그는 해방 직후 마이다네크 절멸수용소의 상황을 다음과 같이 구체적으로 기록하고 있다.

스톡홀름 당국은 마이다네크 강제수용소를 "절멸수용소"라고 불렀지만, (그곳에 망명하고 있던) 독일인들은 그곳을 국립박물관으로 보존하고 도이치 나치즘이 무엇이었는가를 확실하게 다음 세대에게 보여줘야 한다고 주장했다. 마이다네크는 주위 16마일에 전기가 흐르는 가시철선 울타리를 둘러치고 그 속에 200동의 목조건물을 건설하였다. 200야드마다 기관총이 배치된 감시탑이 있었고, 50야드마다 야간 도망방지용으로 강력한 서치라이트가 설치되었다. 이른바 치클론 가스[04]를 사용한 샤워실에서는 한 번에 2천 명을 처리할 수 있었다. 소련의 진격으로 붙잡힌 게슈

---

03   이 인물에 대해서는 5장에서 자세하게 언급할 것이다.

타포 감시인과 살아남은 수감자들의 주장에 따르면, 1943년 11월 3일에는 약 1만 8천 명이 살해되었다고 한다. 가스로 살해되었고, 또 총살도 있었다. (1944년 8월 30일 보고)

유대인 대량학살 사태는 1943년에는 국제적으로도 널리 알려졌다. 이런 소식은 영국의 BBC를 비롯한 외국 라디오 방송을 통해 반나치 인사에게 전해졌다. 또한 적어도 잔류 유대인이 거주지에서 끌려가서 동부로 이송되면 죽는다는 것도 독일 국내에서는 굳이 입 밖으로 꺼내지 않아도 모두가 알게 되었다.

베를린으로 숨어든 잠복 유대인

유대인이 강제이송을 피해 살아남으려면 가족 혹은 부부로, 혹은 단독으로 잠복해서 몸을 피하는 수밖에 없었다. 애당초 그들 대부분은 도시생활자였지만, 목적지로 삼은 곳은 대도시, 그중에서 특히 수도 베를린이었다. 1940년 당시 베를린은 시 구역이 확장되어 인구 약 430만(2020년 현재 366만보다 많았다.)으로, 유럽 최대 도시 중 하나였기 때문에 지인이 있으면 필요한 정보도 입수할 수 있고, 익명으로 몸을 숨기기에도 좋은 곳이

04　개발 당시에는 살충제 용도로 만든 것이다. 하지만 나치는 이 제품을 소련군 포로와 유대인을 처형하는 데 사용하였다. 개발자 중 일부는 전후 사형 판결을 받고 처형되었다. 암모니아의 합성법인 하버법을 개발하여 노벨 화학상을 수상한 독일계 유대인 프리츠 하버도 개발자 중 한 사람이었다.

　　　　　　　　　　　　　히틀러에 저항한 사람들

었다. 게다가 다른 도시, 예를 들면 프랑크푸르트 암 마인의 경우 1942년 9월부터 일제히 강제이송이 시작되었지만 베를린은 10월 이후부터였기 때문에 몇 천 명의 강제노동자와 그 가족은 숨을 수 있는 시간을 벌 수 있었다. 「나치 시기 독일의 유대인 구원」 연구 프로젝트에 따르면, 전시하 독일 국내에서 지하로 숨어들어간 유대인은 1만 5천 명, 그 중 5~7천 명은 베를린에서 몸을 숨겼다고 한다.

　그들 중에는 처음에는 다른 종교를 가진 사람과의 결혼을 통해 강제이송을 피한 유대계 독일인("특권 유대인"이라고 불렀다.)이나 비유대계 친인척의 거처에 몸을 숨긴 사람들도 있었다. 부탁받는 쪽은 친척이 방문했다거나 방문자의 집이 공습으로 불탔다는 등의 구실로 그들을 숨겨주었다. 하지만 곧바로 이웃에서 수상하다고 해서 양쪽 가족이 모두 위험이 빠지는 일이 일어나자 자기 주변에서 숨을 집과 원조자를 찾을 수밖에 없었다. 또 도망치거나 숨어야 하는 가족은 좀 더 안전하게 움직일 수 있도록 자녀들을 분산시켜 각자 살아남도록 했다.

　연고 없는 유대인이라는 것을 나타내는 J자 도장이 찍힌 여권과 중간 이름에 '이스라엘'과 '사라'라는 유대인 이름이 강제된 신분증명서[05] 등을 없애고서 살아남기 위해서는 기아와 고립, 죽음의 공포를 견뎌내고 신변의 위험에 맞서 임기응변으로 행동할 용기가 필요했다. 따라서 아무런 법적 보호도 없이 모든 권리를 빼앗긴 그들에게 도망칠 수 있는 곳은 비합법 세계밖에 없었다. 이미 방공강습회에서 집집마다 연결된 공동

05　　이는 1935년에 공포된 뉘른베르크법에 따른 것이다. 이 법은 유대인은 신분증에 중간 이름(middle name)으로 남성은 이스라엘(Israel)을, 여성은 사라(Sara)를 넣어야 한다고 강제하고 있다. 그리고 대문자로 "J"를 빨간색으로 적어야 했다.

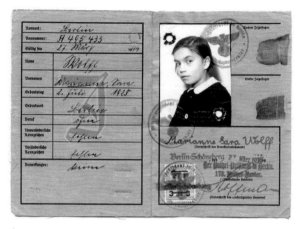

J자가 크게 찍힌 유대계 여성의 신분증. 중간 이름에 'Sara'가 쓰여 있다.(베를린, 1938)

조직을 통해 지하실 방공호에 유대인을 들이지 말라는 지시가 있었기 때문에 공습이 한창일 때도 그들은 무방비로 노출되었고, 사망하는 사람도 적지 않았다. 전후까지 살아남은 시오니스트 청년 그룹의 한 사람이었던 이차크 슈베르젠츠(Jizchak Schwersenz, 1915~2005)는 자신의 경험을 이렇게 기록했다.

> 나의 마지막 '합법적'인 저녁이었던 (1942) 8월 27일 밤, 베를린에는 폭탄이 비 오듯 떨어졌다. 하지만 다행히 여행 가방을 나르는 데 도움을 준 친구들과 함께 무사히 살아남을 수 있었다. 다음날 오후, 그룹의 친구 다비드 빗치가 피헬스베르크 부근까지 나를 배웅해주었다. 그날 저녁 게슈타포의 체포를 피하기 위한 것이었다. 다윗의 별을 붙인 채 베를린을 일단 떠났다가 하켄크로이츠를 붙이고 다시 돌아왔다. 피헬스베르크의 깊은 숲속에서 변신한 것이다. 윗옷에서 다윗의 별을 떼어내고, 만일을

히틀러에 저항한 사람들

위해 돈을 주고 산 '독일노동전선'[06] 기장을 붙였다. 날이 밝으면 베를린 시내로 돌아가 유대인 낙인 없는 자유로운 보통 시민인 척하는 데 습관을 들이기 위해 거리를 어슬렁거렸다.(『제3제국 속에서 살아가기-잠복한 유대인과 구원자』)

시민의 구원

그렇지만 어떻게 변장을 하더라도 잠복자("잠수함"이라는 은어로 불렸다.)로 살아가려면 식량과 의복, 숨을 집, 각종 가짜 증명서를 마련해줄 원조자, 그것도 복수의 원조자가 필요했다. 의심을 사지 않을 뿐 아니라 밀고나 게슈타포의 수사를 피하기 위해서는 한 곳의 은신처에서 며칠, 길어도 열흘 정도 머무르고 구조망도 재편성해야 했다.

여기에 대해 앞서 언급한 연구 프로젝트는 한 사람의 유대인을 돕기 위해서는 최소 일곱 명의 구원자가 필요했다고 상정했지만, 적어도 두 자리 수의 사람이 필요했을 것이라는 지적도 있다. 나중에 콘라트 라테(나중에 자세히 다룰 것이다.)의 경우 50명도 넘는 구원자가 자신을 도와주었다고 했기 때문이다. 쉽사리 말하기 힘든 다양한 사례들이 있었을 것이다.

1장에서 간략하게 언급한 것처럼, 독일인 시민 중에는 그런 역할을 자진해서 맡은 사람들과 은밀하게 연결된 사람도 있었다. 예컨대 시민의

06　히틀러가 정권을 잡은 뒤 이전까지 존재했던 여러 노동조합들을 통폐합해서 만든 어용노조.

야드 바셈(Yad Vashem)은 '이름을 기억하다'라는 뜻이다.
이곳에 있는 '이름의 전당'에는 홀로코스트 희생자들의 이름과 사진이 전시되어 있다(예루살렘).

압도적인 다수가 유대인 박해가 강제이송으로 이어져도 본체만체하거나 적극 나서서 칭찬하는 사람도 있었던 반면, 동정이나 대량학살에 대한 분노, 나아가 도덕심에 기초해 도움의 손길을 내밀어 연대한 사람들도 있었다. 그들은 정치적·인종적인 피박해자에 대한 비호나 국외 이주에 도움을 준 확신에 찬 나치 정권의 적대자는 아니었다 할지라도 위험에 몸을 던지면서 저항했던 것만큼은 분명하다.

구원은 물론 국외 점령지역에도 있었다. 특히 나치의 인종정책에 마지막까지 저항했던 덴마크의 경우, 민관이 하나가 되어 강제이송을 저지하여 국내 거주 유대인 7~8천 명을 중립국 스웨덴으로 피신시켰다.(여기에는 1943년 10월, 친위대의 강제이송 계획을 경고한 몰트케의 도움이 있었다.) 또한 개별적으로 암스테르담으로 도망친 안네 프랑크 일가의 2년에 걸친 은신처 생활을 뒷받침해준 히스 부부(『안네의 일기』를 보관해서 일가 중에서 유일하게 살아

히틀러에 저항한 사람들

남은 아버지 오토에 돌려준 사람이 미프 히스Miep Gies 부인이었다.)

독일인 사업가 오스카 쉰들러(Oskar Schindler, 1908~1974)[07]의 폴란드 크라쿠프 게토 유대인 강제노동자 1천 200명 구출, 점령 하에 있던 바르샤바에서 피아니스트 겸 작곡가 브와디스와프 슈필만과 유대계 폴란드인을 직권을 남용해가며 비밀리에 구한 독일 국방군 대위 빌헬름 호젠펠트(Wilhelm A. Hosenfeld, 1895~1952)[08], 그리고 주 리투아니아 영사대리였던 일본인 스기하라 치우네(杉原千畝, 1900~1986)의 비자 발급으로 유대계 난민 6천명의 탈출 지원 등은 영화를 비롯한 여러 미디어를 통해 지금까지 널리알려져 있는 사례다. 전후 이스라엘(야드바셈 기념관)에서는 이들 모두를신변의 위험을 무릅쓰고 유대인을 지킨 '열방의 의인'(Righteous Among the Nations)[09]으로 칭송하고 있으며, 사후에 그 공적을 기리고 있다.

엄격한 처벌

독일 국내에서는 어떠했을까. 유대인을 비롯한 소수 인종에 대한 차별과배제가 국가정책이 되면서부터 그 지원활동도 국가 목적에 반하는 것이

---

07   영화 「쉰들러 리스트」(1993)에 그에 관한 이야기가 잘 표현되어 있다.

08   영화 「피아니스트」(2002)는 그에 관한 이야기를 다루고 있다. 빌헬름 호젠펠트는 전후 소련에
     끌려가서 포로 생활을 하다가 1952년 스탈린그라드(현재는 볼고그라드)에서 사망하였다.

09   이스라엘에서 사용되는 명예 칭호. 홀로코스트 때 유대민족이 아니면서 나치로부터
     유대인을 구출하기 위해 생명의 위험을 무릅쓴 사람들에게 수여하는 칭호다. 2021년 1월
     현재 열방의 의인은 51개국 27,821명으로, 폴란드인이 7,177명으로 가장 많고 독일인은
     641명으로 열 번째다.

폴란드 남성과 교제한 죄로, 인종법으로 기소된 독일 여성(알텐부르크, 1942)
팻말의 내용은 "나는 공동체에서 쫓겨났다!"는 뜻이다.

되었다. 그렇지만 인종법 제정부터 포그롬을 지나 전시 체제가 될 때까지 유대인을 대상으로 한 위반 벌칙은 강화되었지만, 그런 유대인을 구원하는 독일인에 대한 형법상 처벌조항은 없었다. 그 대신 체제 비판을 봉쇄하기 위해 1934년 12월에 제정된 '악의법'(국가와 당에 대한 악의적인 공격을 저지하기 위한 법률)이 적용되었는데, 이 '악의 있는 공격'은 어떻게도 해석할 수 있는 애매한 것이었다. "유대인 구원"(게슈타포 용어였다.)은 증거조사 없이도 기소할 수 있는 특별법원 사안으로, 대부분 재판 절차 없이 게슈타포나 친위대 보안부(SD)의 재량에 맡겨졌다.

그렇지만 개전 후 게슈타포 같은 정치경찰 사령부가 된 친위대 산하의 국가보안본부(RSHA)가 독일인에게 "유대인에게 공개적으로 호의적 태도

히틀러에 저항한 사람들

를 보이면 최고 3개월간 구금에 처한다"(1941년 10월 24일)고 결정하자 유대인 구원에 대한 처벌도 크게 바뀌었다. 나치 체제 타도 같은 정치적 동기가 없는 경우에 한해 동부 점령지구와 달리 독일 국내에서는 사형에 처해지지는 않았다. 이와 관련된 다음과 같은 사례가 있다.

> 1942년 강제이송 직전, 지방 도시 비스바덴에서 식량분배가 극도로 줄어들자 굶주림으로 고통받는 옛 유대인 친구의 궁핍한 상황을 안타까워한 58세의 한 미망인이 식량을 나누어주었다. 게슈타포의 심문에서 '유대인과의 교우' 관계에 대해 책망을 받았고, 같은 해 6월 20일 유치장에 구류되었다. 그리고 9월 9일 라벤스브뤼크 여자 강제수용소로 이송되었으며, 그로부터 3개월 후에 석방되었다. 구류 이유는 '민족공동체에서 유대인을 배제하는 정부의 조치를 방해한 것'이었다.(『지하에 숨어 살아남다-독일의 유대인 구원』)

강제이송을 방해할 의도 없이 사소하게 이루어진 원조에 대해서도 처벌은 이처럼 무거웠다. 자신의 집에 유대인을 묵게 하면 더욱 엄격한 처벌을 받았다. 다음과 같은 사례가 있다.

> 1943년, 베를린의 한 남자 기계공이, 남녀 두 아이를 데리고 브레슬라우에서 도망쳐온 유대인 여성을 자신의 집에 잠시 숨겨주었다가 밀고를 당했다. 1943년 12월 초, 두 사람의 게슈타포 요원이 그의 직장에 와서 체포해갔다. 처음에 그는 시내 함부르크 거리에 있는 집합수용소에서 취조를 받은 후, 베를린의 모아비트 수용소에 구류되었다. 1944년 4월, 특별

법원에서 1년 6개월의 금고형 선고와 함께 병역 부적합자로 판정받았다. 하지만 무조건 항복을 목전에 둔 1945년 4월 19일, 루카우 형무소에서 복역 도중 무장친위대에 편입되어 소련군의 진격에 맞서 베를린을 방어하기 위한 병사로 차출되었다. (같은 책)

유대인 구원 사실이 드러나면, 사정 여하를 묻지 않고 게슈타포의 심문에 따른 위협과 벌금을 부과받았고, 특별법원에서는 "인종의 수치"로 낙인찍혀 그 건물 앞에 "서서 창피를 당해야 하는 사람"으로 처벌받았다. 결국 '국민동포'로부터 배제되어 사회적으로 고립된 처지를 피할 수 없었다. 그리고 그렇게 붙잡혀간 독일인의 원조를 받았던 유대인은 당연히 생존의 희망이 단번에 끊어지는 처지가 되었다.

밀고로 붙잡힌 원조자들

나치 당국의 단속이 강화되었다고 해서 구원활동을 막을 수는 없었다. 잠복해서 전후까지 살아남은 유대인 수는 베를린에서만 1천 400명 이상, 독일 전체로는 5천 명으로 추산되며, 그들의 구원과 관련된 사람은 그보다 훨씬 더 많았다.

「나치 시기 독일의 유대인 구원」 연구 프로젝트에 따르면, 구원활동에는 모든 계층의 사람, 즉 남녀노소, 소시민, 술집 주인, 수도원 관계자, 노동자, 기업가, 심지어 나치 당원도 관여되어 있었고, 그중 3분의 2는 여성이었다. 그리고 구원에 실패해서 게슈타포에 체포된 150명의 사례를 보면, 그들은 정치적 저항과는 무관한 '유대인에 대한 연대행동'(동포로서 원조)이었으며, 이들의 체포에는 모두 밀고의 그림자가 어른거린다는 것만큼은 분명하다.

여기에서 나치 체제를 특징짓는 밀고에 대해 설명해보도록 하자. 독일 전 영토(1938년 3월 오스트리아 병합)에 게슈타포 요원 외에 최대 200만 명에 이르는 나치당 지구 반장과 말단조직의 조장으로 구성된 감시망이 만들어졌다. 이는 일반 주민이 경찰의 눈과 귀가 되는 것과 다름없는 명백한 밀고제도였다. 밀고란 체제의 방관자가 아니라 체제를 지지하고 협력하는 자의 행동이다. 게슈타포 활동도 그 정보에 의존하는 것이 컸고, 나치 지배체제도 주민들이 밑에서 적극적으로 제보하는 밀고에 큰 도움을 받았다.

이러한 밀고는 연구조사에 따르면, 주민과 이웃, 직장 외에 친구, 지인, 부부, 자식은 물론이고 '체제의 적'을 비밀리에 제보한다는 표면적인 명분 뒤로 사적 원한이나 이해관계, 상대에 대한 공격 같은 개인적 동기에서 비롯된 경우도 많았다. 부부의 경우에는 이혼 분쟁 과정에서 자신에게 유리하도록 밀고를 하는 경우도 있었다. 때문에 유대인 구원이 밀고로 크게 위협받은 앞의 사례에서 본 것처럼, 나치 사회에 반유대주의의 침투가 사람들이 마땅히 가져야 할 인도적 행동에 대한 정상적인 사고마저도 심각하게 마비시켜버렸다는 것을 알 수 있다. 전후에 고개를 쳐들고 큰 목소리로 "나는 홀로코스트에 대해서 몰랐다"거나 "나치 이데올로기의 잔혹함 앞에서 아무것도 할 수 없었다"는 변명이 공허하게 들리는 것도 바로 이 때문이다.

중요한 것은, 그런 밀고가 만연한 가운데 구원활동이 이루어졌다는 사실이다. 그런데 그중에는 구원자가 처음부터 노골적으로 도망 유대인이 몸에 지니고 있는 금품을 요구한다든가, 도움의 대가로 자신의 일을 대신하도록 하는 경우도 있었다. 심지어는 잠복에 드는 비용을 나중에 할부금 형식으로 청구하는 어처구니없는 사례도 있었다. 위험을 짊어지는 것에 대한 보수라고 여겼을 것이다. 물론 그런 사례와는 비교도 할 수 없는 만큼 압도적으로 많은 사람들이 아무런 대가도 바라지 않고 피박해자들과 생사고락을 함께하며 신변을 지켜주었다. 그런 사람들이 바로 이 책의 주인공들이다.

그러면 그들은 실제로는 어떤 사람들이었을까. 연구 프로젝트를 통해 이름이 확인된 남녀 구원자는 약 3천 명으로, 실제로는 그보다 훨씬 더 많을 테지만 정확한 숫자는 알 수 없다. 당사자들이 입을 다물고 있기 때문이다.

구원자들 중에는 먼저 확신을 가진 반나치 시민이 있다. 다음으로는 포그롬을 계기로 그룹을 조직해서 연대와 협력을 통해 유대인을 구한 사람들이 있다. 그리고 정치적인 이유가 아닌 결코 용납할 수 없는 불법이 난무하는 현실을 눈앞에서 지켜본 지극히 평범한 시민들 중에서 "무엇이든 해야 한다"는 생각으로 행동에 나선 사람들이 있다. 이 마지막 사람들은 앞의 두 부류의 사람들과 협력하는 경우도 있었고, 그런 이유로 체포 구금을 당해 일자리를 잃은 사람도 있었다.

하지만 대체로 그들은 전후에도 자신이 했던 행동과 그 결과를 마음속에 담아둘 뿐 다른 사람들에게는 입을 다물었다. 자신들의 행동을 다른 사람들이 어떻게 보는가는 문제가 되지 않았을 것이다. 추측해보면, 그들에게는 구하지 못한 수많은 사람들에 비해 자신들이 했던 행동은 사소

히틀러에 저항한 사람들

한 것처럼 생각하였을 수도 있기 때문에 전후에도 계속 침묵을 지켰는지 모른다.

전후에 살아남은 정치적 저항자, 저항 시민들은 "배신자"로 냉대 혹은 매도당하면서도 경제적으로 어려움을 겪는 유족들과 함께 자신들이 했던 행동의 의의를 세상이 묻는 것에 대해 대부분은 침묵을 지켰다. 그들이 "침묵하는 영웅들"(에릭 실버Eric Silver)[10]이라고 불리는 이유다.

그렇지만 앞에서 언급한 것처럼, 자신들이 아는 한 구원자의 이름을 먼저 거론한 것은 그들에게 도움을 받은 유대인들이었다. 살아남은 그들의 뇌리에 각인된 것은, 위험하다는 사실을 지극히 잘 알고 있음에도 불구하고 기꺼이 손을 내밀었던 사람들이었다. 그 결과가 앞서 말했던 3천 명이라는 숫자다. 전후 베를린 시민으로서 "많은 국민 속에서 정의로운 사람"으로 표현되는 사람들이 바로 그들이다.

교회의 구원활동

교회의 구원활동은 개신교의 경우, 고백교회가 중심이 되어 확신을 가진 반나치 시민과 신자들을 통해 이루어졌다. 특히 1938년 9월에 박해받는 유대인, 그중에서도 개종한 유대인의 이주를 지원하는 교회조직으로 베

---

10   "침묵하는 영웅들"이라는 표현은 에릭 실버의 저서인 *Sie waren stille Helden: Frauen und Männer, die Juden vor den Nazis retteten*(Carl Hanser, 1994)에서 나온 말이다. 우리말로 옮기면, 『그들은 침묵하는 영웅이었다-나치로부터 유대인을 구한 사람들』이다. 저자는 이 책에서 2차 대전 당시 독일 내에서 유대인을 구원했던 40건의 사례를 소개하고 있다.

교백교회의 지도자
마르틴 니묄러 목사

를린의 목사 하인리히 그뤼버(Heinrich Grüber, 1891~1975, 1940~1943년 작센하우젠과 다하우 강제수용소, 병으로 석방)가 주도한 '그뤼버 사무소'가 설립되었다. 이 조직의 국외이주 활동은 처음에는 나치 당국의 승인 하에 이루어졌지만, 게토 이송이 본격화된 1940년 12월부터는 전면 금지되어 그뤼버를 비롯한 교회 직원들도 강제수용소로 이송되었다.

그런 과정에서도 이미 1937년에 체포구금된 고백교회 지도자 마르틴 니묄러(Martin Niemöller, 1892~1948, 1937~1945년 강제수용소)[11]와 그 후임인 헬무트 골비처(Helmut Gollwitzer, 1908~1993, 1940년 동부전선에 간호병으로 복무)가 목사로 있던 베를린 다렘의 성 안나 교회가 거점이 되어 은밀하게 구원활동을 계속해나갔다. 베를린 테겔 형무소의 목사 하랄트 포엘하우(Harald Poelchau, 1903~1972)는 이런 어려운 상황에도 불구하고 시종 구원에 관여한 인물이었는데, 그에 대해서는 나중에 다시 이야기하도록 하자.

독일 가톨릭교회 쪽에서는 프라이부르크의 그루버(Conrad Gröber,

11 루터교 목사이자 반나치 운동가. 「나치가 그들을 덮쳤을 때」를 쓴 것으로 유명하다. 이 시는 나치가 특정 집단을 하나씩 차례로 제거함으로써 권력을 차지할 때, 그에 저항하지 않고 침묵한 지식인들에 대해 다루고 있다. 연대와 저항을 강조하려는 의도로 전 세계적으로 자주 인용되고 있다. 시의 전문은 이 책 뒤에 수록하였다. 니묄러는 보수적인 성향의 인물로, 처음에는 히틀러의 지지자였지만 나치의 만행을 경험하고 나서는 고백교회의 설립자 중 한 명이 되었으며, 나치에 물든 독일 개신교를 비판했다. 아울러 인종주의를 격렬히 반대했으며, 그런 활동 때문에 다하우 강제수용소에 갇히기도 했다. 종전 후 평화주의자로 활동했으며, 베트남전 반대와 함께 비핵화 운동에도 앞장섰다.

히틀러에 저항한 사람들

1872~1948) 대주교의 뜻을 따르며 행동했던 확신적인 평화주의자로 가톨릭 복지협회의 사회복지사 게르트루드 루크네르(Gertrud Luckner, 1900~1995, 1943~1945년 라벤스브뤼크 여자 강제수용소)가 있다. 그루버 대주교는 뮌스터의 갈렌(Clemens Graf von Galen, 1878~1946) 주교와 함께 "살 가치가 없는 생명"으로 약 200만에 이르는 심신장애인의 말살(안락사 작전, 'T4 작전'[12]으로 불렸다.)에 단호하게 반대하고 저항한 인물이다. 대주교의 지원 하에 루크네르는 1941년 12월부터 유대인 가톨릭 신자의 구원과, 그들의 젖먹이와 어린 아이를 맡아줄 독일인 양부모를 찾기 위해 분주하게 움직였다. 또한 고백교회 그룹과 연대해서 종파와 신앙을 뛰어넘어 유대인을 구원하는 네트워크를 결성하는 데까지 나아갔다.

이 네트워크를 통해 그녀는 스위스 월경을 통한 도주, 강제이송용 화물열차의 이동 방해, 안전한 잠복 장소의 확보 등에 목숨을 걸고 활동했다. 1943년 3월, 밀고를 당해 정치범 신분으로 체포구금 중 강제노동에 동원되었지만 종전으로 가까스로 목숨을 구할 수 있었다.

"열방의 의인"
게르트루드 루크네르

---

12   T4 작전(Aktion T4)은 나치 독일의 우생학 사상에 따라 이루어진 장애인 안락사 정책이다. 1939년 9월 1일부터 개시되어 1941년에 중지되었지만 안락사 정책 자체는 계속되었다. T4는 본부의 소재지인 베를린의 티어가르텐 4번지(Tiergartenstraße 4)에서 유래된 것으로 2차 대전 후에 붙여진 조직의 명칭이다. 이 작전으로 독일과 오스트리아에서는 약 20만 명, 다른 유럽 국가에서는 10만 명의 장애인이 학살당했다. 1941년 8월 18일, 나치 독일은 공식적으로 계획을 중지한다고 발표했으나 그 이후에도 비밀리에 장애인 학살이 이뤄졌다.

로테 카펠레

이와 같은 교회와 관계자의 활동 이외에도 다양한 그룹의 구원활동이 있었다. 그중 가장 큰 그룹으로 '로테 카펠레'(Rote Kapelle, 붉은 오케스트라라는 뜻으로 게슈타포의 암호명이었다.)가 있었다. 이 그룹의 사상과 신념은 그리스도교인에서 마르크스주의자까지, 그리고 직업도 야간 김나지움 학생에서부터 가정부, 의사 등으로 다양했으며, 연령도 10대 후반부터 80대까지 일반 시민 150명 이상(여성이 40퍼센트)으로 구성되어 있었다.

이 그룹은 전후 냉전기가 되었을 때 소련의 스파이 조직으로 보는 시각도 있었지만 근년에 들어서는 베를린을 중심으로 활동하며 자유를 억압한 나치즘에 대한 분노를 공유했던 작은 그룹의 느슨한 연합체로서, 크라이자우 서클의 멤버들과도 접촉했던 반나치 시민의 네트워크였다는 사실이 밝혀졌다. 실제로 이들은 정기적인 회합조차 갖지 않았다고 한다.

아르비트 하르나크와 그의 아내 밀드레드(1929, 예나)

히틀러에 저항한 사람들

이 그룹의 주된 활동은, 유대인과 정
치적인 피박해자, 그리고 동부지역의
도망병 구원과 함께 나치 국가의 범죄
와 프로파간다의 거짓을 폭로하여 국
민에게 불복종을 호소하는 삐라를 배
포하는 것이었다. 하지만 항공부의 정
보장교 하로 슐츠 보이센(Harro Schulze-
Boysen, 1908~1942, 사형)과 경제학자이자
경제부 관료 아르비트 하르나크(Arvid

마리아 테르비엘(1935)

Harnack, 1901~1942, 사형) 등 주요 멤버가 사회주의적 이상에서 연고도 없이
소련 기관과 자발적으로 정보연락을 꾀한 것이 조직에 치명적인 대가로
돌아왔다.

1942년 9월부터 이듬해인 1943년 6월에 걸쳐 은밀하게 130명이 체포
되었고(그중 네 명은 자살), 49명(19명은 여성)은 사형, 그 밖의 사람은 중형을
선고받아 그룹 전체가 괴멸되고 말았다. 히틀러가 군사재판의 판결이 지
나치게 관대하다고 비판하면서 엄벌을 지시한 결과였다.[13]

그런 과정에서 비극적인 것은 잠복 유대인을 구원하면서 안락사 작전
을 '살인'이라고 항의했던 갈렌 주교의 강론문서(1941년 7월과 8월 문서)를
언제나 타이핑해서 복사·배포하는 데 앞장섰던 마리아 테르비엘(Maria

---

13   게슈타포에 체포된 하르나크는 재판에서 사형선고를 받고 3일 후 처형되었지만, 견결한
     나치의 저항자였던 미국 국적의 아내 밀드레드는 최초 재판에서 징역 6년 형을 받았다.
     그러자 히틀러는 이 선고 결과를 거부하고 새로운 재판을 명령함으로써 결국 밀드레드는
     참수형에 처해졌다. 그녀는 히틀러의 직접 명령에 따라 처형된 유일한 미국 여성이었다.

Terwiel, 1910~1943, 사형)의 경우다. 그녀는 인종법에서 "2분의 1 유대인"(조부모 두 사람이 유대인이거나 비유대교 신자로 유대인과 결혼하지 않은 유대인)으로 판정받아 법률가의 길이 막힌 경건한 가톨릭 신자였다. 마리아는 혼인을 금지당했지만 사실상의 남편이었던 치과의사 헬무트 힘펠(Helmut Himpel, 1907~1943, 사형)과 함께 '국가반역준비·이적행위' 혐의로 플뢰첸제 형무소에서 수감되었다가 힘펠이 참수형으로 처형된 지 3개월 후에 같은 방법으로 처형당했다.[14] 그것만으로 끝나지 않았다. 나치는 유족에게 처형통지 우편료를 부과하는 등 사형집행에 따른 모든 비용을 청구했다.(국가반역죄로 처형될 경우 그에 따른 비용 청구는 나치 시기의 통례였다.) 이와 같은 처사는 참으로 잔악무도하다고 하지 않을 수 없다.

니켈 부인의 용기

이처럼 가혹하게 탄압받은 정치적 저항 그룹과는 별개로 주부 혼자서 용기 있는 행동에 나선 사례도 있다.

---

14 치과의사였던 힘펠은 유대인들을 비밀리에 무료로 치료해주었을 뿐 아니라 테르비엘과 함께 신분증과 식량배급권을 마련해주는 등 구원활동에도 적극 나섰다. 힘펠의 환자를 통해 로테 카펠레 그룹과 연결된 두 사람은 이후 반나치 전선에 적극 참여하게 되었다. 테르비엘은 외국계 회사에서 비서로 일하며 로테 카펠레의 조직원들과 함께 반나치 자료를 제작, 주요 인사와 외국특파원에게 제공하고 베를린 전역에 배포했다. 여기에는 본문에서 언급한 안락사 프로그램(T4)에 대한 내용도 담겨 있었다. 이들은 나치 정권의 민간인 박해와 고문 같은 비인간적인 조치뿐만 아니라 일자리 창출과 레저 문화, 경제 여건 개선 등은 전쟁 준비에 불과한 것이었다고 통렬하게 비판했다.

경건한 가톨릭 신자인 마리아 니켈(Maria Nickel, 1911~2001)은 베를린 크로이츠베르크에 살았던 주부였다. 남편은 자동차 기계공이었고, 두 명의 자녀가 있었다. 나치 정권이 들어서면서 극심해진 유대인 주민들에 대한 박해를 보면서 그녀는 큰 충격을 받았다. 1942년 가을, 유대인이 동부지역으로 끌려가면 무서운 운명이 기다리고 있다는 것을 확신하고 그들 중 단 한 사람만이라도 구해야겠다고 결심했다. 그렇지만 그녀는 알고 있는 유대인이 없었기 때문에 주변에 살고 있는 여성 유대인 강제노동자들을 지켜보다가 그중 한 사람이 아이를 가졌다는 사실을 알았다. 니켈 부인은 어느 날 작업소로 그녀를 찾아가서 조심스럽게 도움을 주겠다고 제의했다. 루트 아브라함(Ruth Abraham, 1913~2003)이라는 이름의 유대인 여성은 잠시 망설이다가 니켈을 신뢰하며 도움이 손길을 받아들였다. 니켈 부인은 신중하게 루트와 그 남편 발터의 거주지에 식료품을 가져다주면서 이듬해인 1943년 1월, 출산을 도왔다. 그러다가 유대인 강제이송이 다가오자 아브라함 일가는 니켈 부인에게 가짜 신분증명서를 만

루트 아브라함의 우편증명서

발터의 운전면허증

들어달라고 부탁했다. 잠복에 들어가려 했던 것이다. 그래서 니켈 부인은 자신의 우편증명서(우편국 창구에서 우체국 보관 우편물이나 그 밖의 다른 물품을 수령할 수 있는 자격증명서)에 루트 아브라함의 사진을 대신 붙였고, 발터에게는 남편의 운전면허증을 주었다. 둘 다 위조였다. 그 뒤 아브라함 일가는 당분간은 당국의 신원조사를 받았지만 (위조한) 증명서 덕분에 체포되지 않을 수 있었다. 그렇지만 게슈타포가 그 증명서를 조사하는 사태에 직면하고 말았다. 그 사이에 루트는 남편과 젖먹이를 데리고 무사히 도망쳤고, 니켈 부인에게 전화로 사건의 전말을 알렸다. 그 후 게슈타포는 니켈 부인에게 출두명령을 내려 심문했지만, 그녀는 신분증명서를 잃어버렸다고 강하게 변명했다. 그렇게 해서 무사히 빠져나올 수 있었다.(「시민의 용기를 배우다」)

　니켈 부인은 용기 있게 행동하였고, 가족은 물론 믿을 수 있는 사람들과 협력함으로써 무사히 일을 해냈지만 전후에 자신이 그 당사자였다는 사실을 입 밖으로 꺼내지 않았다. 유대인들을 구원했던 다른 사람들과 마찬가지로 자신의 행동이 무엇보다 양심에 따른 것이어서 다른 사람에게 자랑하겠다는 생각은 조금도 하지 않았을 것이다. 살아남은 아브라함 일가는 마리아 니켈 부인과 깊은 우정을 나누었으며, 1948년 일가가 뉴욕으로 이주한 후에도 마리아와 루트는 평생의 친구가 되었다고 한다.[15]
　지금까지 본 것처럼 유대인 구원은 나치 시기에 살았던 독일 시민의 반나치 저항을 대표하는 행동이었다. 이러한 활동을 1938년 포그롬 시작부터 1945년 종전까지 사건 순으로 기록한 당사자의 기록이 있다. 시민들로 이루어진 구원 그룹 '에밀 아저씨'(Onkel Emil)의 활동 내막

을 있는 그대로 일기체 형식으로 기록
한 루트 안드레아스 프리드리히(Ruth
Andreas-Friedrich, 1901~1977)의『그림자 남
자-1938~1945 일기(Der Schattenmann.
Tagebuchaufzeichnungen 1938~1945)』다. (이하
『일기』) 저자인 루트 안드레아스의 딸 카
린 프리드리히(Karin Friedrich, 1925~2015)
의 회상과 함께 그룹의 실제 활동에 대
해 살펴보도록 하자.

루트 부부를 구원한 마리아 니켈

15   이 두 사람의 이야기는 *Defying the Tide: An Account of Authentic Compassion During
      the Holocaust*(Al Sokolow and Reha Sokolow, Devora Pub, 2003)라는 제목의 책으로 출간되었다.
      이 책의 저자인 레하 아브라함 소콜로프(Reha Abraham Sokolow)는 바로 본문에 나오는,
      1943년에 태어난 루트 부부의 딸이다. 레하의 언론 기고문("Born in Berlin, 1943", aish, 2021,
      01. 21)에 따르면, 니켈 부인은 자신의 부모에게 신원증명서와 음식, 잠자리 등 마련해주었을
      뿐 아니라 자신이 아플 때는 병원에 데려가는 등 헌신적으로 도왔다고 한다. 루트 가족은
      니켈 부인이 90세 생일을 맞았을 때 베를린으로 가서 함께 축하했다고 한다. 한 기자가
      니켈 부인에게 "자신과 가족을 위험에 빠뜨릴지도 모르는데 어떻게 해서 모르는 유대인을
      도와주었습니까?" 하는 질문에 "내가 어떻게 돕지 않을 수 있었겠어요?"라고 반문했다고
      한다. 마리아 니켈은 1968년, 이스라엘 야드바셈 기념관 '열방의 의인'에 선정되었다.

구원 그룹
'에밀 아저씨'

02

루트 안드레아스와 레오 보르하르트

먼저 『일기』의 집필자이자 그룹을 만든 루트 안드레아스 프리드리히의
약력부터 살펴보자. 루트는 1901년 9월 베를린에서 태어났다. 마그데부
르크에서 여학교를 졸업한 후 브레슬라우의 여자전문학교에 진학하여
1922년 사회복지사 자격을 취득했다. 1922~23년 브레슬라우의 한 서점
에서 서적판매 견습을 거친 후 베를린으로 이주했다. 1924년 사업가인
오토 A. 프리드리히와 결혼하였고, 이듬해인 1925년 2월 장녀 카린 프리
드리히를 낳았다. 1930년에는 남편과 이혼했다. 그 무렵부터 프리 저널
리스트가 되어 「바덴 주 신보(Neue Badenische Landeszeitung)」(1934년 발행금지 처분)
와 「쾨니히스베르크 일보(Königsberger Allgemeine Zeitung)」에서 독서란과 문예란

을 담당하면서 다른 많은 여성지와 화보에도 기고했다. 개전 이후「일보」의 투고란을 담당하는 한편 기사 편집에도 관계했다. 그런데 이 신문사에는 나치 당원이 배치되어 나치 비판 기사는 일절 게재되지 않았다. 1931년 모스크바 태생의 독일인 지휘자 레오 보르하르트(Leo Borchard, 1899~1945)와 사귀게 되었는데, 그가 불의의 사고로 운명할 때까지 반려가 되었다.

루트와 남편 레오, 딸 카린 세 사람은 마지막까지 에밀 아저씨 그룹의 핵심 멤버였다. 카린에 따르면, 어머니는 히틀러 붐이 시작된 1931년에 『나의 투쟁』을 읽고 앞으로 일어날 사태를 예감했다고 한다. 카린의 조부모는 많은 유대계 독일인과 친교가 있었다. 1920년대 초부터 경제위기가 심화되자 어려움에 빠진 가족을 지원한 것도 조부모였다. 이들 모녀는 어릴 때부터 주변의 유대계 지인, 친구들과 함께 자랐기 때문에 처음부터 그들을 도와야 한다는 생각과 각오가 있었다.

나치 정권 탄생 후인 1934년 4월, 카린이 다녔던 학교에는 하켄크로이츠 깃발이 걸려 있었는데, 학교 곳곳에 "유대인 뒈져라!"라고 인쇄한 삐라가 나뒹굴었다. 그런 사실을 어머니에게 말하자 루트는 마침내 결정을 내리듯 이렇게 말했다.

"이제는 너한테 숨기지 말고 말해야겠구나. 우리끼리는 비밀이다. 히틀러는 결코 용서할 수 없는 놈이야! 그놈은 우리 친구들에게 정말 잔인한 놈이야."

아홉 살밖에 되지 않았지만 카린은 어머니가 말하는 것을 곧바로 이해했다.

한편 1933년 1월, 베를린 필하모닉 오케스트라의 지휘자에 취임한 레오 보르하르트도 1935년에는 유대인에 호의적이라는 이유로 악단에서

루트와 레오

쫓겨났고, 심지어는 국내 연주활동도 금지당하고 말았다. (하지만 외국에서 요청이 있을 때는 객원 연주를 허락받았다.) 당시 그가 사사했던 지휘자 오토 클렘페러(Otto Klemperer, 1885~1973)는 물론 그와 친교가 있던 라이프치히가 자랑하는 지휘자 브루노 발터(Bruno Walter, 1876~1962) 같은 유대계 음악가들은 망명을 떠날 수밖에 없는 상황이었다. 레오 보르하르트 역시 루트와 마찬가지로 확고한 신념을 지닌 나치의 적대자였다.

때문에 루트와 레오는 의지만 있으면 히틀러 치하의 독일을 떠날 수 있었다. 하지만 그렇게 하지 않았다. 루트에 따르면, "세계가 제공해준 지극히 드문 망명 기회를 자신들에게 달라고 요구하는 것은 책임상 있을 수 없는 일이라고 생각했다"고 한다.

1933년 이후 모녀의 많은 친구와 지인들이 국외 이주자 명단에 올라서 독일을 떠났지만, 그것도 1938년 11월 9일 심야에 시작된 포그롬 때는 베를린 남서부 슈테글리츠 거주지(집단주택의 한쪽)에 열 명 이상의 유대인 지인과 친구들이 피난해 있었다.

히틀러에 저항한 사람들

그들 중에는 루트가 카린의 대부로 존경해 마지않던 유대계 저술가 하인리히 뮈잠(Heinrich Mühsam, 1900~1944)과 그의 노모 파울라 뮈잠도 있었다. 두 사람은 루트가 몇 차례 이주를 권했음에도 고향인 베를린으로 돌아갔고, 운명에 모든 것을 맡겼다. (결국 파울라는 테레지엔슈타트 강제수용소에서, 하인리히는 아우슈비츠에서 죽임을 당했다.)

그룹의 탄생

이 대박해 사건을 계기로 루트와 레오는 박해받는 유대인들을 구하는 방법을 모색할 수 있는 모임을 만들었다. 그리고 그런 행동을 기록하기 위해 『일기』도 쓰기 시작했다. (루트는 『일기』 속에 등장하는 인물은 만약을 위해 모두 가명으로 썼다.) 이 모임에 참가한 사람은 두 사람 외에 다음과 같다.

- 프리츠 폰 베르크만 부부(Fritz · Christl von Bergmann) 약리학자와 의사
- 귄터 브란트(Günther Brandt) 전 지역 판사
- 발터 라이만 부부(Walter · Charlotte Reimann) 제과점 경영
- 에리히 케르버(Erich Kerber) 노동자, 1933년부터 지하로 잠복
- 수잔네 시모니스(Susanne Simonis) 루트의 동료 편집기자, 후에 외무부 근무
- 한스 페터스(Hans Peters) 베를린 대학 공법 교수

이후 네 사람이 더 합류했다.

- 발터 자이츠(Walter Seitz) 베를린 대학 부속병원 의사. 그의 별명이었던 '에밀 아저씨'는 나중에 그룹 전체를 가리키는 은어가 되었다.
- 헤르만 펠링 부부(Hermann · Dora Fehling) 건축가와 저널리스트
- 발터 주네르트(Walter Zeunert) 점화기 제조업자

배우를 지망했던 연극학교 학생 카린은 1940년 열다섯 살 때부터 그들의 어린 동료였다. 이처럼 '구원의 고리'로 조직된 이 그룹은 처음에는 15명의 다양한 직업을 가진 시민으로 구성되었다. 이들은 히틀러와 나치즘을 철저하게 반대하는 입장이었기 때문에 아무런 대가를 바라지 않고 피박해자를 구원하기로 결의했다. 카린에 따르면, 브레슬라우 시대의 루트는 한스 페터스가 그곳에서 대학 강사로 일할 때부터 친구였다고 한다. 페터스는 베를린 대학으로 전출된 뒤 루트의 요청을 받아들여 그룹의 일원이 되었다. 그리고 그의 강사 시절 청강생이었던 몰트케의 권유로 같은 시기에 결성된 '크라이자우 서클'의 주요 멤버로도 활동했다. 베를린 샤르로텐부르크에 있던 한스 페터스의 집은 에밀 아저씨 그룹의 회합 장소로 자주 사용되었다.

그룹의 활동기간은 1938년 11월부터 1945년 5월까지 전쟁 전 기간에 해당하는 6년 반에 이른다. 그 사이에 멤버 구성도 바뀌었고, 활동 범위도 점차 넓어졌다. 잠복 유대인만이 아니라 나중에는 동부전선에서 이탈한 탈주병을 몰래 숨겨주는 활동도 필요하게 되어서 새로운 멤버와 협력자의 수도 늘어났다. 1943년 9월부터 잠복 유대인과 그룹의 중개자와 협력자로 앞서 언급한 하랄트 포엘하우가 합류했다. 그리고 이들의 도움

발터 자이츠와 한스 페터스

으로 구원받은 유대인 중에 스스로 그룹의 협력자가 된 사람도 있었다. 한편 공습으로 사망하거나 게슈타포에게 체포된 멤버, 탈주해서 잠복한 혼혈 유대인 멤버, 체포 위험을 느끼고 잠복한 멤버도 있었다.

이런 사정에 더해 정보 누설을 막기 위해 극소수만이 비밀을 공유했기 때문에 그룹의 구원 네트워크에 대한 상세하고 구체적인 모습은 지금도 밝혀져 있지 않다. 다만 종전 후 소련 점령 당국에 제출한 「전쟁 말기의 그룹 '에밀 아저씨'에 대한 활동 보고」(1945년 5월 14일자)를 보면, 중심 멤버는 루트와 카린 모녀, 레오, 발터 자이츠, 요제프 슝크(Josef Schunk, 의사, 중간에 합류), 그리고 프레드 뎅거(Fred Denger, 저널리스트, 중간에 합류) 등 여섯 명, 적극적인 협력자는 한스 페터스, 하랄트 포엘하우 외에 아홉 명으로, 모두 17명으로 이루어진 그룹으로 되어 있다. 당연한 이야기지만, 이들을 지지한 시민들도 상당수 있었을 것이다.

그러면 에밀 아저씨 그룹은 구체적으로 무슨 활동을 어떻게 하였을까.

최초의 유대인 구원

루트의 첫 번째 활동은 국외 이주 유대인의 자산을 반출하는 데 도움을 준 것이다. 그 내용은 다음과 같다.

1941년 9월까지는 유대인의 국외 이주가 금지되지 않았지만, 현금은 10만 마르크까지, 그리고 소지품 중에서 고가품은 반출이 금지되는 등 엄격한 제한이 있었다. 말하자면 가진 것을 모두 빼앗긴 채 추방되었다. 그렇게 되면 외국에서 새로운 생활 기반을 마련할 수 없지만 위반하게 되면 강제수용소로 가야 하거나 심한 경우에는 중형을 선고받았다. 그렇기 때문에 그들이 감당할 수 없는 위험을 대신해서 독일인 구원자가 여행자로 위장해 이주하는 나라로 금품을 내보내야 했다.

예를 들면, 루트와 수잔네 시모니스 등의 여성들은 고급스러운 모피 코트에 몸에는 장신구를 잔뜩 착용하고, 달러 지폐를 화장용 콤팩트에 가득 채워 넣었다. 그리고 다이아몬드 같은 보석은 치약 속에 넣었고, 트렁크에는 희귀본 도서를 가득 담아서 스위스, 이탈리아, 스웨덴, 프랑스 같은 곳으로 여행을 떠났다. 외국에서 자주 객원 연주를 했던 레오는 여러 벌의 주문복과 고급 시계, 금으로 된 넥타이핀, 보석 등을 반출해서 이주자들에게 전달했고, 돌아올 때는 부탁받은 물품의 리스트(그중에는 고향 독일 고유의 식품 등 향수에 젖은 물품을 요청하는 경우도 있었다.)를 들고 귀국했다. 레오와 함께 루트도 그런 요청에 따라 스웨덴 등으로 물품 운반 여행을 하기도 했다.

어떤 경우든 그들에게는 대단히 위험한 일이었다는 것만큼은 분명하다. 나중에 루트는 "국경 검사를 끝내면 겨우 안심이 됐다"고 말했다. 그렇지만 이런 활동도 전시체제가 본격적으로 가동되기 이전의 일이었다.

히틀러에 저항한 사람들

1939년 8월에 멤버 중 한 사람인 한스 페터스가 징집되었다. (대학 교수는 예비군=군대 내에서 대위의 지위를 부여받았다.) 독일 전역에서 식량배급제가 시행되었고, 9월 1일 개전과 동시에 등화관제와 방공이 의무화되었다. 당연히 외국방송의 청취도 금지되었다.

나치 당국은 국민들을 향해 유대인은 "적의 제오열"(독일 국내에 있는 적의 스파이)이라는 악선전을 유포해서 국민들의 적개심을 부채질하면서 그들에 대한 박해를 정당화했다. 식량배급이 극단적으로 제한되면서 유대인의 게토 이송도 시행되었다. 이처럼 상황이 급변하면서 유대인 구원활동 방식도 바뀌게 되었다.

전시하의 유대인 구원

카린의 회고에 따르면, 개전 이후 2년간은 그룹에게 "상당히 절망적인" 시기였다고 한다. 국민들은 독일군이 파죽지세로 덴마크와 노르웨이, 네덜란드, 벨기에를 격파한데다 파리마저 함락시키고 소련으로 진격하는 등 계속된 승리에 도취되어 히틀러를 더욱 열광적으로 지지했다. 그런 가운데 베를린 공군사령부에 배속된 한스 페터스를 통해 동부에서 벌어지는 특별행동대의 무차별 살육을 비롯한 게토의 끔찍한 정보가 그룹으로 전달되었다.

당시 그룹의 가장 큰 걱정은 독일군의 승리가 히틀러 독재체제의 승리가 되어 홀로코스트가 정당화되고 완수되는 것이었다. 1941년 12월, 독일과 이탈리아가 미국에 선전포고를 함으로써 마침내 최악의 사태가 반전될 수 있다는 기대가 생겨났다. 하지만 그렇게 되면 자국의 패배를 바라는, 즉 히틀러 지배를 지지하는 동포와는 정반대의 입장에 설 뿐만 아니라 자신들이 제오열로 보일 게 분명했다. 이런 문제에 대해 그룹의 멤버들은 어떻게 생각했을까. 1942년 8월 1일 『일기』를 보면 다음과 같은 내용이 나온다.

> "기묘한 애국자구나, 우리들은" 하고 힌릭스(한스 페터스)가 말했다. "우리가 이렇게 말하는 걸 만약 누가 듣는다면 완전히 매국노라고 생각할 거야." "대부분은 그렇게 생각하겠지." 프람(귄터 브란트)이 대구했다. "그렇지만 그 사람들은 잘못된 입장에서 출발한 거지." "그런데 만약 우리 쪽이 틀렸다면…" 프람은 고개를 크게 가로 저었다. "틀린 게 아니야. 설사 그렇다 하더라도 히틀러를 위해 싸우고 있는 놈들은 모두 독일 파멸을 위해 일하고 있는 거지." "그렇지만 조국 방위는? 애국정신은?" "이번만큼은 정말 잘못된 거야. 문제는 조국이 아니라 히틀러의 야심이야."

그룹 사람들은 전쟁터에서 죽고 다친 이웃의 동포와 그 가족의 슬픔을 생각하면서 갈등에 빠졌지만 독일의 패전이야말로 나치 지배의 종식으로 홀로코스트도 막을 수 있을 것이라는 인식에는 일치했다. 그들은 고뇌하면서 행동하는 수밖에 없었다. 앞서 인용한 대화에서도 그런 괴로운 마음을 엿볼 수 있다.

그런데 강제이송이 시작되면서 잠복하려는 잔류 유대인의 수도 점차 늘어났다. 이미 그룹에서는 주거지를 몰수당해 비좁은 장소에 숨어든 지인과 친구를 포함한 노령의 남성 14명과 여성 22명에게 식량을 지원하

히틀러에 저항한 사람들

다양한 형태의 식량배급권

고 있었다. 이들은 식량배급마저 제한된 사람들이었다. 때문에 필요한
만큼 최대한 식량배급권을 모았다. 특히 멤버 중에 제과점을 경영했던
발터 라이먼 부부는 이 일에 큰 도움을 주었고, 또 식재료를 대주는 사람
도 있었다. 그리고 점화기 제조업자였던 발터 주네르트 외에도 그룹의
활동상을 알지 못하는 사람도 협력했다고 한다. 그렇지만 그렇게 도움을
받았던 잔류 유대인들은 차례로 끌려가서 강제로 이송되었다. 그중에는
루트 모녀와 친하게 지냈던 로젠탈 부인도 있었다. 아우슈비츠로 이송되
는 도중에 이들 모녀에게 보낸 엽서는 고통스럽기 짝이 없다.

> "저는 울음을 삼키고 있습니다. 울고 있습니다. … 곧 닥쳐올 일을 생각
> 하면서."

본격적인 구원활동의 시작

잠복자들을 구하는 활동을 본격화하면서 그룹은 기존 방식으로는 제대로 역할을 할 수 없는 상황을 맞게 되었다. 그래서 발터 자이츠의 제안으로 그룹을 확대해서 베를린의 특정 지구에 "무조건 믿기로 맹세한 동맹자"를 배치해서 "각자의 역할을 적절하게 나누어 맡게" 하였다. 즉 구원 네트워크를 조직한 것이다. 그룹은 이것을 "구원의 고리 동맹"이라고 이름 붙였다. 잠복자를 돌보기 위해 필요한 사항도 목록으로 정리했다. 장단기 숙박 장소, 의약품, 증명서, 처방전, 진단, 잠복자와의 연락, 위조문서 등이었다.

물론 그들은 매일 위험에 노출되어 있었다. 루트는 "극히 단순한 구조활동조차도 얼마나 곤란했는지 실제로 해본 사람이 아니라면 상상조차 할 수 없을 것이다"라고 기록하고 있다. 여기에 대해서는 다음과 같은 예상하기 힘든 사례가 있다.

1944년 1월, 귄터 브란트의 집에 브레슬라우 출신의 한 유대인 난민 소녀가 도착했다. 당시 슐레지엔의 보조병원에 파견 의사로 나가 있던 발터 자이츠의 의뢰로, 소녀가 프랑크푸르트로 가는 도중에 하룻밤 묵게 해주면 좋겠다는 것이었다. 그런데 다음날 아침 소녀는 성홍열로 깊은 잠에 빠져 있었다. 당시 성홍열은 적어도 6주간은 격리된 상태로 의사의 진단과 투약이 필요한 위중한 병이었다. 그러자 베르크만의 아내인 의사 크리스텔이 그 역할을 기꺼이 떠맡았고, 귄터 브란트가 간호했다. 문제는 그 후의 소독을 아무도 모르게 해야 하는 일이었다. 1933년 이후 지

폭격 후 폐허가 된 베를린의 모습(1943)

하에 잠복한 노동자 에리히 케르버가 믿을 수 있는 공산주의자 실내 소
독원을 찾아서 집을 소독할 수 있었다. 그렇게 해서 난민 소녀는 무사히
회복하고 프랑크푸르트로 떠나서 살아남았다.(『제3제국 안에서 살기-잠복한
유대인과 구원자』)

이미 1943년 11월 후반에는 연합군의 융단폭격으로 베를린 시가지의
반 이상이 파괴되었고, 수천 명의 민간인 사망자가 나왔다. 루트를 비롯
한 멤버들의 주거지도 반 이상 파괴되어 숨을 장소도 식량 확보도 어려
운 상황이 되었다. 그럼에도 잠복자는 계속 늘어났다. 그래서 그들의 구
원에도 조건을 붙여서 '생명의 위험이 목전에 있는 사람'을 우선으로 할
수밖에 없었다. 그런 힘겨운 상황 속에도 그들을 부양해야 했던 것이다.
동료들이 연일 공습으로 교통이 두절된 가운데 파편으로 난장판이 된 길
과 화재를 뚫고 잠복자들을 위해 채소를 운반하거나 훔친 빵 배급권을

가지고 오는 것을 서로 축하하며 기뻐하는 것이 보통의 일과였다.

식량권만이 아니었다. 도장을 훔쳐 위조문서를 만들거나, 승인서나 증명서 같은 서류를 부정한 방법으로 입수하는 일 따위는 일상적인 일이었다. 애당초 구원활동 자체가 비합법 지하활동이었다고 해도 이런 행동에 대해 어떻게 생각했을까. 중심 멤버들이 나눈 이야기를 인용해보자.

> 우리들이 일을 마치고 겨우 한심을 쉬면서 방에 앉아 있을 때 파비언(프레드 덴거)이 말했다. "범죄자라는 의식 없이 범죄자가 될 수 있다니, 참 이상하네. 그런데 내 양심은 하나도 부끄럽지가 않아." "나도 그래" 하고 프랑크(발터 자이츠)가 맞장구쳤다. "나치 놈들을 속이는 건 속이는 것 중에 들어가지 않아. 그렇지만 지켜야 할 일선은 반드시 지켜야지." "일선이라고?" "도덕적으로 맞는지 아니면 반대인지 그 경계에 있는 아슬아슬한 능선 말이야. 만약 거기에서 발을 헛디디기라도 한다면…"(중략) "정말 조금이라도 이기적인 걸 생각한다면, 정말 조금이라도 자기 자신의 이익을 얻으려고 한다면, 우리는 이미 반나치의 선구자가 아니라 암거래꾼일 뿐이야." "하지만 순수한 목적만이 순수하지 않은 방식을 고귀하게 만들어주는 법이지."(『일기』)

이런 대화를 어떻게 읽고 받아들여야 할까. 한계상황 속에서 죄 없는 사람들을 구하기 위해 특별한 방법을 택하고 그렇게 행동할 수밖에 없다 하더라도, 적어도 그들이 스스로를 응시하며 앞으로 나아갔다는 사실, 도덕적인 성실함을 가지고 있었다는 사실만큼은 알 수 있다.

히틀러에 저항한 사람들

목사 하랄트 포엘하우

앞서 소개한 그룹의 구원활동과 관련해서 여기서 언급해두고 싶은 두 사람이 있다. 한 사람은 "닥터 테겔"이라는 은어로 베를린의 도망 유대인을 끌어당긴 자장(磁場)이었던 포엘하우, 그리고 또 한 사람은 그를 통해 그룹의 힘으로 구원받아 살아남은 음악가 콘라트 라테(Konrad Latte, 1922~2005)다.

포엘하우는 목사라는 본업 외에 두 가지 다른 얼굴이 있었다. 하나는 크라이자우 서클의 일원이었고, 또 하나는 에밀 아저씨의 적극적인 협력자였다. 포엘하우는 프랑크푸르트 대학의 저명한 신학자 폴 틸리히(Paul Johannes Tillich, 1886~1965) 밑에서 철학박사 학위를 받은 후 그의 조교를 지냈는데, 은사의 미국 망명을 계기로 베를린 테겔 형무소의 목사가 되었다. 그도 인종주의를 내세운 나치 사상을 거부했기 때문에, 유대인 문제를 교회의 가장 중요한 문제로 본 젊은 신학자이자 목사 본회퍼(Dietrich Bonhoeffer, 1906~1945, 사형)의 뜻에 동조해서 고백교회의 거점이었던 베를린 다렘 교회를 비밀리에 지원했다. 그 후 본회퍼와 절친했던 한스 베른트 폰 헤프텐과 유대 관계를 맺고 포엘하우는 결성된 지 얼마 되지 않은 크라이자우 서클의 일원이 되었다.

앞에서 본 것처럼 고백교회는 박해받는 유대인의 최후의 피난처였는데, 포엘하우 자신도 그들의 구원을 자진해서 떠맡았다. 그는 반더포겔(Wandervogel)[16]을 통해 만난 아내 도로테(도서관 사서)와 아들 하랄트를 둔

---

16   집단을 이루어서 산과 들판을 도보로 여행하는 청년운동

하랄트 포엘하우와 그의 아내 도로테

3인 가족이었다. 그는 아내와 함께 몰트케로부터 크라이자우의 농지에서 재배한 농산물 등을 지원받아서 지하실에 저장해놓고 잠복 유대인에게 제공하거나 숙박할 수 있게 하였다. 포엘하우는 아내 도로테가 단 한번도 반대하지 않고 무조건 정치적인 피박해자나 수형 생활을 한 사람들을 받아들이는 데 협력했다고 진심으로 감사한 마음을 기록으로 남겼다.

그 사이, 포엘하우는 정신분석에 강한 관심을 가지고 있었기 때문에 그 분야의 전문의 욘 리터마이스터(John Rittmeister, 1894~1943, 사형)와 친교를 맺었는데, 마지막으로 만난 것은 1943년 5월 플뢰첸제에서 그의 처형 때였다. 로테 카펠레 속 소그룹의 주모자로 처형되었던 것이다. 이 일을 계기로 포엘하우는 당국에 신청해서 처형이 예정된 멤버들과 마지막 날을 함께 보내는 일을 직접 맡았다. 1943년 이후로 그 직무를 맡았던 포엘하우의 말에 따르면, 그 일은 죽음으로 가는 사람과 마지막 밤을, 곁에 조용하게 앉아서 서로의 희망을 이야기하면서 밤을 지새운 후 다음 날 처형장에도 입회해야 하는 가혹한 직무였다. 문자 그대로 저승길에 동행하

히틀러에 저항한 사람들

는 일이었다. 그가 다렘 교회에 도움을 요청하러 왔던 콘라트 라테를 알게 된 것도 이 직무를 하고 있던 때였다.

콘라트 라테가 에밀 아저씨에 도움을 요청하러 온 일이 계기가 되어 그 후 포엘하우와 그룹과의 구조 활동이 탄생하게 되었다. 1943년 10월 1일, 처음으로 대면한 그들은 이미 '설명 없이도 이해할 수 있는 동료'가 되었다. 그들 사이에 곧바로 잠복자 소개, 배급권 교환, 신분증명서 마련 방법, 은신처 찾기 등이 논의되었으며, 특히 포엘하우는 잠복자를 위한 일자리도 소개했다.

포엘하우는 이듬해에는 크라이자우 서클의 동지들이 죽음의 순간을 맞을 때에도 함께했는데, 특히 가족의 지원도 자신이 떠맡았다.(다만 그들은 처형 직전에 이송되었기 때문에 마지막 밤을 함께 보내지는 못했다.) 그리고 곧바로 그도 참가했던 그룹 내의 '교육과 교회문제' 부회의 총괄자였던 경애하는 아돌프 라이히바인이 플뢰첸제에서 처형된 1944년 10월 20일, 루트 안드레아스는『일기』에 다음과 같이 썼다.

> 닥터 테겔(포엘하우)은 큰 충격을 받은 모습이었다. 거의 매일, 자신이 존중하고 사랑하는 사람과 함께 처형대로 가야만 한다는 것, 이는 한 사람이 감내할 수 있는 한계를 넘어서는 고통이다. 그는 이 고통을 짊어지면서도 분별심을 잃지 않았고, 조금이라도 시간의 여유가 있으면 유죄 판결을 받은 사람들의 아내들을 돌봐주면서 옥중의 남편과 서로 연락할 수 있도록 해주었다. 또 잠복 중인 사람들을 도와주었고, 쫓기는 사람들도 보호해주었다. 이런 일들이야말로 우리가 이 인물을 거의 성자처럼 존경하면서 우러러봤던 이유였다.

잠복자 콘라트 라테

또 한 사람, 콘라트 라테는 『일기』에는 콘라트 바우어라는 가명으로 등장한다. 그는 전후에도 실명으로 거론되는 것을 거부하고 비합법적으로 살아남은 자신의 과거에 대해 침묵을 지켰다. 에밀 아저씨의 동료에게 사랑을 받았던, 그리고 때로는 협력자이기도 했던 콘라트에게 그 시대를 떠올리는 것은 꽤나 고통스럽고 슬픈 일이었다. 그런 그가 처음으로 자신의 체험을 입 밖으로 꺼낸 것은, 베를린 바로크 오케스트라의 창설자로서 이름을 올린 77세 때였다. 홀로코스트에서 도망치기 위해 몸부림쳤던 자신을 구해준, 이름조차 알 수 없을뿐더러 아무런 상조차도 받지 못한 사람들의 기념비를 건설하고 싶다는 감사의 마음이 있었기 때문이다.

1943년 9월 7일, 그는 그룹 앞에 "예의 바른, 그러나 당장 어찌할 바를 모르는 슬픔을 지닌 푸른 눈의 청년"으로 등장한다. 그는 지휘자 레오 보르헤르트 밑에서 지휘법과 음악학을 공부하고 싶어 한 음악가 지망생이었다.

콘라트 라테는 브레슬라우의 부유한 집안에서 그리스도교 신자인 교양시민의 아들로 태어나 교육을 받았다. 그런 그의 삶에 격변이 찾아온 것은, 9년제 김나지움(대학 진학을 목적으로 하는 중고교 통합 과정 학교)의 1학년생으로 불과 열 살 때였던 1933년이었다. 나치에 열광하는 젊은 교사가 그의 담임이 되었던 것이다.

다음은 작가 피터 슈나이더의 인터뷰를 중심으로 정리한, 나치 시기 12년간을 꿋꿋하게 살아갔던 잠복자 콘라트 라테의 인생행로다.[17]

히틀러에 저항한 사람들

담임선생은 입을 열자마자 크게 소리쳤다. "아리아인 손들어!" 콘라트는 자신과 다른 동급생 사이에 뭔가 차이가 있다는 것을 막연하게 느꼈지만, 이 말의 의미를 잘 알지 못한 채 손을 들었다. 그러자 담임선생이 날 듯이 달려와서 콘라트에게 따귀를 날렸고, 그로부터 며칠 후에는 유대인 학교로 전학시켜버렸다. 그런데 그에게는 그리스도교 신자로서의 생활체험밖에 없었고, 자신을 유대인으로 의식하지 못함에도 불구하고 전학 간 학교에서도 소외감을 맛보았다.

아버지 만프레드 라테가 운영하고 있던 방직업체는 1935년 인종법 때문에 내리막길에 접어들게 되었고, 게다가 1938년 11월 포그롬 때 부헨발트 강제수용소에 6주간 구금되었다가 석방이 되었을 때는 그 일마저도 잃어버리고 말았다. 그 사이 콘라트는 음악가의 길에 들어서 브레슬라우의 저명한 연주가의 호의로 개인 레슨을 받고 있었다. 아버지 석방 후 일가는 매일 이주를 생각했지만 받아주는 나라가 없었다. 마침내 가족 세 사람은 동부로 이송이 가까워졌다는 것을 알고 1943년 3월 베를린으로 도망치기로 결정했다. 그래서 아리안인 아내를 둔 어머니의 사촌(특권 유대인)에게 부탁을 했는데, 그 사촌도 위험에 노출되어 있었기 때문에 콘라트 가족을 명배우 구스타프 그뤼드겐스의 극장 소속 여배우 우르술라 마이스너(Ursula Meißner, 1923~)[18]에게 소개했다. 그녀는 혼자 살고 있

---

17   이 인터뷰를 포함한 그의 인생 스토리는 책으로 출간되었다. *Und wenn wir nur eine Stunde gewinnen. Wie ein jüdischer Musiker die Nazi-Jahre überlebte*(Rowohlt, Berlin, 2001) 본문의 아래 내용도 이 책에서 나온 것이며, 그 요약한 내용이 작가 피터 슈나이더가 작성한 Saving Konrad Latte라는 제목의 기사로 「뉴욕타임스」(2000년 2월 13일)에 실렸다.

우르술라 마이스너(1954)

었다. 이유를 묻지도 조건을 붙이지도 않고 그들에게 자신의 집 방 한 칸을 내주었다. 콘라트 일가는 마침내 다소간 평온을 얻을 수 있었다.

하지만 얼마 지나지 않아 이웃집 사람이 마이스너에게 "공습으로 집이 불타서 왔다는 당신 친구들은 유대인 같다"는 말에 그녀는 곧바로 위험을 알아차리고 친구인 우르술라 타이히만의 중개로 이들 가족을 하랄트 포엘하우에게 소개해주었다.

포엘하우는 브레슬라우에서 온 한 가족이 테겔 형무소에 있는 자신의 집무실에 와서 오늘 당장 숨을 곳이 필요하다는 말을 해서 어이가 없었다고 한다. 그렇지만 그는 돈을 마련해주면서 단단히 충고했다. "세 사람이 각각 떨어져서 혼자 살아남을 수 있는 기회를 노려야 한다." 그리고 아버지에게는 하역인, 어머니에게는 청소부 일을 주선해주고, 콘라트에게는 그의 음악적 재능을 살릴 수 있는 화장장의 장례용 오르간 연주 일을 소개해주었다. 게다가 이 가족을 위한 은신처와 가짜 증명서(콘라트 라테에게는 콘라트 바우어라는 가명)도 만들어주었다. 콘라트가 포엘하우를 "베를린의, 기적을 일으키는 사람"이라고 부른 것도 바른 그런 이유였다.

콘라트는 자주 주거지를 바꾸면서 살아남기 위해 필사적으로 노력하는

---

18 라테 가족에게 처음으로 은신처를 제공해주었던 마이스너는 "그들을 숨겨줄 때 겁나지 않았느냐?"는 질문에 이렇게 반문했다고 한다. "내가 그 사람들을 숨겨주는 일 외에 어떤 일을 할 수 있었겠어요?"

히틀러에 저항한 사람들

한편, 음악가의 꿈을 버리지 않고 반나치 성향의 지휘자를 수소문한 끝에 마침내 저명한 피아니스트인 에드빈 피셔(Edwin Fischer, 1886~1960)를 만날 수 있었다. 그는 피셔의 지도를 받으면서 교회의 오르간 연주자로 일할 수 있는 직장도 구했다.

그렇지만 그는 게슈타포의 단속에 걸려 함부르크에 있는 집합수용소에 구금되고 말았다. 다행스럽게도 유대인 태생에 대한 조사를 받지 않고 반년 만에 석방되었다. 그는 다시 음악 공부에 매달려 작곡가 고트프리트 폰 아이넴(Gottfried von Einem, 1918~1996)과도 알고 지내는 사이가 되었다. 아이넴은 베를린의 반나치 음악가 그룹에 속해 있었고, 거기에는 레오 보르하르트도 관여하고 있었다.

이렇게 해서 콘라트는 레오 밑에서 지휘법과 음악학을 배울 수 있게 되었다. 피아노도 없는 방에서 레슨은 모두 말로만 조용하게 이루어졌지만 콘라트에게는 "가장 행복한 때"였다고 한다. 그것도 잠시, 콘라트는 은신처였던 펜션의 한 방에서 국방군 탈주병과 동거하고 있던 9월 말 어느 아침, 게슈타포의 일제 단속에 붙잡혀 다시 함부르크의 집합수용소에 구금되었다. 게다가 같은 펜션의 계단 밑 방에 있던 아버지도 함께 구금되는 신세가 되고 말았다. 남편과 자식이 붙잡혔다는 사실을 안 어머니 마가레테는 생존에 대한 기력을 모두 잃어버리고 두 사람이 있는 수용소로 스스로 찾아갔다. 수용소는 아우슈비츠로 가는 이송 터미널이기도 했다. 이송이 결정된 가족이 화물열차 앞에 도열해 있을 때 확성기에서 "라테, 콘라트, 이스라엘, 여기에 남도록!" 하는 소리가 흘러나왔다. 양친과 이별을 고할 시간조차 없었다. 하지만 부모가 화차에 오르기 직전 친위대 대위가 "너희 자식은 탈주방조죄로 사형이다"라고 무정하게 말하는 것을 들었을 뿐이었다. 그 것이 살아생전에 본 양친의 마지막 모습이었다.

체포된 이유는 콘라트와 동거했던 탈주병 때문이었다. 재판에서 콘라트는 그와 무관하다는 사실이 밝혀져 강제이송은 일시 보류되었다. 이 집 합수용소에서 콘라트는 잡역부 죄수인 인쇄업자 루드비히 리히트바이츠(Ludwig Lichtwitz)와 친구가 되었다. 그는 특권 유대인이었지만 반나치 인사들을 위해 인쇄를 했다가 발각되어 붙잡힌 인물이었다. 11월 24일 밤, 두 사람은 탈주를 감행하여 기적적으로 성공을 거두었다. 두 사람은 도중에 헤어진 다음 콘라트는 심야에 루트 그룹이 있는 곳으로 되돌아왔다. 제자의 실종에 크게 낙담하고 있던 레오와 루트는 그의 귀환을 몹시 기뻐했다. 다음날부터 강도 높은 레슨은 재개되었다.

덧붙이면, 리히트바이츠(『일기』에는 루드비히 발터라는 가명으로 기록)도 2주 후에 그룹에 참가하여 잠복자용 서류를 진본과 똑같이 위조하는 데 커다란 도움을 주었다.

그 후 콘라트는 고트프리트 폰 아이넴과 더욱 깊은 친구 사이가 되었다. 아이넴은 콘라트를 위해 유효한 음악협회 회원증을 마련해주었고, 또한 그에게 오페라의 단역을 맡을 수 있도록 해주었다. 그러나 콘라트는 일정한 거처 없이 매일 밤 이곳저곳을 전전해야 했다. 그런 가운데 포엘하우의 주선으로 테겔 형무소 식당에서 일하는 빌리 크란츠(Willi Kranz)의 집 지하실에서 잠시 머물 수 있었다. 크란츠 부부는 유대인 소녀를 주위에서 넘겨받아 '자신의 딸'로 기르며 박해로부터 지켜주었다. 그런 콘라트에게 포엘하우는 베를린 중심부에 있는 은행의 수위 자리를 마련해줌으로써 마침내 그는 잠자리를 확보할 수 있었다.

히틀러에 저항한 사람들

만년의 라테와 엘렌. 두 사람 사이에는 딸 가브리엘레(Gabriele Latte)가 있다.

그럼에도 불구하고 도망자 콘라트의 잠복생활은 더욱 위험해질 수밖에 없었다. 많은 사람이 그를 알고 있었고, 그의 탈주에 대한 이야기도 들려왔다. 한번은 지하철에서 게슈타포의 앞잡이가 되어 잠복자를 찾는 데 동원된 유대인 남자가 "왜 여기서 서성거리고 있어. 도망쳐"라고 귀엣말을 해주었다. 이제 베를린에서 모습을 감추어야 할 시간이 다가오고 있었다. 그 무렵 선전장관 괴벨스의 지시로 전의를 고양시키기 위한 국방군 위문단이 조직되었다. 콘라트는 위문단 단원으로 들어가기로 결심하고 응모했는데, 다행히 채용되었다. 각지를 순회하는 중에 그는 같은 단원인 소프라노 가수 엘렌 브록크만(Ellen Brockmann)을 알게 되었고, 연인관계로까지 발전하게 되었다. 단원 중 나치주의자 몇몇은 그의 정체를 희미하게 눈치를 챘지만, 엘렌은 필사적으로 그를 지켜주었다. 1945년 4월 괴벨스가 위문단을 해산시켰을 때 콘라트와 엘렌은 이미 퇴단한 상태였다. 그는 엘렌의 약혼자로서 중부 독일의 바트 홈부르크로 도망쳐서 나치 독일의 붕괴 때까지 몇 개월을 보냈다.

두 사람은 중부 독일이 미군에 점령된 4월에 결혼식을 올렸다. 바트 홈부르크에서 전후 처음으로 열린 그의 콘서트 선전 포스터 연주자명에는 "콘라트 라테-콘라드 바우어"라고 본명과 가명이 병기되어 있었다. 그 지역의 음악가들은 그의 가명만 알고 있었기 때문이다.

상상조차 하기 힘든 처절한 상황 속에서도 끝끝내 살아남은 잠복자 콘라트 라테의 인생행로는 우리의 가슴을 뒤흔든다. 그는 자신이 살아남을 수 있도록 도와준 유무명의 시민 50여 명의 이름을 이야기했지만, 여기에서는 그중 몇 사람만 등장할 뿐이다.

크라이자우 서클과의 연대와 백장미 그룹에 대한 정보

한스 페터스와 하랄트 포엘하우가 크라이자우 서클의 멤버인 동시에 에밀 아저씨의 협력자이기도 했다는 사실은 양 그룹 간의 긴밀한 관계를 보여준다. 몰트케 관련 문서에는 찾아볼 수 없지만, 1942년 10월 11일 『일기』를 보면, 페터스의 집에 머물렀던 교회 관계자와 귀휴병을 비롯한 베를린 시민의 지하활동 모임에 루트와 함께 몰트케도 참석한 기록이 남아 있다. 개전 후 몰트케는 국방군 방첩부(1944년 2월 국가보안본부로 합병통합)에 근무했기 때문에 당연히 전황을 상세하게 알고 있었다. 모임 참석자들은 독일의 패전만이 나치를 끝장낼 수 있다는 인식에 일치했다.

이와 같은 독일의 패전=나치 체제의 붕괴라는 인식은 에밀 아저씨 그룹이 유대인 구원을 뛰어넘어 반나치 활동으로 나아가게 만들었다. 몰트케와 페터스 라인을 통해 언제나 그룹 핵심으로 중요한 정보가 전해졌다. 그중에는 '백장미' 그룹에 대한 정보도 있었다.

뮌헨 대학 학생들의 반나치 조직인 백장미 그룹의 정보는 공개재판을 통해 어렴풋하게나마 베를린에도 전해졌다. 이 그룹의 활동은 1942년 6월, 반나치 정치활동을 결의한 뮌헨 대학의 의학부생 한스 숄(Hans Fritz Schol, 1918~1943, 사형)[19]과 러시아 출생의 학우 알렉산더 슈모렐(Alexander Schmorell, 1917~1943, 사형)[20]이 반나치를 호소하는 효과적인 수단으로 「백장미 통신」을 작성하여 사람들에게 우편으로 발송함으로써 수면 위로 떠오르게 되었다. 이 그룹은 모두 네 차례에 걸쳐 삐라를 만들어 시 내외에 배포했다.[21] 이미 같은 해 2월, 철저하게 나치를 반대했던 아버지 로베르트 숄이 히틀러를 비판했다는 이유로 체포되어 8월에 열린 재판에서 금고형과 함께 취업금지 처분을 받은 것이 이들이 행동에 나서게 된 배경이었다.

같은 시기에 유치원 교사를 지망했던 한스의 여동생 조피(Sophie Scholl, 1921~1943, 사형)[22]도 아비투어(고등학교 졸업과 대입 자격을 겸한 시험) 합격하고 나치 체제가 도입한 반년 간의 근로봉사를 마친 뒤에 뮌헨 대학에서 막 생물학과 철학을 공부하고 있었다. 한스는 가급적이면 조피가 그룹과 관계되지 않기를 바랐지만, 동생의 열의에 져서 결국 동지가 되고 말았

---

19 1943년 2월 22일 24세의 나이로 처형되었다.

20 러시아 정교회의 경건한 신자였던 그는 1943년 7월 13일 25세의 나이로 처형되었다.

21 이들이 뿌린 두 번째 삐라에는 다음과 같은 내용이 담겨 있다. "폴란드를 점령한 이래 30만 명의 유대인들이 잔혹하게 학살당했다. … 독일인들은 아둔한 잠 속에서 이러한 나치의 범죄를 조장한 셈이다. … 사람마다 나는 이러한 죄와 아무런 관련이 없다고, 나는 양심에 꺼릴 것이 없다고 할지 모른다. 그러나 누구도 벗어날 수 없다. 모두가 유죄, 유죄, 유죄이다!"

22 1943년 2월 22일 21세의 나이로 처형되었다.

다. 그리고 본 대학에서 의학을 공부하던 중에 징집되어 동부전선에서 간호병으로 근무했던 경건한 가톨릭 신자이자 의대생 빌리 그라프(Willi Graf, 1918~1943, 사형)[23], 인종법 때문에 아버지가 이혼하게 되자 유대계였던 계모를 몰래 숨겨주었던 의대생 크리스토프 프롭스트(Christoph Probst, 1919~1943, 사형)[24]도 그룹의 멤버였다.

그리고 자신도 가벼운 신체장애인이어서 나치의 인종·장애인 정책에 분노했던 음악학·철학 담당 교수 쿠르트 후버(Kurt Huber, 1893~1943, 사형)[25]는 당국이 금지한 사상가나 작가의 작품을 강의에서 다룸으로써 학생들에게 인기 있던 인물로, 1942년 여름 이후부터 그룹의 조언자가 되었다. 그는 또한 크라이자우 서클의 일원이자 뮌헨 보겐하우젠의 가톨릭 사제였던 예수회의 알프레드 델프(Alfred Delp, SJ., 1907~1945, 사형)와도 친구 사이로, 1942년 말에는 반나치 활동을 위한 협력관계를 구축하고 있었다.

한스와 알렉산더, 그리고 빌리 세 사람은 1942년 7월 후반기부터 4개월 동안 동부 러시아 전선에서 의무병으로 근무했다. 이곳에서 그들은 전선에서의 전사와 후방에서 벌어지는 무차별 살육 범죄를 목격하고 엄청나게 큰 충격을 받았다. 그런데 이 그룹이 뿌린 반나치 삐라는 네 번째까지는 그 내용이 고매하다고 할 만큼 꽤 수준이 있어서 읽는 이가 한정

---

23 1943년 10월 12일 24세의 나이로 처형되었다. 독일 가톨릭교회에서는 그라프를 20세기의 순교자로 추모하고 있다.

24 1943년 2월 22일 23세의 나이로 처형되었다. 그라프와 마찬가지로 프롭스트는 가톨릭교회에서 기리는 순교자가 되었다.

25 1943년 7월 13일 49세의 나이로 처형되었다. 종전 후 그의 아내와 제자가 펴낸 그의 자서전이 출간되었다. Kurt Huber zum Gedächtnis, *Bildnis eines Menschen, Denkers und Forschers, dargestellt von seinen Freunden*(Regensburg: Josef Habbel, 1947)

되었다. 그래서 주장이 격렬해도 그 내용이 평이해서 읽는 사람들의 마음을 움직일 수 있는 삐라를 제작해서 뿌리기로 했다.

1943년 1월 그룹은 다섯 번째 삐라 「독일 반나치 운동전선 선언문-독일 국민에게 고함」을 뮌헨 이 외의 각 도시에 대량으로 배포하기로 결정했다.[26] 물론 국민 대중이 이런 행동이나 삐라에 내용에 대해 비웃을 수도 있다. 그렇지만 그룹의 젊은 청년들은 높은 곳에 서서 단지 외치는 것이 아니라 용기를 갖고 책임 있는 행동을 하려 했던 것이다.

스탈린그라드 전투에서 독일이 패하고 난 뒤인 2월에 그룹의 여섯 번째 삐라인 「학우 여러분!」이 뿌려졌다. 이 삐라는 그룹에서 뿌린 마지막 삐라였다. 왜 마지막이 되고 말았는가. 대학 구내의 대형 홀에서 학생들의 수업 종료에 맞춰 삐라를 뿌린 조피 숄이 나치당원이었던 경비에게 발각되고 말았던 것이다. 홀은 즉각 폐쇄되고 조피는 체포되었다. 1943년 2월 18일의 일이었다.

그로부터 나흘 뒤인 22일, 인민법정의 악질 판사인 프라이슬러는 사건의 사실관계를 따지지 않고 숄 남매와 프롭스트에게 국가반역예비음모 혐의[27]로 참수형을 언도하였고, 7월에는 다른 세 명의 멤버에게도 같은 혐의를 적용하여 처벌했다. 이 백장미 그룹의 운동에 동조해서 50명 가까운 남녀 멤버를 둔 지부를 만들었던 함부르크 대학[28]을 비롯하여 프라이부르크 대학과 슈투트가르트 대학의 소그룹도 곧바로 적발되어 사

---

26 이들은 단지 삐라만 뿌린 것이 아니다. 이들은 삐라를 뿌리면서 뮌헨 거리에 히틀러를 비난하는 낙서를 70여 군데나 새겨놓기도 했다. 이들의 활동은 많은 이들의 공감을 자아냈고, 1943년 1월 독일 뮌헨 지구 나치당의 지도자 파울 기슬러가 연설할 때 많은 대학생과 젊은이들이 그에게 야유를 보내는 등 격렬한 반응을 보였다.

빌리 그라프(1918~1943)

크리스토프 프롭스트(1919~1943)

조피 숄(1921~1943)

형을 포함한 처벌을 받았다.

나치당국은 숄 남매 처형[29] 나흘 뒤, 남은 가족(아버지 로베르트, 어머니 마그달렌, 장녀 잉게 숄, 차녀 엘리자베스, 차남 베르너)에게 연대책임을 물어 로베르트에게는 9개월, 마그달렌과 잉게에게는 5개월, 엘리자베스에게는 2개월의 금고형을 내렸고, 베르너는 동부전선으로 보내버렸다. 안타깝게도 차남 베르너는 1944년 행방불명되고 말았다. 게다가 로베르트에게는 추가로 국외방송을 청취했다는 죄를 물어 이듬해 1944년 11월까지 형무소에 붙잡아두었다.

27　나치가 이들에게 씌운 죄명은 "조국에 대한 반역죄와 군대 전복 및 군수산업 파괴를 선동한 예비 대역죄"였다. 그래서 이들은 대학생 신분이 아닌 반사회적인 전(前) 군관계자로 처형되었다.

28　나치 정권 당시 함부르크에는 다양한 형태의 저항 그룹이 존재했다. 이들의 저항활동은 개별적으로 이루어져서 연대를 하더라도 서로의 존재를 제대로 알지 못했다. 이런 함부르크의 저항그룹과 뮌헨을 연결한 인물이 있었다. 함부르크 대학에서 의학을 공부하다 뮌헨으로 이주, 학업을 이어나가며 한스 숄을 비롯한 백장미 멤버들과 교류했던 트라우테 라프렌츠(Traute Lafrenz, 1919~)였다. 그녀는 1942년에 배포된 백장미의 세 번째 삐라를 함부르크로 반출하여 친구와 저항그룹에 배포했고, 한스 숄이 처형된 후에 게슈타포에 체포되어 1년 형을 선고받았다.(이후 라프렌츠는 여러 차례 수감되었으며, 감옥에서 해방을 맞았다.) 그러자 그 뒤를 이어 삐라를 살포하는 일은 한스 콘라트 라이펠트(Hans Conrad Leipelt, 1921~1945)와 그의 연인 마리 루이제 얀(Marie-Luise Jahn, 1918~2010)이 맡았다. 라이펠트는 1940년 함부르크 대학에 입학하였으나 비아리안(유대인)이라는 이유로 쫓겨나 뮌헨 대학에 편입하여 학업을 이어나갔다. 라이펠트는 얀과 함께 백장미의 여섯 번째 삐라를 타이핑하고 그 밑에 "그럼에도 그들의 정신은 언제나 살아 있을 것이다!"라는 추모 문구를 덧붙인 삐라를 제작하여 함부르크의 가족과 친구들에게 배포했다. 그리고 처형당한 후버 교수의 유족을 돕기 위한 모금활동을 벌이기도 하였다. 그러다 게슈타포에 노출되어 1943년 다른 활동가 28명과 함께 체포되었고, 인민법정에서 국가반역죄, 국외방송 청취 등의 혐의로 사형선고를 받은 후 1945년 1월 29일 뮌헨에서 참수형에 처해졌다. 얀은 12년형을 선고받았지만 복역 중 해방을 맞았다. 이들을 비롯하여 함부르크에서는 학생, 의사, 교수, 서점 관계자, 청소년 등 깨어 있는 많은 사람들이 반나치 저항운동을 펼쳤는데, 그들 중 30명 이상이 체포되었고, 여덟 명이 죽임을 당하였다. 현재 함부르크에는 이들의 저항정신을 기리는 기념물들이 곳곳에 흩어져 있다.

트라우테 라프렌츠, 한스 콘라트 라이펠트와 마리 루이제 얀

에밀 아저씨 그룹의 핵심은 3월 23일, 한스 페터스를 통해 백장미 운동의 전말에 대해 상세하게 파악하였을 뿐 아니라 비밀리에 여섯 번째 삐라인 「학우 여러분!」도 전달받았다. 그들은 단단하게 문을 닫아걸고 페터스가 꼬깃꼬깃 작게 접은 삐라를 읽는 것을 들었다. 그 삐라의 일부를 소개한다.[30]

29   인민법정에서 사형판결이 내려지고 형이 집행되기 전 숄 남매는 부모와 마지막으로 만났다. 어머니가 조피에게 "이제 다시는 네 모습을 보지 못하겠구나" 하자 조피는 "엄마, 일이 년만 지나면 괜찮아질 거예요" 하고 대답했다. 이들의 최후에 대해 교도관들은 이렇게 증언했다. "그들은 믿기 힘들 만큼 꿋꿋하게 처신했다. 감옥에 있는 모든 사람들이 그들의 태도에 커다란 감동을 받았다. 그 때문에 우리는 위험을 감수하면서 형이 집행되기 직전에 마지막으로 세 사람이 한 번 더 만날 수 있게 해주었다. 그들이 담배를 피우면서 몇 마디라도 나누기를 바랐다. 단지 몇 분밖에 되지 않았지만 그들에겐 큰 의미가 있는 만남이었으리라 믿는다." 크리스토프 프롭스트는 "죽음이 이렇게 간단할 수 있다니. 몇 분 후에 우리 모두 영원의 나라에서 만나자"라고 말했다. 그들은 그렇게 한 사람씩 끌려나가 죽음과 마주했다. 형 집행자는 이들처럼 의연한 태도로 죽어가는 사람들을 보지 못했다고 말했다. 한스는 단두대에 목을 올려놓기 전에 감옥이 떠나가도록 큰 소리로 외쳤다. "자유여, 영원하라!"

30   이 여섯 번째 삐라는 스탈린그라드 전투에서 33만의 인명 손실에 엄청나게 분노했던 쿠르트 후버 교수가 썼다.

학우 여러분!

우리 국민은 스탈린그라드에서 발생한 병사들의 죽음에 큰 충격을 받고 있다. 이전 대전에서 상병이었던 한 남자의 독창적인 전략은 33만 독일 병사들을 무의미하고 무책임한 죽음과 파멸로 몰아넣었다. 총통, 고맙소이다! (중략) 비열하기 이를 데 없는 권력욕에 사로잡힌 한 정당의 패거리들 때문에 우리 독일의 모든 젊은이들이 희생되어야 하는가. 우리는 단호히 거부한다! 드디어 심판의 날이 왔다! 지금까지 우리 국민들이 견뎌내야 했던 잔악무도한 폭정을 이제는 우리 젊은이들이 끝장내야 한다! 우리는 독일 국민 모두의 이름을 걸고 아돌프 히틀러의 국가에 요구한다. 개인의 자유를 보장하라! 그것이야 말로 우리 독일의 가장 귀중한 재산이다. 그놈은 비열하기 짝이 없는 방법으로 우리를 속여왔다. (중략) 히틀러와 그 패거리들이 독일 국민의 자유와 명예를 내걸고 지금까지 유럽에서 저질러왔던 끔찍한 대량살육은 가장 어리석은 독일인조차도 눈뜨게 만들었다. 독일의 젊은이가 마침내 떨쳐 일어나 그들에게 복수하자! 희생자들에게 사죄하고 학살자를 타도하여 새로운 정신의 유럽을 건설하지 않는다면, 우리 독일의 이름은 영원히 치욕으로 남게 될 것이다. 학우 여러분! 독일 국민은 지금 우리를 지켜보고 있다. (이하 생략)

백장미 그룹 마지막 삐라 인쇄와 배포

에밀 아저씨 그룹 사람들에게는, 나치화된 대학에서 장래 엘리트들이 나치에 동조하는 절망적인 시대 상황 속에서도 머나먼 뮌헨에 동지들이 있

히틀러에 저항한 사람들

영국 공군이 독일 대도시에 뿌린 백장미 삐라(1943)

다는 것은 '한줄기 빛'이나 다름없었다. 그렇지만 그 결말은 '비극'이었다. 그들은 백장미 그룹이 목숨 걸고 호소했던 삐라를 직접 복사해서 널리 전해야 한다는 사명감을 가졌다. 그래서 루트와 카린은 곧바로 타자기를 준비해서 삐라를 계속 만들어냈다. 18세의 카린은 그날 밤, 젊은 자신의 삶을 반나치 투쟁에 바치기로 결심했다. 백장미 그룹의 행동을 떠올리자 그녀는 마음이 흔들리면서 눈물을 삼키지 않을 수 없었다. 그녀는 오로지 그들을 위해 기도했다. (덧붙이면, 카린은 전후 무대배우와 「남독일신문」 기자를 거쳐 1987년 '백장미재단'을 설립하였다. 2015년 작고.)

에밀 아저씨 그룹에게는 히틀러 치하의 독일에도 '의로운 사람들'이 있어 히틀러에 저항하고 있다는 것을 외국에도 전하는 것이 중요했다. 3월 27일 『일기』에는 앞의 정보와 함께 삐라 250매를 비밀리에 스위스로 보낼 방법과, 스웨덴을 경유해서 영국에 보낼 수단도 찾았다고 기록되어 있다.

확실한 것은, 몰트케가 1943년 3월 22일 노르웨이에 가서 "독일의 젊

카린 프리드리히(1949)

은이들이 깨우친 증거"로 이 삐라를 오슬로 주교에게 부탁해서 영국 측에 건넸다는 것, 그리고 북유럽의 반나치 저항 그룹을 통해 많은 신문에 게재되었다는 것, 더구나 4월 18일에 「뉴욕타임스」에 전재되어 미국에 망명 중이던 노벨상 수상 작가 토마스 만이 6월에 BBC 방송에서 "세계가 아프게 감동했다"며 백장미 그룹의 활동을 전했다는 것이다. 그리고 마침내 그 소식이 무엇보다 효과적으로 독일에도 유포되었다. 1943년 7월 영국 공군기가 여섯 번째 삐라를 베를린을 비롯한 독일 여러 도시에 살포했다. 이렇게 해서 백장미 그룹은 나중에 언급할 슈타우펜베르크 대령과 함께 전후 독일인의 의한 저항운동의 상징이 되었다.

에밀 아저씨 그룹이 크라이자우 서클과 시종 긴밀한 관계를 맺었던 것은 주재자인 몰트케의 청렴한 인품과 해박한 지식, 폭넓은 시야에 감복해서 히틀러 이후 독일을 이끌 만한 지도자다운 인물이라고 우러러 보았기 때문이다. 하지만 그런 몰트케도 1944년 1월 체포되고 말았다. 비밀리에 유대인 구원을 위해 노력했던 반나치 그룹 졸프 서클(Solf Circle)[31]과

---

31   나치에 저항했던 지식인 중심의 비합법 저항 그룹. 한나 졸프(Hanna Solf, 1887~1954)를 중심으로 반나치 성향의 외교관, 사업가, 전직 정치인사 등이 모여 반히틀러 저항 운동을 모색하는 한편 유대인 구원에 대해서도 논의했다. 다른 반나치 조직인 크라이자우 서클과도 교류하였으나 몰트케 체포 후 멤버의 대부분이 게슈타포에 적발되어 처형당했다.

의 관계가 게슈타포에 발각되었기 때문이다.

한편 나치 지배를 종식시키려 한 마지막 시도였던 '7월 20일 사건'과도 가까워지고 있었다. 여기에는 크라이자우 서클 사람들이 깊숙이 관여하고 있었다. 그들을 통해 루트와 레오를 비롯한 에밀 아저씨 그룹의 핵심 인사들은 그런 계획이 진행되고 있다는 것을 알고 있었다. 당시 레오는 1944년 7월 10일, 주요 멤버인 외무부 공사관의 아담 폰 트르트로부터 히틀러 배제 계획을 전해 들었을 뿐 아니라 표면적으로는 객원 초빙 연주 형태로 스웨덴으로 건너가서 그곳의 반나치 조직과 연락을 주고받는 '연락원'이 되어달라는 부탁을 받았다.

다음 장에서는 유대인 구원활동에 머물지 않고 직접적인 반나치 정치행동에 나서서 히틀러 독재체제의 전복을 향해 나아갔던 시민 그룹에 대해 소개해보도록 하겠다.

백장미 그룹을 추모하는 기념물.
조피 솔이 삐라를 뿌렸던 건물 바로 앞 바닥에 설치되어 있다.(뮌헨대학)

제3장

히틀러 암살 계획에 참여한
저항시민들

지식인 그룹과
군부 반히틀러파

01

모의의 시작

나치스에 적대적인 사람들이 체제 타도를 염두에 두고 직접 행동에 나서
게 된 것은, 히틀러 정권이 1938년 11월 포그롬을 시작으로 침략전쟁의
길로 나아가는 것이 명확해졌기 때문이다. 나치 정권에게 극심한 탄압을
받은 공산당원은 말할 것도 없고, 사민당과 중앙당 계열의 국회의원, 노
동조합원들은 처음부터 체제 타도를 목표로 했다.

　그렇지만 국외로 망명하지 못하고 형무소나 강제수용소에 끌려간 후
석방되었지만 납작 엎드린 채로 때를 기다리는 그들의 생활은 엄혹하기
짝이 없었다. 공산당원은 지하에 숨어들어가는 수밖에 없었고, 그 밖의
시민적 정당이나 노조의 지도자들도 게슈타포의 감시를 받는 상황에서

간신히 생계를 이어나가며 비밀리에 동지들과 반나치 그룹을 조직하는 생활을 하고 있었다.

이처럼 탄압을 받은 사람들과는 별개로 기성조직에 속해 있지 않은 시민들은, 예를 들면 에밀 아저씨 그룹은 유대인 등 피박해자들을 구원하는 그룹을 만들었을 뿐 아니라 더 나아가서는 나치 타도를 목표로 하는 정치적 행동으로까지 활동의 폭을 넓혔다. 그렇지만 이런 그룹들이 히틀러 타도를 목표로 내걸었다 하더라도 그것을 어떻게 실행하고, 그 이후의 세상을 어떻게 만들어갈 것인가 하는 문제는 일반 시민의 힘으로는 감당하기 힘든 문제였다. 애당초 공개적으로는 논의할 수 없는 문제였기 때문에 남은 방법은 극소수의 사람들이 모의를 통해 해결할 수밖에 없었다.

백장미 그룹이 개인의 자유와 인권회복을 슬로건으로 내걸고 국민들에게 나치 체제에 대한 이반과 저항을 호소하는 것 이상의 내용을 제시하지 못한 것도 당연한 일이었다. 압도적인 국민 대중이 나치 체제의 수익자가 되어서 인종정책에 가담하고 있었기 때문에 독재체제는 도무지 어떻게 할 수 없는 벽과 같은 것이었다. 그런 상황 속에서도 전문지식을 가진 사람들을 중심으로 한 반나치 그룹에 의해 나치 지배에 대항하는 플랜이 만들어졌다. 이 플랜은 대항 그룹이 구상하는 '또 하나의 독일'이었다.

대표적인 조직가는 두 사람이었다. 나이도 생각도 서로 달랐던 카를 괴르델러와 헬무트 폰 몰트케였다. 앞서 본 것처럼 두 사람의 행보는 대조적이었지만, 첨예화된 유대인 박해를 계기로 반나치 그룹을 조직하는 데 힘을 모았다. 이들은 동지들을 모아 대책을 세우는 데 그치지 않고 다른 반나치 그룹과의 연대와 협력에도 적극 나섰다. 특히 괴르델러는 라

연주회에 참석한 라이프치히 시장 카를 괴르델러와 히틀러(라이프치히, 1933)

이프치히 시장에서 물러난 후 대기업 보쉬(Bosch)의 국외지점 대표에 취임했는데, 그는 이 지위를 이용해 영국과 미국의 정부 요인들과 교류하였고, 국내적으로는 관계와 군부의 히틀러 반대세력과 폭넓은 관계를 구축한 반나치 시민세력의 거물인사였다.

반나치 시민 그룹의 수는 많았지만 그중에도 독일 서부 라인란트를 거점으로 한 가톨릭 노조 계열 사람들 중심의 쾰른 서클과, 고백교회의 지지자로 본회퍼와 관계를 맺었던 프라이부르크 대학 교수들이 중심 멤버였던 프라이부르크 서클이 몰트케, 괴르델러와 깊은 관계를 맺었던 그룹이었다. 프라이부르크 서클의 경우, 본회퍼의 의뢰로 작성한 전후 계획인『각서(Denkschrift)』를 남겨놓았다. 몰트케가 접촉한 로테 카펠레의 경제학자 하르나크가 중심이 되어 이 대책을 만들었지만, 상세한 내용은 알려져 있지 않다.

크라이자우 서클의 결성

이와 같은 여러 종류의 서클 중에서 전쟁 패배를 내다본 몰트케가 오랜 시간에 걸쳐 논의한 끝에 전후 독일의 미래상을 구상하기 위해 결성한 서클이 크라이자우 서클이다. 반나치의 대표적인 싱크탱크라고 할 수 있다. 1938년 말 이후 여러 동지들을 끌어들인 몰트케와 페터 요르크 폰 바르텐부르크(Peter Yorck von Wartenburg, 1904~1944, 사형) 두 사람은 1940년 1월 베를린 리히터펠데에 있는 요르크의 집에서 히틀러 이후의 독일을 논의하기 위해 신뢰할 수 있는 전문가들을 규합하려 했던 것이 발단이었다.

서클의 창설 멤버는 브레슬라우 대학 시절의 몰트케가 1927년부터 3년 간 사회학자 오이겐 로젠스톡 허시(Eugen Rosenstock-Huessy, 1888~1973, 1933년 미국 망명)와 공동으로 조직한 '로젠베르크 노동캠프'의 참가자였다. 이 캠프는 대학생, 젊은 노동자, 농촌 청년들이 슐레지엔 지방의 빈곤문제를 함께 고민하며 극복하려는 취지로 조직한 것이었다. 참가자 중에는 초창기 사회교육의 선구자인 라이히바인, 한스 페터스, 젊은 행정관 페터 요르크, 몰트케의 사촌동생들인 대학생 카를 폰 트로타(Carl von Trotha, 1907~1952)와 호르스트 폰 아인지델(Horst Karl von Einsiedel, 1905~1947), 그리고 베테랑 행정관으로 전후 슐레스비히 홀스타인 주의 총리를 지냈던 테오도어 슈텔처(Theodor Steltzer, 1885~1967) 등이 있었다. 이 사람들이 그룹 결성의 핵이 되었다.

1942년 초 주요 멤버가 스무 명에 이르는 그룹이 조직되었지만 참여자들의 입장은 제각기 달랐다. (이후 이 그룹의 활동에 관계한 사람은 92명으로 늘어

히틀러에 저항한 사람들

몰트케와 아내 프레야(1932)

났다.) 주요 멤버는 박사 학위를 가진 법률가와 외교관, 대학 교수, 신구 교파의 신학자와 성직자, 노조 지도자, 전직 국회의원 등이었다. 직업군인은 참여하지 않았지만 요르크는 이미 '백작 그룹'이라 불리는 장교들이 속해 있는 반히틀러파와 연결되어 있었다. 그리고 쌍둥이 형제인 베르톨트(Berthold, 1905~1944, 8월 10일 사형)와 알렉산더(Alexander, 1905~1964, 고대사학자), 클라우스(Claus, 1907~1944, 7월 20일 사형) 슈타우펜베르크 삼형제는 그와 사촌지간이었다. 맏형인 법률가 베르톨트는 일찍부터 반나치 입장이 확고했다. 그는 1938년부터 국제법 전문가로서 국방군통합사령부(OKW)에 근무하면서 몰트케와 가까운 직장 동료가 되었고, 둘째인 알렉산더는 고대사 연구자의 길을 선택했다. 그리고 막내 클라우스는 저 유명한 '7월 20일 사건'의 주모자가 되었다.

위험천만한 모의

크라이자우 서클 멤버들은 베를린에서 멀리 떨어진데다 사람들의 눈에도 잘 띄지 않는 몰트케 가문의 영지에 있는 크라이자우 별장에서 모임을 가졌다. 그들은 이곳에서 담당 분야에 대해 수차례에 걸쳐 회합을 갖는 것 외에 조심스럽게 소그룹으로 나누어서 토의를 진행하면서 중심 멤버들 외에는 다른 그룹의 구성을 알지 못하게 했다.

그룹의 전체 회의는 1942년 5월부터 1943년 6월 말까지 세 차례 열렸고, 마지막 회의에서 합의한 내용을 「새로운 질서의 제 원칙」으로 정리해서 보관했다. (후에 「크라이자우 문서」로 알려져 있다.)

1940년 여름에 계통적인 논의가 시작되어 1944년 1월 몰트케 체포 때까지 모두 144회의 모임이 이루어졌는데, 장소는 대부분 베를린의 몰트케 집(1943년 11월 24일 공습으로 소실)과 요르크 집, 뮌헨이었다. 배급제로 식량 입수가 곤란했지만 몰트케와 요르크는 전원 영지에서 식량을 조달할 수 있어서 '내방객들이 언제나 무엇이든 먹을 수 있도록' 부인들이 신경 써서 대접했던 것도 모임 장소가 되었던 큰 이유였다. 몰트케의 부인 프레야(Freya von Moltke, 1911~2010)는 원래 법학박사 학위가 있는 인텔리 여성으로 회의에 상시로 참석해서 기록을 남겼다. 모임이 가장 많이 열린 곳은 요르크 집이었는데, 부인 마리온(Marion Gräfin Yorck von Wartenburg, 1904~2007)은 "주의! 적들이 귀를 쫑긋 세우고 듣고 있다"면서 언제나 밀고의 위험에 주의를 기울였다.

이전 전쟁에서 중상을 입고 병역이 면제된 라이히바인은 당시 부장으로 근무하던 베를린 민속박물관의 집무실을 모의 장소로 활용하기도 했다. 그는 할레 교육대학 교수직에서 쫓겨난 뒤 초등학교에서 교원활동

히틀러에 저항한 사람들

크라이자우 서클의 모임이 열렸던 별장의 모습(1985)
현재는 청소년 교육과 모임, 전시관으로 사용되고 있다.

을 하며 7년 동안 싸웠지만 단념하고, 정치적 저항자가 되어 1939년 5월
부터 박물관에서 직무를 수행했다. 박물관의 동료 중 어느 누구도 그가
반나치 활동을 하고 있다는 사실을 알지 못했고, 그런 사실을 짐작할 만
한 흔적도 남기지 않았다. 1944년 7월 4일, 체포 후에도 비서인 슈탈만
여사는 굳게 입을 다물었는데, 전후가 되어서야 비로소 그의 집무실에서
"업무 외에 뭔가를 하고 있는 것 같았다"고 이야기했다.

  멤버들은 이렇게 자신의 직무를 해나가면서 모의에 가담했다. 델프
신부를 비롯한 뮌헨의 가톨릭 성직자 세 사람을 제외하면 그들 모두에게
는 가족이 있었다. 대부분 1900년 전후에 태어난 젊은 세대의 그들에게
는 자녀 양육에 신경을 써야 하는 시기였다. 라이히바인은 박물관과 학
교교육을 융합시킨 '박물관 교육학'이라는 새로운 영역을 후세에 남겼
고, 그 외에 각지에서 민속학과 작업교육에 대한 강연도 했다. 1943년
8월 공습으로 집을 잃은 뒤에 아내 로제마리(RoseMarie Elisabeth Reichwein,

군복 차림의 페터 요르크와 아내 마리온

1904~2002)와 네 자녀는 몰트케의 영지 크라이자우로 거처를 옮겼다. 박
물관도 피해를 입어 깨진 유리창 틈으로 찬바람이 들어와서 외투를 입은
채 일을 해야 했다. 그렇게 자신의 직무를 수행하면서도 베를린 내외의
동지들과 연락을 주고받으며 지하활동 정보를 얻는 등 저항활동을 계속
해나갔다. 다른 대도시도 마찬가지로 폭격을 맞았기 때문에 동지들과 정
보연락을 하는 일은 대단히 어려웠다.

　이처럼 나치 체제의 일원인 것과 동시에 저항자로 살아가야 하는 이중
생활의 어려움은 모든 동지에게 해당되는 일이었다. 이미 요르크는 징집
되어 전차연대의 부관 소위로 폴란드전에 참전(동생은 전사)하였으며, 그 후
에는 탈장으로 인해 국방군 동부경제본부에서 근무했다. 그렇게 공군사
령부의 소령 페터스도, 형무소의 목사 포엘하우도 자신의 직무를 수행하
며 도망 유대인의 구원을 위해 힘을 쏟았으며, 또한 그룹의 모의에도 참
여했다. 아내들도 그런 활동을 충분히 이해했기 때문에 "남편들을 믿고
지지하며 자녀들을 지켜냈다." 실제로 아내들의 헌신적인 도움이 없었다

　히틀러에 저항한 사람들

면 그들의 활동도 없었다. 몰트케는 그룹의 엄혹한 상황을 1942년 4월 18일, 스톡홀름에서 영국의 친구 라이오넬 커티스에게 이렇게 전했다.

> 언젠가 독일이 진보한 날이 올 테지만, 지금 우리들은 엄청난 중압감 속에서 활동하고 있습니다. 전화를 사용할 수도 없고 편지도 쓸 수 없습니다. 체포되어 고문을 당해 이름을 불어버리지나 않을까 걱정하고, 친한 친구의 일을 다른 사람에게는 말할 수 없는 그런 상황 속에서 그룹으로 활동하는 것이 어떤지 당신은 상상조차 할 수 없을 것입니다.

몰트케의 말처럼 일상적으로 위험한 상황에 노출되어 있으면서도 동지들은 서로 연락하고 만나서 앞으로 다가올 독일의 미래 모습에 대해 서로의 입장과 생각을 확인하고 정정해나갔다. 당연히 이들 저항자들의 걱정과 우려는 나날이 커졌다. 전선이 확대됨에 따라 강제이송도 시작되었다. 홀로코스트의 현실이 안팎으로 전해지면서 히틀러의 전쟁 패배를 계속 기다리는 것만이 유일한 방법인가 하는 의구심이 점차 고개를 쳐들었다. 불안과 초조가 사람들을 짓눌렀다. 자연히 그들은 국방군 내 반히틀러파의 행동에 기대를 걸지 않을 수 없었다.

국방군 내 반히틀러 세력의 '9월 음모'

국방군 내 반히틀러파는 1938년에 생겨났다. 여기에는 군 내부의 독자적인 이유가 있었다. 국방군에는 군은 정치에서 독립해야 한다는 정치불 관여 전통이 있는데다 당시 군인에게는 투표권이 주어지지 않은 상황도 있었다. 게다가 장교단은 귀족과 지주귀족(성에 von이 붙는다.) 출신이 많았고, 육군참모본부는 상층계급의 수재들이 모인 곳이라고 자랑할 만큼 엘리트 집단이었다. 그들 대부분은 군주정을 지지하는 보수주의자였고 교양도 높은 수준이었다. 그렇다 보니 그들은 다수의 하층 출신자들로 구성된 나치당의 거칠고 난폭한 돌격대나 나치 친위대의 무법적인 행태를 극도로 혐오했다. 그런 그들이 히틀러 정권을 환영한 것은 베르사유 체제를 타파하고 숙원이었던 재군비와 군의 징병권 부활로 국방군이 국가를 지키는 지위를 회복할 수 있을 것이라는 희망이 있었기 때문이다.

그렇지만 히틀러는 1937년 11월, 비밀회의에서 '생존권' 확보, 예컨대 영토 확장과 타국침략 구상을 군 수뇌부와 외교장관에게 제시하였지만, 이들이 반대하자 국방장관과 외교장관을 해임해버렸다. 더구나 1938년 3월에 그는 국방통합사령부를 신설하여 육해공 삼군의 지휘권을 장악했다. 이미 총통에 취임함으로써 군인에게 요구되는 충성서약의 대상이 '국민과 국가'에서 '총통 히틀러'로 바뀌었고, 군은 독립을 빼앗김으로써 명실상부하게 통수권을 가진 히틀러 개인에게 충성을 맹세하게 되었다. 따라서 국방군은 친위대와 함께 나치 지배를 체현하는 히틀러의 사병이 되어버리고 말았다. 게다가 그 과정에서 조기 개전에 반대한 육군 최고사령관 베르너 폰 프리치(Werner von Fritsch)[01]에게 동성애자(당시에는 커다란 추문이었다.)라는 올가미를 씌어 물러나게 함으로써 군부를 격분시켰다. 그 후 히틀러는 다수의 장성을 자신에게 순종하는 자들로 교체하는 한편, 3월에는 오스트리아를 합병하였고, 5월에는 군과 외무부의 간부들에게

히틀러에 저항한 사람들

영국·프랑스와 동맹을 맺은 체코슬로바키아 침략 의도를 노골적으로 드러냈다. 실제로 9월이 되어 히틀러는 독일계 주민이 많은 체코슬로바키아령 주데텐 지방의 할양을 요구함으로서 대 체코슬로바키아전만이 아니라 영국·프랑스를 상대로 한 전쟁 위기가 일거에 고조되었다.

참모총장 루트비히 베크 장군은 전쟁이 가져올 재앙과 어리석음을 문서로 작성하여 몇 차례 히틀러에게 제출했으나 무시를 당하고 말았고, 결국 8월 말에는 프란츠 할더 장군에게 자신의 자리를 내주고 물러났다. 이런 상황에서 국방군 내에 베크 장군을 중심으로 한 반히틀러 장성 그룹이 만들어졌던 것이다.

한편 국방군의 첩보 책임자인 방첩부장 빌헬름 프란츠 카나리스(Wilhelm Franz Canaris, 1887~1944, 사형) 해군대장도 게슈타포를 이끄는 라이벌 조직인 친위대를 극도로 싫어한 반나치파였는데, 반히틀러 급진파인 한스 오스터(Hans Paul Oster, 1887~1945, 사형) 중령(1942년부터 소장)을 본부장에 앉히고 반체제파의 음모활동을 용인했다. 군부라는 폐쇄적인 조직 내에서도 첩보부문은 극비활동을 위한 기관이었기 때문에 반체제파의 방패막이로는 안성맞춤이었다. 오스터는 각계에 반히틀러 인맥과 정보 네트워크

01 흔히 "블롬베르크-프리치 위기"(Blomberg-Fritsch-Krise)로 알려진 사건이다. 1938년 초 나치 독일에서 벌어진 숙군작업이다. 블롬베르크 사건과 프리치 사건을 하나로 묶어서 "블롬베르크-프리치"라고 부른다. 이 두 사건의 결과, 국방군은 히틀러가 완벽히 장악하게 되었다. 히틀러는 전쟁 준비에 소극적이던 이 두 고위 장성에게 불만을 가지고 이들을 쫓아내기 위해 게슈타포를 동원해 비열한 술책을 펼쳤다. 블롬베르크의 경우 그의 아내가 과거 창녀였다고 기록을 거짓으로 조작했고, 프리치에게는 동성애자라는 누명을 뒤집어씌웠다. 이들의 숙군 후에 히틀러는 국방군최고사령부(OKW)를 신설하여 자신에게 충성하는 장군들을 요직에 임명했다. 프리치는 비록 쫓겨났지만 나치에 대한 지지를 포기하지 않고 수정의 밤을 지지하였으며, 폴란드 침공 때 참전했다가 전사하였다.

한스 오스터와 한스 폰 도흐나니, 디트리히 본회퍼

를 만들었는데, 그 일환으로 법률가인 한스 폰 도흐나니(Hans von Dohnanyi, 1902~1945, 4월 사형)를 비롯한 반체제의 인재를 상급직원으로 고용해 주변에 나름의 방어막을 쳤다. 오스터가 1943년 4월, 반체제 행동으로 의심을 사 친위대에 의해 면직될 때까지 방첩부의 상층부는 군 내부 반나치의 거점이었다. 1939년 9월 이후 몰트케가 외국과의 전시국제법 담당 외에 외무부와 국방군 통합사령부의 연락관으로 근무하고 있었고, 또 한편으로 미국 망명 도중에 포기하고 귀국한 신학자 본회퍼(도흐나니의 처남)가 민간인 정보원직[02]을 유지한 채 정치적 저항자로서 활동할 수 있었던 것도 이러한 사정이 있었기 때문이다.

그런데 히틀러의 강경한 외교정책으로 체코슬로바키아 문제가 일촉즉발의 상황으로 치닫게 되었을 때 군부 내 반히틀러파에 의한 쿠데타 계획도 조심스럽게 준비되고 있었다. 이른바 '9월 음모'라고 불리는 이 계획은, 주데텐 지방 할양을 요구한 최후통첩 기한이었던 9월 28일, 베크의 후임 할더 장군의 지휘 하에 히틀러를 체포하여 그를 재판에 회부,

히틀러에 저항한 사람들

신정부를 수립한다는 것이었다. (이들은 그때까지만 해도 군주정체의 신정부를 상

정하고 있었다.) 이 모의에는 머지않아 7월 20일 사건으로 처형되는 베크와

그의 옛 친구인 괴르델러 외에 비츨레벤(Job Wilhelm Georg Erdmann Erwin von

Witzleben, 1881~1944, 사형), 스튈파나겔(Carl-Heinrich Rudolf Wilhelm von Stülpnagel,

1886~1944, 사형) 등의 장군들도 가담했다.

그렇지만 이 계획에는 체코슬로바키아 침공 동원령과 영국·프랑스의

대독 선전포고가 이루어지면 실행한다는 전제조건이 있었다. 이를 계기

로 반란 그룹이 전쟁 회피를 내세우며 히틀러에 반대해 들고 일어선다는

쿠데타 시나리오가 있었기 때문이다. 그러나 동원령은 연기되었고, 따라

서 선전포고도 없었다. 9월 30일, 이탈리아 무솔리니의 중재와 영국 총

리 네빌 체임벌린의 양보로 주데텐 지방의 독일 할양이 결정되었기 때문

이다. ('뮌헨 협정') 계획 실행의 대의가 사라지자 9월 음모는 좌절되었다.

이미 오스트리아 합병은 양국 국민들에게 압도적인 지지를 얻고 있었고,

주데텐 지방의 독일령 편입도 국민들은 히틀러의 외교적 승리로 높이 평

가했다. 쿠데타 계획을 세웠던 모의자들의 충격은 컸고, 곧바로 모의에

동조한 장성 그룹도 해체되었다.

그런데 문제는 9월 음모의 좌절은 장성들의 트라우마가 되었고, 개전

---

02   1939년 본회퍼는 미국 유니온 신학교의 초청으로 미국에 도착했지만 독일에 머물러 있는
      형제들에 대한 생각으로 항상 번민하다가 망명을 포기하고 1940년 독일로 돌아왔다.
      본회퍼는 매형 한스 폰 도흐나니의 도움으로 저항운동에 가담하게 되었는데, 도흐나니는
      그를 첩보부의 민간인 요원으로 일하게 했다. 즉 이후의 히틀러 암살음모는 그의 매형을
      비롯한 군 내부의 반히틀러 세력들이 군 첩보부와 함께 시도했던 것으로, 본회퍼도 여기에
      적극 가담하게 된 것이다.

을 우려했던 자신들을 겁쟁이라고 매도하고 위협한 히틀러 앞에서 잔뜩 위축되었다는 것이다. 실제로 이 모의 후인 1939년 3월, 체코슬로바키아 침공을 시작으로 본격적인 세계대전이 발발했을 때 오스터를 비롯한 모의자들은 히틀러 배제계획을 가다듬고 있었지만, 육군 장성들이 소극적으로 바뀌면서 계획은 끝내 좌절되고 말았다. 이후 이들 장군들은 히틀러 전쟁에 앞장서서 협력하게 되었다.

히틀러에 저항한 사람들

고독한 암살자
게오르크 엘저

02

뮌헨의 맥주홀 뷔르거브레우켈러 폭파

1939년 9월 1일, 독일군이 폴란드를 침공함으로써 2차 대전이 시작되었다. 불과 한달 만에 바르샤바는 함락되었고, 이듬해 5월에는 서방 전격전으로 네덜란드와 벨기에, 프랑스가 항복을 선언했다. 국민은 독일군의 연전연승에 열광했고, 장군들 역시 히틀러의 전쟁 지휘에 진심으로 경의를 표했다. 그런 가운데 오직 한 사람만이 깨어 있으며 자신의 확신을 행동으로 옮긴 인물이 있었다. 실업 상태에 있던 목수 게오르크 엘저(Johann Georg Elser, 1903~1945년, 사형)였다. 당시 36세의 독신으로, 남부 독일 슈바벤 지역의 인구 2천 700명 정도 되는 농촌마을 쾨니히스브론 출신이었다.

1939년 11월 8일 저녁, 매년 상례적으로 열리는 '나치당 뮌헨 폭동'(München Putsch)[03] 기념행사에 총통 히틀러의 연설이 예정되어 있었다. 장소는 뮌헨 시의 대형 맥주홀인 뷔르거브레우켈러였다. 이날 행사장에는 괴벨스와 힘러, R. 헤스, M. 보어만 등 당의 주요 간부 24명이 가장 앞열에 자리를 잡았고, 2천 명에 이르는 열성적인 나치당원들도 참석했다. 이들을 앞에 두고 이루어질 히틀러의 연설은 오후 7시 30분부터 약 두 시간가량 라디오로 전국에 방송될 예정이었다. 시종 새로운 적 영국을 비난·공격하는 내용으로 열변을 토한 히틀러는 예정보다 30분 정도 연설을 일찍 끝내고 9시 7분 일행과 함께 뮌헨 중앙역으로 향했다. 원래는 비행기를 타고 베를린으로 돌아갈 계획이었지만 안개 때문에 9시 35분 열차로 바꾸었던 것이다.

히틀러가 차 속에 있던 9시 20분, 아무도 없는 연단에서 폭탄이 터지면서 순식간에 천장이 무너지고 연단 주변은 아수라장이 되었다. 원래 예정대로라면 히틀러가 한참 연설을 하고 있어야 할 시간이었다. 연단 뒤편으로 무거운 받침대를 떠받치고 있던 굵은 돌기둥 바닥에 숨겨놓았던 시한폭탄이 터졌던 것이다. 대부분의 청중이 돌아간 뒤여서 희생자 수는 사망 여덟 명(임시 웨이터 한 사람을 제외하면 나머지 일곱 명은 나치당원과 돌격대원이었다.), 부상자는 63명이었다. 표적이었던 히틀러와 당 간부들은 13분 차이로 폭탄 세례를 피할 수 있었다.

그날 밤 8시 45분경, 스위스 국경 콘스탄츠 검문소에서 몸집이 작은

---

03   1923년 나치당의 히틀러가 일으켰다가 미수에 그친 쿠데타이다. 당시 히틀러는 뮌헨에서 폭동을 일으켜 권력을 잡으려다가 군부의 반대로 실패했다. 히틀러 폭동(Hitlerputsch) 또는 히틀러-루덴도르프 폭동(Hitler-Ludendorff- Putsch)이라고 부르기도 한다. 이 폭동으로 히틀러를 비롯한 관련자들은 경찰에 체포되었고, 히틀러는 금고 5년형을 받았으나 9개월 후에 석방되었다.

폭발 직전에 연설하는 히틀러와 폭발 후 완전히 파괴된 연단

한 남성이 불법으로 월경하려다 체포되었다. 그런데 소지품을 조사해보니 소형 벤치, 폭탄구조를 상세하게 적어놓은 스케치가 들어 있는 봉투, 뷔르거브레우켈러 그림엽서, 공산주의자 조직 '적색전선전사동맹'(Roter Frontkämpferbund)[04]의 배지 등 꽤나 의심을 만한 것들뿐이어서 곧바로 지역의 게슈타포에게 신병이 인도되었다. 한밤중이 되어서 폭탄사건 소식을 들은 게슈타포는 다음날 아침 이 남자를 뮌헨의 본부로 호송했다. 인물의 정체는 게오르크 엘저였다.

한편 폭탄사건 소식을 차 속에서 보고받은 히틀러는 암살 실패를 은총으로 믿음과 동시에 사건을 영국 첩보기관의 소행으로 단정하고 수사에 만반의 태세를 갖추라고 지시했다. 사건 다음날, 현장검증에서도 일반인은 도저히 제조할 수 없는 전문가가 만든 시한폭탄이라는 결론이 내려졌다. 히틀러의 예견에 맞도록 힘러의 경찰수사와 괴벨스의 프로파간다도

---

04   바이마르 공화국 당시의 정치 조직이다. 명목상으로는 법률적으로 허가된 비정치적
      단체였으나, 실상은 독일공산당의 준군사조직이었다.

적국 영국의 모략이라는 스토리를 기둥으로 삼아 전개되었다. 그 때문에 친위대원이 네덜란드 국경을 넘어가서 두 명의 영국인 첩보원을 납치해서 감금했지만, 실제로 엘저의 '단독' 범행이었다는 사실만큼은 국민에게 숨길 수밖에 없었다.

폭파범 게오르크 엘저

엘저는 처음에는 밀고당한 수많은 용의자 중 한 사람에 불과했다. 하지만 그는 극심한 고문 끝에 자신이 했던 일을 털어놓았다. 그는 자신이 갖고 있던 의심스러운 물건들은 도주를 위한 것이었고, 상처 난 양쪽 무릎은 오랫동안 돌기둥 바닥에 폭탄을 설치하는 과정에서 생긴 것이라고 인정했다. 그 결과, 사건의 실행범으로 특정되었다. 하지만 한낱 목수에 불과한 엘저의 단독범행설은 어딘가 의심스러운 구석이 많았다. 정교한 시한폭탄 제작에 필요한 고도의 지식과 기술을 감안하면 단독범행설은 무리하게 보이는 것이 사실이었다.

히틀러를 비롯한 나치당 간부들은 엘저의 단독행동이라고 결론 내린 심문조서의 내용을 믿을 수 없었다. 그들은 엘저가 여전히 공산주의자에 물든 실업노동자일 뿐만 아니라 범행도 외부에서 사주한 것이라는 생각으로 가득 차 있었다. 노동자야말로 히틀러가 실업의 고통에서 해방시켜 정시노동과 여가활동의 혜택을 준, 나치 정권의 가장 핵심적인 지지자라고 자부하고 있었기 때문이다. 게다가 엘저의 고향인 쾨니히스브론은 "나치의 고장"이라고 불릴 만큼 나치당 지지세가 강한 지역이었다. 하지만 그가 베를린의 게슈타포 본부에서 이루어진 심문에서 상세한 범행계획과 함께 시한폭탄 설치 등을 재현함으로써 그날 사건이 '자발적인 의사에 따른 단독 행동'이었다는 사실이 밝혀졌다.

게오르크 엘저(1933)

하지만 언론에는 처음부터 끝까지 그는 단지 '실행범'에 불과하며, '배후'는 영국 정보부라고 보도되었다. (한때 신문에는 스위스에 망명 중인 반나치당 분자 G. 슈트라사라는 이름도 게재되었다.) 독일이 최종적으로 승리한 후 엘저를 정치적으로 이용하려는 목적이 있었기 때문이다. 그는 '특별수'로서 5년 동안 자살방지를 위해 간수가 항상 감시하는 베를린의 게슈타포 본부 최상층에, 그다음에는 근교의 작센하우젠 강제수용소로 옮겨져 격리된 독거방에 유폐되었다.

사건 후 각 신문은 히틀러의 뜻과 더불어 암살 실패가 "신의 섭리에 따른 은총"이었으며, 배후인 영국과의 전쟁을 지지하는 일치단결된 압도적인 국민들의 목소리를 대대적으로 보도했다.[05] 엘저는 구국의 지도자 히틀러의 은총을 칭송하고 영국에 대한 적의와 증오를 부채질하는 도구가 되어버렸다. 물론 몇몇 사람은 이 암살 실패를 한탄하였고, 언론 보도의 부자연스러움을 간파한 사람도 있었다. 에밀 아저씨의 루트 안드레아

---

[05]　당시 나치당 기관지였던 「뵐키셔 베오바흐터(the Voelkischer Beobachter)」는 이 폭발 사건을 "총통이 기적적으로 구원받은 사건"으로 묘사했다.

스는 사건 다음날인 9일, 이렇게 썼다.

> 어젯밤, 뮌헨의 뷔르거브레우켈러에서 시한폭탄이 터졌다. 히틀러가 열혈 나치당원들에게 연설을 마치고 회장을 떠난 직후였다. 범인을 붙잡기 위해 50만 마르크의 현상금이 걸렸다. "만약 제때 터졌더라면 지금쯤 우리 모두는 곤드레만드레 취해 있었을 텐데" 하면서 편집장 호르나는 나를 맞아주었다. (중략) 우리는 막 휴가에서 돌아온 힌릭스(한스 페터스)와 협의했다. "그놈이 조금 일찍 자리를 뜨는 바람에"라고 그는 낙담한 모습으로 투덜거렸다. "시한폭탄이 제때 터지지 않았다니 뭔 쓸모가 있나!" 누가 범인인지에 대해서는 그가 할 수 있는 말은 없었다. 다만 한 가지 절대 확실한 것이 있었다. 그 배후에 정보기관 같은 건 관여되어 있지 않다는 것이다.(『일기』)

그 후 엘저 사건은, 12월 소련군의 핀란드 침공으로 양국 간 전쟁이 터지면서 언론의 관심이 멀어지자 국민 대중의 기억에서 점차 사라졌다. 또한 엘저가 영국 정보부의 단순한 '끄나풀'로 보도된 것도 그 이름을 잊게 만든 요인이 되었다. 물론 나치 지도부는 그를 잊지 않았다. 그는 나치 붕괴 직전인 1945년 2월 다하우 강제수용소로 이송되어 엄중 감시 하에 있었다. 4월 5일부로 사살명령서가 도착했고, 9일 밤 11시 그는 젊은 친위대원에 의해 앉은 자세로 사살되었다. 시신은 다음날 소각되었고, 유해는 바람에 흩날려버려서 그 존재마저도 말살되었다. 종전을 불과 1개월 앞두고 있던 시점이었다.

심문조서1 - 엘저의 이력

사건 후 엘저의 양친은 4개월간 구금되었다. 그의 죽음은 아버지에게도 전해지지 않았고, 1950년이 되어서야 그 사실이 알려졌다고 한다. 그는 전후에도 대다수 국민들로부터 폭파범으로 기피의 대상이 되었고, 존재마저도 부정되었다. 그와 함께 다하우 강제수용소에서 특별수로 있었던 고백교회의 지도자 마르틴 니묄러가 들었다는 "엘저는 친위대 군인으로 하급분대 지도자"라든가 "나치의 앞잡이" 같은 소문도 떠돌았다. 그 때문에 엘저의 존재는 더더욱 무시당했고, 역사가들도 "교양 있는 사람이나 지식이 풍부한 사람들에게서 특징적으로 나타나는 양심의 갈등 같은 것은 찾아볼 수 없는 거친 감정적 동기"에서 행동한 사람으로 간주하였다. 그런데 이런 관점과는 전혀 다른 엘저의 모습을 보여주는 문서가 발견되었다. 뮌헨 현대사연구소의 역사가 그루흐만(Lothar Gruchmann, 1929~2015)이 베를린에서 재심문 조서를 발굴하여 1970년에 공표하였던 것이다. 그 조서에 기록되어 있는 엘저의 이력을 보면 다음과 같다.

> 1903년 1월 4일, 뷔르템베르크 주 쾨니히스브론 부근 마을에서 경건한 프로테스탄트 신자 어머니와 술을 좋아하는 아버지의 장남으로 태어났다. 여동생 셋과 남동생 하나가 있었다. 어머니는 작은 농장을 관리했고, 아버지는 주로 목재업에 종사했다. 장남 게오르크는 소년 시절에 어린 동생들을 돌보고 마구간 일과 농사일을 도우면서 성장했다. 하지만 술에 취한 아버지가 매일 밤 가족들에게 폭력을 휘두르고 큰소리를 치는 일 때문에 고통스러운 어린 시절을 보내야 했다. 친한 친구는 두 명뿐이

었고 과묵했다. 학생 수가 서른 명이었던 초등학교를 마친 후 제철소에서 선반 일을 배웠지만 이내 그만두고 목수의 도제가 되었다. 1922년 목수 자격시험에 통과한 후에는 여러 목공소에서 일하였고, 1925년 1월에는 드디어 좋지 못한 기억만 남아 있는 집을 떠났다. 솜씨가 좋았기 때문에 자립해서 살아가려 했던 것이다. 이미 결혼해서 가정을 꾸린 동생들에게는 다정한 오빠이자 형이었다.

그는 스위스 국경의 보덴호 부근 마을에서 목수와 가구 직인, 시계 케이스 제작 등의 일을 하면서 콘스탄츠에서 살았다. 그곳에서 웨이트리스로 일하던 마틸드 니더만을 만났고, 1930년에는 둘 사이에서 아들 맨프레드가 태어났다. 그즈음에 음악을 좋아했던 엘저는 치터(zither)[06] 클럽에 들어가서 연주활동을 하는 한편, 1928년에는 공산당 계열의 '적색전선 전사동맹'에 가입했지만 회비만 냈을 뿐 이듬해에는 탈퇴했다. 그는 당 활동에 적극적으로 참여하지도 않았고 강령에도 관심이 없었지만, 노동자의 당이라는 이유로 공산당에 투표했다.

대불황이 닥쳐온 1932년 8월, 그는 아들의 양육비를 내는 조건으로 마틸드와 헤어진 후 다시 쾨니히스브론으로 돌아와 부모의 농업과 목재업을 거드는 한편 자신의 일도 해나갔다. 알코올 중독이었던 아버지가 빌린 돈을 갚는 데 도움을 주기 위한 이유도 있었다. 본인은 빌린 돈이 없었음에도 검소하게 생활했다. 그 뒤 1936년부터는 가까운 하이덴하임의 계기제조회사에 임시직으로 고용되었다. 회사의 특별부에서는 화약통과 신관을 제조했는데, 엘저는 그 출하부에서 일했다. 1939년 봄부터 고향

---

06   독일 남부와 오스트리아 지방의 민속 현악기

채석장에서 일했다. 그가 고향을 떠나 뮌헨으로 이주한 것은 1939년 8월 초순이었다.(『조서』)

심문조서2 - 폭파 동기

여기까지 엘저의 이력을 보면, 바이마르부터 나치 때까지 작은 마을에서 검소하게 생활한 평범한 노동자의 모습이 떠오른다. 히틀러가 자랑한, 노동자에게 주력한 나치 경제나 레저 혜택은 그와는 아무런 관련이 없었다. 주목할 것은, 그가 히틀러 암살을 결의하고 준비에 나섰던 '1938년 가을'이라는 시기가 주데텐 위기에 직면하여 장군들의 궐기가 예정되어 있었지만 결국 좌절했던 시간과 겹친다는 것이다. 더구나 그는 혼자 힘으로 1년 2개월 동안 계획을 세우고 준비하였으며, 그리고 마침내 결행했다. 왜 그런 결심을 했던 것일까? 조서를 바탕으로 그가 진술한 내용의 대략을 살펴보도록 하자.

> 나는 세계 전체와 인간의 생명이 신에 의해 창조되었다고 믿고 있습니다. 제가 볼 때, 독일 정부는 현재 교회, 즉 그리스도교를 없애려 하고 있습니다. 독일인은 모두 하나의 가르침만을 믿고, '독일적 그리스도교'(복음파 교회 중 나치당에 동조하는 '제국교회'에 결집한 일파)의 신자가 되어야만 합니다. 무엇보다 저는 그 가르침을 직접 읽지 않아서 확실히 알 수는 없습니다만.
>
> 저를 포함한 노동자는 국가사회주의 혁명 후에도 이전과 다름없이 강제

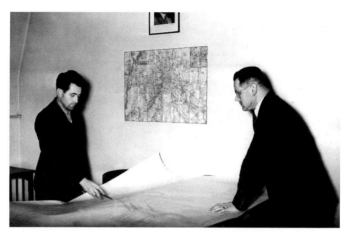

체포 후 자신의 계획에 대해 설명하는 엘저(1939)

된 상태에 놓여 있다고 생각합니다. 예를 들면, 노동자는 희망하는 직장으로 옮길 수 없고, 아버지들은 히틀러 유겐트 때문에 자신의 어린아이들을 자유롭게 기르는 것이 불가능합니다. 또한 아버지의 바람대로 아이들에게 신앙심을 갖게 할 수도 없습니다. 이렇게 된 것은, 특히 '독일적 그리스도인'의 활동이 영향을 미치고 있다고 하지 않을 수 없습니다. 그래서 노동자가 정부에 크게 화를 내고 있다고, 지금까지 그렇게 생각하고 있습니다. 이 외에 누군가에게 들은 것도, 또 제가 그렇게 말한 적도 없습니다.

1938년 가을에 대부분의 노동자는 전쟁을 각오했다고 생각합니다. 당시 노동자 사이에서 커다란 불안이 있었다는 것은 확실합니다. 저는 주데텐 문제 때문에 '아주 귀찮게 되었구나', 즉 전쟁이 나겠구나 하고 생각했습니다. 뮌헨 회담 후에 전쟁을 피할 수 있겠다고 노동자들은 안심했습니다. 그러나 작년 이맘 때, 저는 뮌헨 협정의 성립으로 독일이 다른

히틀러에 저항한 사람들

나라에 갖가지 요구를 들이대면 전쟁은 피할 수 없을 것이라고 확신했습니다. 그런 확신을 하기까지 다른 사람과 한 번도 이야기를 나눈 적이 없습니다. 하지만 외국방송을 들은 적은 있습니다.

1938년 가을 이후로는 이제 전쟁을 피할 수 없는 게 아닌가 하는 생각이 끊임없이 들었습니다. 그렇다면 필사의 각오로 노동자의 고통스러운 처지를 개선하고 전쟁을 막아야겠다고 생각했습니다. 생각 끝에 현재 국가 지도부를 배제하지 않는 한 독일의 상황은 바뀌지 않을 것이라는 결론에 이르렀습니다. 국가 지도부의 수뇌는 히틀러, 괴링, 괴벨스 세 사람입니다. 나치당은 잠시 동안 권력을 잡았지만 결코 권력을 손에서 놓지 않을 것이라고 확신했습니다. 그러나 이 세 사람을 없애면 당의 정치목적도 온건해질 것으로 생각했습니다. 그런 결심을 하기 전까지 공장에서 화약이나 기계 부품을 훔칠 생각은 전혀 없었습니다. 그 후에 신문에서, 1938년 11월 8~9일 뷔르거브레우켈러에서 나치당 집회가 열린다는 기사를 읽고 그날을 대비하기 위해 뮌헨에 가서 사전조사를 했습니다.(『조서』)

저항의 진정한 이유 - 전쟁 확대 저지

엘저의 조서를 읽어보면, 적어도 그는 히틀러의 무력외교를 지지하는 압도적인 다수의 국민 대중이나 침략명령을 그대로 따르는 장군들과는 다른 입장에 서 있었다는 것을 알 수 있다. 전후 오랜 옛 친구들의 회상에 따르면, 엘저는 나치를 혐오해서 '히틀러식 경례'를 무시했으며, 유대인 박해에도 분노했다고 한다. 그가 나치 지배로 신앙마저 통제당하고, 청소년도 모든 것을 조종당하는 현실을 상당히 비판적으로 바라보았으며, 전쟁 위기를 통찰했다는 것만큼은 확실하다. 다른 반나치 저항자들과 마찬가지로 그도 히틀러가 독일을 파괴할 것이라는 사실을 간파하고 있었다. 그래서 그는 자신의 목숨을 걸고 일을 벌였던 것이다.

엘저에 대해 지성이 없다든가 시골 초등학교만을 마친 학력이라든가 하는 문제로 시비를 거는 것은 실로 가소로운 일이다. 본래 지성의 문제를 제기한다면, 그것이 올바른가 그렇지 않은가를 제일 먼저 따져야 할 것이다. 더구나 히틀러가 기피했던 인간성 문제에 이르면, 이름도 없는 사람들에 의한 유대인 구원활동을 굳이 끌어오지 않더라도 학력 문제 따위는 전혀 거론할 필요조차 없는 것이다. 덧붙이면, 후에 카린 프리드리히는 어머니 루트 안드레아스를 비롯한 저항 동지들을 마지막까지 버틸 수 있게 한 것은 멤버 중 한 사람이자 어머니의 옛 친구로 지하에서 잠복했던 노동자 에리히 케르버였다고 말했다.

심문관들이 "네가 한 일을 죄라고 생각하는가"라고 묻자 엘저는 이렇게 대답했다.

"깊은 의미에서는 '아니'라고 말하고 싶습니다. 제가 믿었던 것은, 선한 행동을 하려 했다는 것을 살아서 증명할 수 있다면 언젠가 천국에서 맞아줄 것이라는 사실이었습니다. 요컨대, 저의 행동은 전쟁에서 많은 피가 흐르는 것을 막으려는 것이었습니다."

그렇다 하더라도 한 사람이 짊어지기에는 엄청나게 무거운 결단이었다. 그는 뮌헨에서 마지막 3개월(8월 5일~11월 6일) 동안 사전 준비를 하면서 그때까지 거의 나가지 않았던 교회를 자주 찾아서 기도를 드렸는데, 기도 후에는 언제나 편안함을 느꼈다고 한다. 그는 영혼을 내리누르는 중압감

히틀러에 저항한 사람들

을 기도라는 행위로 견뎌냈던 것이다. 경건한 기도는 그에게 큰 도움이 되었다, 심문관이 마지막으로 "여덟 명을 죽인 건 아무렇지도 않은가?" 하고 묻자, 그는 한마디로 "평정할 리가 있겠습니까" 하고 대답했다.

엘저가 어떻게 히틀러 암살 계획을 행동에 옮길 수 있었는가에 대해서는 다음 사실을 통해 확인할 수 있다. 사전에 연설회장이 무방비 상태에 있다는 것을 확인한 것, 임시 고용된 시계제조회사에서 폭약 기술과 지식을 습득한 것, 그리고 채석장에서 화약 사용법을 관찰하고 비밀리에 실험한 것, 뷔르거브레우켈러에 손님으로 들어가서 오후 9시 종업원들의 저녁식사 후에 창고에 잠입, 가게가 문을 닫은 뒤부터 아침까지 30~35회나 작업한 것, 돌기둥 내부에 빈 공간을 만드는 과정에서 소리를 없애기 위해 노면전차나 외부 소리에 맞춘 것, 그리고 3개월간의 작업 후 마지막으로 시한폭탄이 터지는 시각을 144시간 후, 즉 6일 후인 11월 8일 오후 9시 20분으로 세팅한 것이다.

그만큼 신중했던 엘저가 국경검문소에서 체포된 것은 어떻게 된 것일까. 그는 계획과 행동을 누구에게도 말하지 않았고, 정신적인 피로감도 없었다. 만약 자신의 행동이 노출된다면 가족이나 지인들에게 해가 될 것이라는 잘 알고 있었다. 때문에 스위스를 도피 경로로 잡고, 사전에 지역에 대한 이해가 있는 콘스탄츠 국경 일대도 조사해서 아무도 지키지 않는다는 사실을 확인했다. 그러나 그 후 9월에 전쟁이 터졌기 때문에 국경경비가 강화되었다는 사실을 엘저는 미처 알지 못했다.

더구나 폭발 예정일에 뷔르거브레우켈러에 확인차 다녀오기도 했다. 그 때문에 도피도 늦어져 국경경비에게 연행되고 말았던 것이다. 그의 자백에 따르면, 현장에 갖고 있던 소지품은 스위스에서 독일 경찰에게 상세한 설명문을 첨부해서 우편으로 "어디까지나 혼자서 한 범행의 증거"로 보내려던 것이었다고 한다. 하지만 결과는 가족과 지인, 관계자들, 더구나 쾨니히스브론의 주민들까지 곤욕을 치르고 말았다. 이후 엘저가 "자신의 경솔함에 화를 냈다"고 해서 그의 사후 대처에 대해 운운하는 것은, 이 책이 의도하는 바가 아니다.

다만 여기에서 지적해두고 싶은 것이 있다. 이 사건을 계기로 히틀러의 복심인 라인하르트 하이드리히(Reinhard Heydrich)[07]의 지휘 하에 국가보안본부는 히틀러 경비체제를 강화하여 폭약과 화기의 구입을 엄격하게 관리하게 되었다. 히틀러 자신도 생활을 불규칙하게 하여 행동 패턴이 외부로 유출되지 않도록 했다. 이런 사태가 이후의 암살계획에 커다란 제약이 되었음은 물론이다.

---

07 나치 독일의 친위(SS) 보안방첩부와 게슈타포의 초대 수장으로, 국가보안본부장과 보헤미아 총독을 지냈다. 홀로코스트 추진의 실질적인 책임자로서 유대인 문제에 대한 "최종해결방안"을 사실상 결정한 반제회의(1942)를 주관하였다. 체코에서 '프라하의 학살자', '피에 젖은 사형집행인' 등의 별명으로 불릴 만큼 악명을 떨쳤는데, 1942년 6월 영국에서 훈련받은 체코 레지스탕스의 습격을 받고 사망했다. 나치는 그의 암살에 대한 보복으로 체코 주민과 유대인을 집단 학살하는 등 엄청난 만행을 저질렀다. 영화 「새벽의 7인」(1975)이 이 인물의 암살을 주제로 한 것이다.

히틀러에 저항한 사람들

'7월 20일 사건'과 시민 그룹의 참가

03

독소전 개전과 전쟁범죄

1939년 9월, 바르샤바를 함락시킨 독일군은 이듬해인 1940년 4월에는 덴마크와 노르웨이를, 5월에는 네덜란드, 벨기에, 프랑스를 점령했다. 그리고 1941년 4월 6일에는 그리스와 유고슬라비아를 침공했으며, 6월 22일에는 소련을 기습공격(바르바로사 작전)했다. 한마디로 히틀러의 전쟁이었다.

그에게 독소전은 서부전선과 달리 생존권 확대와 더불어 볼셰비키(소련 공산주의자)와 '열등인종'을 절멸시키기 위한 전쟁이었다. 그로 인해 민간인이나 포로 보호 같은 전시법규는 무시되었고, 소련군의 정치장교를 즉결 처형 하라는 지시 외에 소련 주민도 '적성 민간인'으로 간주해 학살하라는 허가가 내려왔다. 이 때문에 국방군도 절멸전쟁에 관여하게 되었다.

스탈린과의 폴란드 분할점령 약정(1939년 8월 독소불가침협정)을 파기한 기습작전은 모스크바 앞에 버티고 선 '동(冬)장군'과 소련 적군(赤軍)의 거센 반격에 가로막혀 결국 실패로 돌아가고 말았다. 침공한 독일군 300만 중 사상자 수가 3분의 1에 이르렀지만, 넓은 서방 점령지역(우크라이나와 발트 3국, 벨라루스)에서 엄청난 수의 적군 병사를 포로로 사로잡았다. 현지에서 식량을 조달함으로서 주민들에 대한 학대와 기아, 강제노동 등 가혹한 점령정책이 시행되었고, 포로 학살도 일어났다. 침공한 지 반년 만에 포로의 반 이상인 140만이 전쟁터에서 즉결처분되거나 야외 포로수용소에서 병과 기아로 죽음을 당했으며, 독일 병사들에게 방한복을 빼앗겨 동사하기도 했다.

더구나 전선 후방의 점령지역에서는 이미 폴란드전에서 그랬던 것처럼 잔인한 인종섬멸이 철저하게 이루어졌다. 이는 특수작전집단(Einsatzgruppen)의 활동으로, 예를 들면 우크라이나에서는 열광적인 반유대주의 대독협력자들도 가담하여 개전 9개월 간 유대계 주민과 집시 등 약 70만 명 이상을 대량 살육했다[08]고 한다. 이와 관련된 잔혹한 기록사진들이 현재 다수 보관·전시되고 있다.

무장 친위대원과 그 보충요원인 16~7세의 히틀러 유겐트 단원들이 함

---

08   바비야르((Babi Yar)에서 벌어진 학살이 대표적이다. 1941년 9월 29~30일 이틀간 나치의 특수작전집단은 키이우 외곽 바비야르에서 유대인 3만 3천 771명을 총기로 학살했다. 이런 학살은 1943년 9월 29일까지 2년 동안 이어졌고, 소련군의 공세가 강화되면서 독일은 학살 증거를 인멸한 후에 후퇴했다. 이후 이 학살과 증거 인멸을 주도했던 친위대 대령 파울 블로벨은 1948년 뉘른베르크 재판에서 사형선고를 받았고 1951년 처형되었다. 그렇지만 재판에서 사형을 선고받은 14명의 지휘관 중 실제 사형에 처해진 사람은 네 명에 불과했다. 아우슈비츠가 가스실에 의한 공장식 학살의 상징이라면 바비야르 학살은 총기에 의한 재래식 학살의 대명사로 불린다.

히틀러에 저항한 사람들

빈니차의 마지막 유대인[09]

께 어울려서 살육 상황을 응시하고 있는 모습을 보면, 이것이 과연 문호 괴테를 낳고 길렀으며, 인간성을 최상의 가치로 추구했던 문명국가 독일인가 하는 의문을 갖지 않을 수 없다. 독일은 문명국가와는 정반대의 길로 걸어가 엄청난 범죄를 저질렀던 것이다. 그렇게 홀로코스트는 시작되었다.

09   1942년 우크라이나 빈니차(Vinnytsia)의 집단학살 현장에서 나치의 대량살상조직인 특수작전집단 대원이 유대인을 죽이기 직전의 모습을 찍은 사진이다. 1943년에 발견된 이 사진의 뒤편에 "빈니차의 마지막 유태인"이라 쓰여 있었다고 한다. 사진 뒤편의 인물들은 독일군과 독일 노동국, 히틀러 유겐트 단원들이다. 유대인 자치구의 하나인 빈니차에는 2만 8천여 명의 유대인들이 살고 있었지만 이들에 의해 모두 처형당했다.

이미 개전 1개월 후에 히틀러 유겐트 단원들은 방공호를 파거나 야전 병원에서 보조업무 같은 후방 활동에 동원되었고, 전면적인 군사훈련도 받아야 했다. 1940년 8월 시라흐를 대신해 전국 지도자가 된 A. 악스만 (Artur Axmann) 하에서 청소년들은 전면적으로 전쟁계획에 편입되었다.

그렇게 하기 위한 조직이 히틀러 유겐트였던 것이다. 1944년 여름 이후에는 부족한 병력을 보충하기 위해 제대로 된 훈련이나 장비도 없이 무장친위대 지휘 하의 소년병(16세부터)으로 전선에 투입되었을 뿐 아니라 본토 방위를 위해 '국민돌격대'(소집되지 않은 16~60세 남자 전원에게 의무화)에도 동원되었다. 덧붙이면, 1944년 6월, 연합군에 맞서기 위해 프랑스 전선에 투입된 히틀러 유겐트 전차군단은 사상자 수가 6만 명에 이르렀다고 한다. 히틀러는 청소년을 나치 사상과 그것을 실행하는 행동대로 오염시켜 무의미한 죽음으로 밀어넣었다. 그런 그가 마지막으로 베를린의 지하 벙커에서 나와 모습을 드러낸 것은 자살 직전인 4월 27일, 소수의 청소년에게 격려의 말을 전하기 위해서였다.

동부전선만이 아니라 남쪽과 중부 지역의 점령지에서 일어난 폭정과 학살 사례는 그 수가 너무 많아 일일이 셀 수 없을 정도다. 예를 들면, 국방군 방첩부의 외국과에서 확인한 보복 활동 사례로, 몰트케는 1941년 10월 21일 자신의 분노를 이렇게 전하고 있다.

> 세르비아의 한 지구에 있는 두 마을이 불에 타고, 남성 1천 700명과 여성 240명의 주민이 처형되었습니다. 세 명의 독일 병사가 습격당한 것에 대한 보복이었습니다. 그리고 그리스의 한 마을에서는 240명의 남성이 사살되었고 마을은 모조리 불탔습니다. 여자와 아이들은 한곳에 모았는

히틀러에 저항한 사람들

데, 남편과 아버지가 죽고 집을 잃은 그들을 비탄 속에 몰아넣고 떠났습니다. 이렇게 날마다 1천 명 이상이 죽임을 당했고, 독일군은 그런 살인 쯤은 아무렇지도 않게 생각했습니다. 그러나 이런 만행도 폴란드나 러시아에서 일어난 것에 비하면 아이들 장난이나 다름없는 일이라 하지 않을 수 없습니다.(아내 프레야에게 보낸 편지)

장기화하는 독소전과 장교들의 분노

앞서 본 것처럼 포로나 아무런 힘도 없는 민간인들을 살해한 것은 명백한 전쟁범죄다. 그리고 무엇보다 홀로코스트와 일체화된 히틀러의 전쟁 지휘는 거대한 국가범죄였다. 게다가 독일·이탈리아·일본 3국 군사동맹 하에서 1941년 12월 8일 미국과 일본의 개전이 히틀러의 대미선전포고(12월 11일)로 이어지면서 전황에 대한 전망은 한층 더 암운을 드리우게 되었다.

히틀러는 세계 최강국 미국과의 전쟁을 상정하고 있었기 때문에 독소전도 1941년 중으로 결판을 낼 생각이었다. 하지만 당면한 독소전은 장기화를 피할 수 없는 소모전 양상으로 전개되고 있었다. 자연히 병사들의 마음은 초조하고 거칠어졌다. 인종절멸 전쟁이라는 성격으로 인해 윤리의식이 좀먹어 들어가는 한편으로 최고지도자 히틀러에 대한 믿음도 점차 엷어지면서 그에 대한 비판과 함께 분노도 점차 커져갔다. 전선에서 국가적인 범죄에 계속 가담하는 것을 치욕스럽게 생각하는 국방군 장교들 사이에서 군인으로서의 복종과 충성을 내걸고 히틀러를 타도하자는 기운이 자연스럽게 고조되었다.

한편 무고한 민간인 학살을 견딜 수 없어 명령을 거부하는 병사들이 탈주병의 길을 선택하는 것 또한 자신의 양심에 따른 결사적인 행동이었다. 히틀러가 했다는 "병사는 죽을 수 있지만, 탈주병은 반드시 죽여버려야 한다"는 말에 따라 전시 군법회의에서 많은 병사들이 즉결처형되었다. 구 폴란드령 투르가우 군 형무소에서는 1943년부터 종전 때까지 1천 명이 처형되었다고 한다. 탈주병은 이유를 불문하고 '배신자'로 강력한 처벌이 뒤따랐다. 베를린의 에밀 아저씨 그룹이 동부전선의 탈주병을 숨겨주는 활동을 한 것도 이런 상황에서 비롯된 것이다.

독소전은 "유대적 볼셰비즘"의 섬멸이라는 히틀러의 왜곡된 인종관과 세계관에서 나온 절멸전쟁이었다. 총통 히틀러를 배제하는 것 외에 종전의 길은 없다는 인식도 바로 여기에서 생겨났다. 그렇지만 1938년의 '9월 음모'가 좌절된 이후 장군들은 기가 꺾였고, 충성을 맹세한 최고지휘관 총통 히틀러에게 반역한다는 것은 사고의 범위를 넘어서는 일이었다. 히틀러에게 비판적인 몇몇 장군들이 직언에 나섰지만 그가 촉촉한 눈길로 빤히 쳐다보자 주눅이 들고 말았다는 이야기가 떠돌았다. 강렬한 카리스마로 상대를 제압해버렸다는 것이다.

트레슈코프 일파의 암살 계획

그런 상황에서도 무의미한 전쟁을 끝장내기 위해 군은 신념과 행동하는 용기를 가진 군인이 있었다. 독소전의 주력이었던 중부집단군의 수

　　　　　　　　　히틀러에 저항한 사람들

석작전참모였던 헤닝 폰 트레슈코프
(Henning von Tresckow, 1901~1944, 7월 21일 자
결) 대령은 반히틀러 청년장교 그룹의
요구에 부응해 그 주모자가 되었다. 그
는 다수의 뛰어난 군인을 배출한 프로
이센의 귀족 가문 출신으로 베르사유
조약의 파기를 주장한 히틀러의 등장
을 크게 환영했지만 처음부터 그의 인

'또 하나의 독일'을 위해 목숨을 던진
헤닝 폰 트레슈코프(1944)

종정책만큼은 거부하는 입장이었다.

게다가 독소전에서 전시법규를 무시하라는 지시에 대해서도 격렬하
게 반발했지만 그에게 결정적으로 히틀러 타도를 결의하게 한 것은 무엇
보다 전쟁과 일체화된 유대인 대량학살이었다. 그 사실을 알게 되면서
자신이 그런 잔악한 범죄를 막지 못하는 것에 큰 죄의식을 갖게 되었다.
사실 그는 이미 몇 차례에 걸쳐 사안의 중대함을 고위 장성들에게 호소
한 바가 있었다. 그렇지만 해결이 되지 않았다.

결국 트레슈코프는 젊은 참모장교들을 주변으로 불러 모았고, 1942년
에 접어들면서 모의를 준비하기 시작했다. 자신의 부관으로 있던 사촌
파비안 폰 슐라브렌도르프(Fabian von Schlabrendorff, 1907~1980)[10] 중위는 법률
가로서 그의 훌륭한 상담 상대였을 뿐 아니라 반나치 그룹과의 연락에도
중요한 역할을 하였다. 그런 가운데 1943년 2월, 히틀러가 사수를 명령
한 스탈린그라드 공방전에서 독일 측(추축국 측)은 대패하고 전황도 악화
되었다. 병력과 무기도 엄청난 손실을 입었다. 독일 측은 사상자와 포로
가 85만, 소련 측은 민간인을 비롯한 사상자와 불명자가 120만에 이르렀

다. 이때 투항한 W. 폰 자이들리츠(Walther von Seydlitz, 1888~1976) 장군을 비롯한 장군과 장교 95명은 9월에 모스크바에서 '독일장교동맹'을 결성하고 공산당원 E. 바이네르트가 의장인 '자유독일국민위원회'에 합류하여 즉각 정전을 주장하며 반나치 저항그룹으로서 활동을 시작했다.

이 패전을 계기로 동부전선에서 독일 측은 매일 수천 명의 병사가 죽고 다쳤는데, 그런 한편으로 강제·절멸수용소에서 수만 명을 학살하면서 퇴각했다. 이런 희생을 저지할 수 있는 것은 오로지 히틀러의 죽음밖에 없었다. 트레슈코프는 젊은 동지들에게 이렇게 말했다.

"지금 독일과 세계를 사상 최대의 범죄자로부터 해방시키기 위해서는 몇 사람이든 허물이 적은 사람들이 목숨을 걸고 행동해야 한다."

이를 위해 트레슈코프 일파가 어떤 행동을 계획했는지 살펴보자.

히틀러가 동부전선 시찰 때 사살(1943년 3월 13일), 같은 날 히틀러가 탑승한 전용비행기 폭파, 베를린 무기전시회장에서 자폭(21일) 등이었다. 그렇지만 시찰 때 사살은 중부집단군 클루게(Günther von Kluge, 1882~1944, 자살) 사령관의 반대로, 전용비행기 폭파는 영국제 시한폭탄의 불량으로, 베를린에서 자폭은 히틀러의 예정 변경으로 실패로 돌아가고 말았다.

그렇지만 이런 표면상의 이유 외에, 엄격하게 선발된 친위대원 중에

---

10   이 인물의 생사에 관한 유명한 일화가 있다. 나치 주요 인사 중 하나로 전쟁이 끝나면 다른 나치 주요 인사들과 함께 반드시 처단되어야 할 인물 중 하나가 인민법정의 법원장 프라이슬러였다. 그렇지만 그에 대한 심판은 다른 형태로 이루어졌다. 종전을 석 달가량 앞둔 1945년 2월 3일 11시 3분, 공습 대피 도중 법원에 두고 온 피고인 서류를 가지러 갔다가 미육군 항공대의 B17 폭격기가 투하한 폭탄이 법원 청사에 명중, 건물이 무너질 때 사망하였기 때문이다. 그 서류의 주인이 바로 당시 히틀러 암살 미수사건 관련자로 재판을 받던 파비안 폰 슐라브렌도르프였다. 이렇게 프라이슬러가 죽은 덕분에 그는 살아남아 종전 후 서독 대법원 판사까지 지냈다.

서 추려낸 경비대원들이 엘저 사건의 경험을 통해 히틀러를 노리는 적국, 특히 영국 특수부대의 활동에 신경을 곤두세웠던 것이 가장 큰 이유였다. 히틀러에 대한 신변 경호가 한층 엄중해지면서 경비대원들은 그가 공적인 자리에 모습을 드러내는 것을 최대한 만류했다. 측근 외에는 히틀러를 만날 수 없었고, 보통 장성이나 고급장교도 면회를 하려면 총기는 물론 위해를 가할 수 있는 무기 소지를 금지하였고, 군 내부에서도 폭약류를 1킬로그램 단위로 엄격하게 관리했다. 그 때문에 시한폭탄을 손쉽게 구할 수 없는 상황이었다. 후에 슈타우펜베르크가 영국제 폭탄을 사용한 것도 이런 이유 때문이었을 것이다. 게다가 전황 악화와 함께 총통 히틀러는 점점 더 깊숙이 틀어박혀 밖으로 나오지 않았기 때문에 표적으로서는 너무나 멀리 있는 존재였다.

스탈린그라드 전투 패배로 국민들은 큰 충격을 받았지만, 총통 히틀러의 전쟁 지휘가 잘못되었다거나 그 책임을 묻는 목소리는 겉으로 드러나지 않았다. 한편 국방군 내 반나치 장교 그룹의 암살계획도 내부적으로는 여전히 살아 있었다. 이런 트레슈코프 일파의 암살 계획과, 유대인 대량학살에 대한 독일인들의 침묵을 비판했던 백장미 그룹이 스탈린그라드 전투 대패를 계기로 히틀러 타도를 주장하며 행동에 나선 시기가 겹치게 된 것도 결코 우연이 아니었다. 뮌헨의 대학생들이 밖에서 목숨을 걸고 행동에 나섰을 때 군 내부에서는 은밀하게 암살 계획이 진행되고 있었기 때문이다. 그들은 서로의 존재를 몰랐지만 히틀러 타도라는 공동의 목표가 있었다.

트레슈코프에게는 당장 총통 히틀러에게 보다 가깝게 다가갈 수 있는 기회가 없었다. 그에게는 1944년 6월 이후, 소련군 최대의 반격인 바그

라티온 작전(Operatsiya Bagration)[11]으로 붕괴된 전선을 다시 일으켜 세우라는 절망적인 임무가 주어졌다. 그래서 신뢰하던 슈타우펜베르크에게 뒷일을 맡기는 수밖에 없었다. 1944년 6월 연합군이 북프랑스에 상륙함으로써 독일의 패전과 점령은 피할 수 없는 상황이 되었고, 따라서 정치적으로는 그 의미를 상실해버린 히틀러 암살의 의의를 묻는 슈타우펜베르크의 질문에 트레슈코프는 이렇게 대답했다고 한다.

> 어떤 희생을 치르더라도 암살하지 않으면 안 된다. 만안 성공하지 못한다고 해도 베를린에서 쿠데타를 결행할 필요가 있다. 왜냐하면 실제 목적은 문제가 아니다. 차라리 그것보다도 세계와 역사 앞에서 독일의 저항운동이 목숨을 걸고 결정적인 행동으로 나아갔다는 것이 중요하다. 그 밖의 것은 어떻게 되든 아무런 문제가 아니다.

트레슈코프는 "독일인으로서 기백 넘치게 저항운동을 펼쳤던 양심적인 인물"[12]이었다. 훗날 그의 장녀 우타 폰 아레틴은 아버지에 대해 이렇게 말했다.

> "아버지는 또 하나의 독일이 있다는 것을 세상에 보여주려 했습니다."

군인 슈타우펜베르크는 그 '또 하나의 독일'을 위해 목숨을 내던졌다.

---

11 1944년 동부 폴란드와 벨라루스에 포진해 있던 독일군을 붕괴시키기 위한 소련군의 하계 대공세의 암호명. 이 작전의 성공으로 바르바로사 작전 이래 벨라루스를 3년간 점령하고 있던 독일 중앙집단군은 붕괴되었다.

히틀러에 저항한 사람들

슈타우펜베르크의 등장

클라우스 폰 슈타우펜베르크가 반히틀러 전선에 나선 시기는 비교적 늦다. 그는 남독일 슈바벤의 명문 백작가문에서 삼형제의 막내로 태어났다. 슈바벤의 가톨릭 김나지움 시대에 당시 청년들의 우상이었던 시인 슈테판 게오르게(Stefan George, 1868~1933)에 한껏 매료되었던 클라우스는 처음에는 히틀러에 호의적인 태도를 가지고 있었다.

그는 반유대주의자는 아니었지만 민족공동체와 일체화된 지도자 원리와 사익보다 공익을 내세운 나치즘의 주장에 공감했던 것이다. 하노버의 기병학교를 수석으로 수료한 후 폴란드전과 프랑스전에서도 전공을 세워 육군참모본부의 소령으로 승진한 것은 1941년 1월로, 33세 때였다. 이런 국방군의 엘리트가 반히틀러로 돌아서게 된 결정적인 이유는 독소전 당시 포로와 민간인·유대인의 대량학살이었다. 이미 포그롬 이후 반나치 성향을 가진 퇴역대령 출신의 외삼촌 니콜라우스 폰 윅스퀼(Nikolaus von Üxküll, 1877~1944, 사형)은 그에게 여러 차례에 걸쳐 나치 정권의 범죄적 성격을 알려주었다. 그로 인해 슈테우펜베르크도 서서히 히틀러의 위험성을 깨닫게 되었지만, 군인으로서 어떻게 처신해야 할지 곤혹스러웠다.

12 트레슈코프를 중심으로 한 중부집단군의 반히틀러 성향의 장교들은 '불꽃작전'(Operation Spark)이라는 이름 아래 여러 차례 히틀러 암살을 시도했다. 그렇지만 본문에서 본 것처럼 모두 실패로 돌아갔다. 이후 트레슈코프는 슈타우펜베르크 대령을 만나게 되면서 히틀러 암살을 준비하게 되고, 발키리 작전을 수정하여 히틀러 사망 이후의 베를린 장악 작전을 구상한다. 하지만 슈타우펜베르크의 암살 시도가 실패로 돌아가자 2군단으로 돌아가 있던 트레슈코프는 주둔지였던 폴란드 비아위스토크의 한 마을에서 수류탄으로 스스로 생을 마감했다.

그런 그가 결정적으로 태도를 바꾸게 된 것은 트레슈코프와 만나면서 대량학살의 실태를 명확하게 인지하게 되었고, 히틀러의 전쟁 지휘가 조국 독일을 파멸로 이끌 것이라고 확신하였기 때문이다. 1942년 봄 무렵이었다. 그리고 여름에 접어들자 슈타우펜베르크는 히틀러 배제에 대해 "내가 나설 수 있다"고까지 공언하게 되었다. 물론 그렇게 결의하기까지 경건한 가톨릭 신도로서 고뇌에 고뇌를 거듭하지 않을 수 없었다. 애국이라 하더라도 누군가를 '죽이는' 행동이 분명했기 때문이다.

하지만 그는 결단했다.[13] 히틀러가 이미 국민과 군대를 배반했기 때문에 과거 자신의 충성 서약에도 구애됨이 없다고 정리했다. 그도 트레슈코프와 마찬가지로 행동에 나설 만한 유력한 장군들을 가담시키려 했지만 모두 실패하고 말았다. 고위 장성들은 몸을 사리고 도망쳤다. 요컨대 손에 '더러운 것'을 묻히고 싶지 않았던 것이다.

슈타우펜베크르는 그동안 해왔던 자신의 언동이 자신은 물론 주변에도 큰 재앙을 불러올 것이라는 사실을 두려워했다. 그래서 1943년 2월 자원해서 베를린의 참모본부를 떠나 북아프리카 전선으로 향했다. 하지만 4월 튀니지에서 사막작전 중 타고 있던 차량이 적 전투기의 공격을 받아서 왼쪽 눈과 오른손, 그리고 왼쪽 손가락 두 개를 잃는 중상을 당했다. 원칙대로라면 부상으로 퇴역해야 했지만, 그는 1943년 9월 불굴의 의지로 장애를 이겨내고 군으로 복귀했다. 베를린의 육군보충군사령부의 동원참모 보직이었다.

슈타우펜베르크를 다시 발탁한 인물은 후에 그와 함께 처형된 프리드

---

13   그는 일기에서 "비정상적인 시대에는 비정상적인 방법이 필요한 것인지도 모른다"고 썼다.

히틀러에 저항한 사람들

리히 올브리히트(Friedrich Olbricht, 1888~1944, 사형) 대장이었다. 그때까지 군부 내 반히틀러 세력의 연락과 조정을 맡은 인물은 오스터 중령이었는데, 4월에 그의 복심인 도흐나니가 본회퍼와 함께 위장공작을 펼쳐서 유대인들의 스위스 망명을 도왔다는 사실이 게슈타포에 발각되어 그도 방첩부로부터 책임을 추궁당하는 처지에 놓이게 되었다. 군부

발키리 작전의 실행자
슈타우펜베르크 대령

의 히틀러 배제 계획은 시동조차 되지 않았지만 독일의 패색은 점차 짙어지고 있었다.

이런 가운데 슈타우펜베르크는 쿠데타 계획에서 핵심적인 역할을 맡게 되었다. 그렇게 된 것은 그의 보직 때문이었다. 당시 그가 맡고 있던 보충군 참모장은 국내 폭동을 진압하는 국내 보충군의 긴급동원계획(암호명 '발키리 작전')을 수립·시행하는 직책이어서 쿠데타군의 움직임을 군의 정규 작전행동처럼 위장할 수 있었기 때문이다. 베를린에서 잠시 머물고 있던 트레슈코프와 슈타우펜베르크는 8월부터 9월에 걸쳐 치밀하게 쿠데타 계획을 수립했다. 트레슈코프는 지금까지 실패한 여러 차례의 암살 계획이 왜 실패로 돌아갔는지 그 경위를 전했는데, 그런 일련의 계획들은 나치 체제의 대안까지 상정한 주도면밀한 계획이 아니었기에 반성할 지점이 있다고 지적했다. 히틀러 이후의 독일을 생각한 것은 장

차 연합군 측과 마주대하기 위해서도 필요한 것이었다.[14] 여기에는 슈타우펜베르크가 괴르델러를 비롯한 일부 거물 반체제 인사들만이 아니라 사회 각계각층의 대표들과 폭넓게 접촉하며 그들과 연대하려는 이유가 있었다. 반나치 시민 그룹은 같은 생각일뿐더러 오히려 더 고대했을 것이다.

슈타우펜베르크는 참모장으로서 바쁘게 움직였다. 전황을 꼼꼼하게 확인하면서 교대요원을 보내는 등 자신의 직분을 수행하는 한편, 쿠데타 계획을 수립해서 군 안팎 저항그룹의 핵심 인사들과 논의해야 했기 때문이다. 따라서 자신을 보좌해줄 유능한 인물이 필요했다. 그래서 그가 평소 잘 알고 있던 외무부 관리 아담 폰 트로트의 소개로, 그의 동료 한스 폰 헤프텐의 동생으로 법률가이자 사령부 소속 장교인 베르너 폰 헤프텐(Werner von Haeften, 1908~1944, 7월 21일 사형) 중위를 데려온 것은 바로 그런 이유 때문이었다. 이후 두 사람은 둘도 없는 친구로서 역사의 커다란 수레바퀴가 되어 발키리 작전을 구체화한 동원계획의 세부 사항과 요강을 만들어나가게 된다.

몰트케와 슈타우펜베르크의 만남

몰트케는 1941년 겨울, 나치 정권 붕괴 후의 협력에 대해 인편을 통해 슈

---

14   그는 히틀러 제거 후 쿠데타를 통해 전군을 장악한 뒤 군정을 실시하고 서방 연합국에 일방적인 휴전을 선언할 계획을 가지고 있었다.

히틀러에 저항한 사람들

타우펜베르크와 논의했다. 몰트케의 동지이자 슈타우펜베르크의 형이었던 베르톨트는 동생의 생각을 다음과 같이 전했다고 한다.

> 클라우스와 이야기했는데, 그는 먼저 전쟁에서 승리하는 것이 선결과제라고 생각하고 있네. 전쟁 중에 그렇게 협의하는 것은 불가능하고, 볼셰비키와 전쟁 중이어서 더더욱 그렇다고 생각하고 있어. 다만 귀국한다면 '갈색 전염병'(대학살을 부추기는 우크라이나 총독 같은 나치의 고위관리들)만큼은 쓸어버리자고 하네.

몰트케가 슈타우펜베르크의 전언을 어떻게 받아들였는지는 알 수 없지만, 두 사람 사이에 거리가 있다는 것만큼은 확실하다. 몰트케는 독일의 패배를 확신했지만 히틀러 앞에서 침묵하는 장군들의 쿠데타 실행은 믿기 힘들었다.

방첩부에서 그들의 모습을 아주 가까이에서 사찰하고 있었기 때문이다. 그는 슈타우펜베르크가 영광이라고 자랑스러워한 대프랑스전 승리를 "악의 승리"라고 표현할 만큼 히틀러의 사병으로 전락해버린 국방군에 대한 불신이 깊었다. 하지만 슈타우펜베르크도 트레슈코프로를 통해 거대한 전쟁범죄에 대해 상세히 알게 되면서 자신의 입장과 태도를 크게 바꾸었다. 그는 단순한 군인이 아니었다. 원래 지성과 교양이 넘치고 품위 있는 행동하는 사람이었지만, 히틀러 타도라는 목표가 정해지자 누구보다 힘차게 앞으로 나아갔다.

1943년 9월이 되면서 그는 이제 전쟁 패배는 피할 수 없게 되었다고 전망했다. 히틀러 이후의 독일을 위해 다양한 반나치 그룹, 그중에서 거센 탄압을 견뎌온 좌익계열과 노동조합 계열 활동가들과 대화해야 한다고 생각했다. 9월 17일 요르크의 집에서 슈타우펜베르크, 트레슈코프와의 대화를 통해 몰트케도 그를 같은 뜻을 가진 동지로 평가하게 되었다.

괴르델러 서클과 크라이자우 서클의 회합

이미 1943년 1월 8일, 요르크 집에서 그의 친구인 전 상급 행정관이자 예비역 중위인 디틀로프 폰 슐렌부르크(Dietlof von Schulenburg, 1902~1944, 사형)를 입회인으로 하여 괴르델러 서클의 베크와 하셀, 프로이센의 재무관료 포피츠, 예비역 대위 옌스 예센(Jens Jessen, 베를린 대학의 경제학자, 1895~1944, 사형)과 크라이자우 서클의 몰트케, 트로트, 요르크, 오이겐 게르스텐마이어(Eugen Gerstenmaier, 복음파 신학자, 1906~1986, 1944년 체포, 7년 금고형) 등이 모여서 신구 세대의 회합을 가졌다.

이 회합에서 양측은 인간의 존엄과 법치를 원칙으로 하는 데에는 의견 일치를 이루었지만, 국민의식을 쇄신하기 위해 무엇을 기본으로 할 것인가에 대해서는 의견이 엇갈렸다. 괴르델러 서클이 제정시대 이래의 '국민국가'(문화적·민족적 동일성에 기초한 국가)를 대의로 한 전통적인, 즉 과거의 가치로 되돌아가야 한다고 주장한 데 반해 크라이자우 서클은 유럽적인 안목을 갖춘 다음 홀로코스트가 바로 그 국민국가 독일의 이름으로 일어났다는 사실을 깨닫고 속죄의 자각에서 출발해야 한다고 생각했다. 이처럼 양측이 서 있는 위치는 처음부터 서로 달랐다.

히틀러에 저항한 사람들

당시 크라이자우 서클이 가지고 있던 생각에 대해서는 다음 장에서 자세하게 다루도록 하겠다. 여기에서 괴르델러 서클이 갖고 있던 생각에 대해 좀 더 언급하면, 이들은 지극히 보수주의적인 입장에 서 있었기 때문에 전황이 불리해진 1943년 시점에서도 여전히 독일의 식민지 소유는 물론 1차 대전 이전 영토를 확보해서 스탈린의 공산주의에 맞서는 서방측 방파제가 되어야 한다는 외교적인 측면의 주장도 가지고 있었다. 크라이자우 서클과는 상당한 거리가 있는 생각이었다.

격렬한 논의 끝에 최종적인 합의는 이루어지지 않았지만 서로 조금씩 양보했고, 쿠데타에 대해서만큼은 합의를 이루었다. 또 괴르델러를 잠정적으로 신정권 이행 중의 총리로, 베크를 원수로 하는 것에도 의견의 일치를 보았다. 크라이자우 서클 사람들은 몰트케를 비롯해 인사 포스트에는 처음부터 아무런 욕심도 갖지 않았다고 한다. 그렇지만 그 후 여러 그룹 사이에 논의가 진행되면서 문화부장관 후보로 라이히바인, 총리부 차관으로 요르크, 그리고 외무부의 유력 포스트에는 트로트와 헤프텐의 이름이 거론되었다.

슈타우펜베르크의 입장

슈타우펜베르크는 잠정 정부안에 대해 어떤 입장이었을까? 베를린으로 복귀한 후인 11월, 베크와 괴르델러로부터 건네받은 정부안에 대해서는 일단 입장 표명을 보류하고, 그 자신이 직접 논의에 참여한 것으로 전해진다. 실제로 그 후 11월 말까지 베를린에서 그는 이 문제에 대해 많은 사람들, 예를 들면 괴르델러 외에 베크, 하셀, 포피츠 등 괴르델러 서클의 주요 멤버를 비롯해 옌스 예센, 강제수용소 경험이 있는 전 전국노동조합연맹 대표이자 전 헤센 주 내무장관 빌헬름 로이쉬너(Wilhelm Leuschner, 1890~1944, 사형)와 그의 동료 헤르만 마스(Hermann Maaß, 1897~1944, 사형), 쾰른 서클의 전 그리스도교 조합간부이자 전 중앙당 국회의원 야콥 카이저(Jakob Kaiser, 1888~1961) 등 좌익계와 전 노동조합의 활동가들, 그리고 크라이자우 서클의 일원으로 고백교회의 지도자 테오필 부름(Theophil Wurm, 1868~1953)의 측근 오이겐 게르스텐마이어와도 논의를 이어나갔다.

슈타우펜베르크는 이런 일련의 논의를 통해 괴르델러 중심의 잠정 정부안에 의문을 가졌다. 그 이상으로 포피츠를 재무장관으로 한다든가 또 누군가를 문화부장관 후보로 내세우는 것에 강한 의구심을 표시했다. 그의 이런 문제의식에는 이유가 있었다. 포피츠는, 친위대장관 힘러의 변호사인 칼 랑벤(Carl Langbehn, 1901~1944, 사형)의 중개로 1943년 8월 26일 힘러를 직접 만나서 영미와의 강화에 나서도록 설득했다는 것이다. 이는 괴르델러와 베크의 동의하에 이루어진 일이었다고 한다. 하지만 힘러는 히틀러에게 닥칠지 모르는 위험을 감지하고 결국 이 관계를 단절하고, 9월에는 랑벤과 그의 아내, 비서들을 체포구금하고 자신의 흔적도 모두 지워버렸다. 그리고 포피츠도 게슈타포의 엄중 감시 하에 놓이게 됨으로서 저항 그룹에서 발을 뺄 수밖에 없었다.

슈타우펜베르크가 괴르델러의 잠정안에 의문을 가진 것은 '과거 정치가'들의 '위험한 책략'을 자신은 받아들일 수 없다고 생각했기 때문이다. 이런 상황에서 자신에게 적절한 조언해줄 사람이 필요하다고 통감했다. 그래서 요르크의 소개로 크라이자우 서클의 새로운 동지 율리우스 레버

히틀러에 저항한 사람들

(Julius Leber, 1891~1945, 1월 5일 사형)를 알게 되었는데, 무엇보다 슈타우펜베르크에는 더할 나위 없이 큰 힘이 되었다.

율리우스 레버와 슈타우펜베르크

레버를 크라이자우 서클에 끌어들인 사람은 라이히바인이었다. 그는 이미 1943년 10월 이래로 몰트케를 비롯한 서클 사람들과 관계가 있었지만, 멤버였던 전 사민당계 노조대표이자 국회의원이었던 카를로 미렌도르프(Carlo Mierendorff, 1897~1943)가 12월 4일 라이프치히 대공습으로 급서했기 때문에 그를 대체하는 멤버가 되었다. 레버는 강제수용소에서 석방된 후 베를린 중심부 쇠네베르크에서 동지인 전 사민당 국회의원 구스타프 다렌도르프(Gustav Dahrendorf, 1901~1954, 1944년에 체포되어 7년 금고형)와 석탄 판매업을 하면서 반나치 그룹을 조직했다. 넓은 인맥을 가진 그는 괴르델러 그룹은 물론 군 내부의 반히틀러 세력과도 접촉하면서 슈타우펜베르크와도 아는 사이가 되었다.

레버는 슈타우펜베르크보다 열여섯 살이나 더 많았지만 두 사람은 이미 서로를 이해하고 있었다. 레버는 농민 출신으로, 1차 대전 때 두 차례 부상으로 명예훈장을 받고 소위로 승진한 인물이었다. 프라이부르크 대학에서 정치학 박사학위를 받은 후 「뤼베크 국민신문(Lübecker Volksbote)」의 편집장을 거쳐 군사 전문 국회의원으로 출발해서 사민당의 유력 정치가가 되었다. 그를 스승으로 존경했던 청년 빌리 브란트(Willy Brandt, 1913~1992, 후에 서독 총리를 지냈다.)의 북유럽 망명을 도왔지만 그 자신은 망

율리우스 레버와 아내 안네도레

명하지 않았다.

전권위임법을 철저하게 반대했던 그를 기다리고 있던 것은 1937년 5월까지 5년여의 가혹한 형무소, 강제수용소 생활이었다. 특히 마지막 반년간은 혹독한 추위 속에서 한줌의 빛도 들지 않는 독방에서 3개월 동안 구금되었는데, 그것도 매일 밤 이불이나 깔게, 침대도 없이 차가운 맨바닥에서 잠들어야 하는 중금고형을 견뎌내야 했다. 그런 상황 속에서도 아내와 두 자녀에게 흘려 쓴 글씨로 계속 편지를 보냈다고 아내 안네도레(Annedore Leber, 1904~1968)는 회고했다.

안네도레는 뤼베크의 전 김나지움 교장의 딸로, 양재사 생활을 해나가면서 베를린으로 건너와 게슈타포에 석방탄원서를 제출했다. 레버는 슈타우펜베르크처럼 신실한 가톨릭 신자(아내는 프로테스탄트)였으며, 행동하는 사람이었다. 레버는 "지금 우리에게 필요한 것은 히틀러가 벌이고 있는 전쟁의 조기종결이며, 그것은 전쟁터에 나간 병사 중 압도적 다수를 차지하는 노동자들의 헛된 희생과 대량살육을 저지하기 위한 것이기도 하다"고 강조했다.

레버가 걸어온 힘든 삶의 여정에 슈타우펜베르크는 감동했고, 그의 주장에도 매료되었다. 한시라도 빠른 전쟁 종식을 자신의 사명으로 받아들였기 때문에 이후 레버는 그가 진심으로 신뢰할 수 있는 조언자이자 대

히틀러에 저항한 사람들

변자가 되었다. 남편을 믿고 지지했던 안네도레에 따르면 두 사람은 목표는 물론 성격도 거의 같았다고 한다. 슈타우펜베르크의 아내 니나(Nina Schenk Gräfin von Stauffenberg, 1913~2006)도 "남편은 (암살 계획에 대해서는) 단 한마디도 하지 않았지만, 레버에 대해서만큼은 '위대한 인물'이라고 대단히 높이 평가했다"고 회상했다.

몰트케 체포

슈타우펜베르크가 레버와 만난 지 얼마 지나지 않은 1944년 1월 9일, 게슈타포가 몰트케를 체포하는 충격적인 일이 발생했다. 애당초 나치 당국이 체포한 혐의는 졸프 서클과 관계한 외무부의 반나치 인사인 오토 키프(Otto Kiep, 1886~1944, 사형)에게 체포의 위험성을 알려준 것으로, 비교적 가벼운 혐의였다. 하지만 몰트케가 나치의 전시국제법 위반을 비판했다는 사실이 알려지는 등 체포 이후로 석방되지 못했다.

　체포 사실은 한스 페터스를 통해 에밀 아저씨 그룹에도 전해졌다. 몰트케의 아내인 프레야는 루트와 레오, 그리고 다른 그룹의 핵심들과 논의를 거듭하면서 몰트케를 구출하기 위해 처형 직전까지 게슈타포 장관에게 구명 탄원활동을 계속했다. 그의 구명과 관련, 다음과 같은 일화도 있다.

　몰트케가 10월 이후 테겔 형무소에 수감되어 있을 때 탈출시키려 한 것이다. 포엘하우가 그곳에 드나드는 가구업자와 공모, 빈 관을 반입시켜 몰트케를 탈출시키려 했지만 몰트케가 2미터가 넘는 장신이어서 관에 몸이 들어가지 않아 포기했다고 한다.

크라이자우 서클은 몰트케의 뒤를 이어 요르크가 이끌었다. 하지만 문제가 있었다. 쿠데타 계획 속에 들어 있는 히틀러 암살을 둘러싼 논의였다. 몰트케를 비롯한 대부분의 멤버들은 군부가 히틀러와 그 일당을 구속해서 정식 재판을 통해 그 책임을 묻는 것을 기대했다. 그렇지 않으면 법의 심판이 결여된 암살로 인해 암살자가 배신자로 낙인찍힐 뿐 아니라 히틀러가 순교자로 신격화되어 독일이 법치국가로 재출발하는 데 방해가 될 것으로 생각했기 때문이다.

한편 몰트케 체포로 앞으로의 상황 전개가 불투명했기 때문에 쿠데타 계획을 서둘러야만 했다. 암살 계획도 몇 차례 수정되었다. 이런 사정 때문에 몰트케가 체포된 날 밤, 슈타우펜베르크는 요르크의 집을 방문해서 "쿠데타가 성공하기 위해서는 어떻게든 히틀러를 암살해야 할 필요가 있다"고 설득했다.

시민 그룹에게 히틀러 타도의 주된 이유는 당연히 윤리적인 동기에서 비롯된 것이었다. 하지만 암살이라는 결단을 내린다는 것은, 그런 윤리적인 동기와 정반대의 행동을 용인할 것인가 말 것인가의 문제였다. 그들은 고뇌하지 않을 수 없었다.

그럼에도 잦은 공습으로 국토가 매일 황폐해지고 있는데다 독일이 저지르는 미증유의 국가범죄가 일어나고 있는 현실 앞에서 결국 히틀러 암살계획에 동의하지 않을 수 없었다. 대부분의 아내들도 디데이를 알고 있었다. 고백교회의 독실한 신자였던 헤프텐의 아내 바바라(Barbara Curtius, 1908~2006, 바이마르기 외무장관의 딸)는 "남편은 동의하는 것이 '죄'가 된다고 생각했습니다. 그렇지만 만약 계획이 실패로 끝난다 하더라도 그렇게 결단을 할 수밖에 없었습니다"라고 말했다.

히틀러에 저항한 사람들

새로운 독일을 위한 비전 - 정책강령

이렇게 해서 몰트케 체포 후 요르크가 지도하고 레버가 조직을 보위하는 가운데 크라이자우 서클은 다른 그룹과 함께 슈타우펜베르크의 히틀러 암살을 포함한 쿠데타 계획에 참여했다.

쿠데타를 실행하기 위해서는 잠정적인 정부·정책안이 필요했다. 이미 슈타우펜베르크는 괴르델러로부터 안을 건네받았지만, 그는 새로운 안을 구상하고 있었다. 율리우스 레버의 조언도 그 때문이었다. 레버는 미렌도르프 대신 들어온 멤버였기 때문에 몰트케 체포 직후 그룹의 소규모 회합에 다섯 차례 정도 참여했을 뿐 그룹의 전후 플랜 작성에는 직접 관여하지 않았다. 몰트케는 레버를 "사고하는 작업보다 활동적인 영역에서 능력을 발휘하는 인물"이라고 평했지만, 확실히 레버는 '사상' 집단의 성격이 강했던 그룹을 쿠데타 계획에 직접 끌어들이는 데 적역이었으며, 그런 면에서 슈타우펜베르크와 의기투합했다.

그런 두 사람이 히틀러 이외의 지침을 놓고 논의한 것은, 기본적 인권과 법치주의 원칙을 대전제로 우선 국민 대중을 윤리적으로 다시 일어서게 함으로써 점진적인 국가개조를 향해 나아가도록 하는 것이었다. 이 문제는 다음 장에서 크라이자우 서클에 초점을 맞춰 서술할 때 다시 다루도록 하겠다.

하여간 그룹의 대표들은 이런 기본방침을 놓고 몇 차례 비밀논의를 하면서 다양한 잠정강령안을 작성했지만, 상세한 내용은 알려져 있지 않다. 오늘날 남아 있는 것은 나치 정권을 탄핵할 성명문 외에 모두 12항목으로 된 '정책강령'이 있는데, 그 개요는 다음과 같다.

1. 법의 존엄 회복, 강제수용소 해체

2. 도덕의 회복, 유대인 박해 즉시 정지

3. 거짓 프로파간다 반대

4. 사상과 양심, 신앙, 표현의 자유 회복

5. 그리스도교적·종교적 기초에 바탕을 둔 교육

6. 행정 쇄신

7. 새로운 헌법

8. 자급자족경제를 대신할 완전한 경제적 자유의 재건

9. 사회정책의 충실

10. 낭비 없고 질서 있는 공공 예산으로의 개혁

11. 조국방위만을 목적으로 하는 군사

12. 평화질서의 수복

(『독일에서 나치에 대한 저항 1933~1945』)

　이런 정책강령이 작성되기 전인 1942년 11월경부터 연합국 측에 정전을 요청하기 위한 대영미공작이 여러 차례 이루어졌다. 멤버는 외무부의 트로트와 헤프텐, 방첩부의 한스 기제비우스(Hans Gisevius, 1904~1974) 등이었는데, 이들은 미군 첩보부(CIA의 전신)의 앨런 덜레스(Allen W. Dulles, 1893~1969, 아이젠하워 대통령 하에서 최초로 민간인 출신 CIA 국장)가 상주했던 스위스와 스웨덴에서 여러 차례 비밀 회담을 가졌다. 미국과 영국의 정보부는 쿠데타 계획에 대해서도 알고 있었으며, 덜레스도 암살계획에 찬성했다고 한다. 하지만 영국과 미국 측의 무조건 항복 요구(카사블랑카 회담, 1943년 1월)는 전쟁의 향방, 즉 승패가 확실해지면서 움직일 수 없는 조건이 되었다.

저항자들이 접촉하려 했던 처칠이나 루스벨트의 머릿속에는 히틀러 독일을 철저하게 때려 부수는 것밖에 없었다. 체포 1개월 전 터키 이스탄불 출장에서 돌아온 몰트케도 연합국의 이런 방침을 확인했다고 프레야에게 낙담한 듯 이야기했다고 한다. 그런데 설사 정전이 이루어졌다 하더라도 헤프텐이 원했던 것처럼 "(질서) 정연한 항복"은 아니었을 것이다.

슈타우펜베르크 연구자인 첼러에 따르면, 1944년 5월 중순 반나치 변호사이자 유대인 구원에도 관여했던 요제프 비르머(Josef Wirmer, 1901~1944, 사형)의 집에서 괴르델러, 레버, 카이저, 슈타우펜베르크가 모여서 정전에 대해 협의를 했다고 한다. 그들은 국방군 내 반히틀러 세력의 행동이 너무 늦었기 때문에 지금의 사태(연합군 측에서 정전보다는 독일의 붕괴를 바라는)를 불러왔다며 크게 분노했다고 한다. 격론 끝에 "군부와의 관계를 유지하되 만약 군부 세력이 붕괴되는 경우 준비된 신정부와 정책을 결정하는 것"으로 의견의 일치를 보았다고 한다.

장렬한 최후

이런 가운데 6월 17일, 슈타우펜베르크는 대령으로 진급하여 국내 보충군 사령관의 참모장에 임명되었다. 이미 발키리 작전은 준비된 상태였다. 그런데 히틀러와 접촉할 수 있는 위치에 있던 참모본부 편성부장 슈티프(Hellmuth Stieff, 1901~1944, 1944년 1월에 소장, 8월 사형) 대령은 전년에 폭살을 지원했음에도 불구하고 오랫동안의 긴장에 지쳐 그만 포기하고 말았다.

조건을 갖춘 사람은 새로운 참모장인 슈타우펜베르크밖에 없었다. 하지만 그는 베를린에서 지휘를 맡은 전체 계획의 책임자인데다 중상을 입은 상이군인이었다. 그럼에도 그가 암살의 실행을 맡을 수밖에 없었다.

7월 5일, 슈타우펜베르크에게 최악의 소식이 전해졌다. 라이히바인과 레버가 하루 사이로 차례로 체포되었다는 소식이었다. 두 사람은 각기 예비내각의 문화부장관과 내무부장관 후보로 거론되던 인물이었다.

반나치 그룹 전체에게는 시종일관 스탈린 공산주의에 대한 강한 경계심이 있었다. 독재를 위해 반대파를 계속 숙청한 스탈린 볼셰비즘에 지배당하기보다는 영미 연합국에 항복하는 쪽이 더 낫다는 것이었다. 전후 독일을 점령한 소련군의 역할을 부정할 수는 없지만, 당시 두 사람은 주변의 반대를 무릅쓰고 공산주의자 그룹의 안톤 제프코우(Anton Saefkow, 1903~1944, 사형)와 프란츠 야콥(Franz Jacob, 1906~1944, 사형) 같은 지하 지도자들과도 만났다. 하지만 그들 중에 잠입해 있던 게슈타포의 스파이 때문에 체포되었던 것이다. 슈타우펜베르크가 엉겁결에 트로트에게 내뱉었다는 말이 남아 있다.

"우리는 레버가 필요해. 그를 구출할 거야. 반드시 구해야 해!"

동지들은 체포된 두 사람의 의연한 모습에 기대를 품었지만 형의 유예는 없었다. 남은 일은 트레슈코프로부터 시작된 일을 행동으로 옮기는 것뿐이었다. 그렇지만 이제 모든 책임은 온전히 슈타우펜베르크의 몫이 되었다.

슈타우펜베르크 대령은 6월 7일 이후 히틀러를 다섯 차례 만났다. 6월 7일 사령관 프롬(Friedrich Fromm, 1888~1945, 사형) 대장과 동행해서 남독일 오버잘츠부르크에 있는 히틀러의 산장(베르크호프)에서 처음으로 히틀러와

히틀러에 저항한 사람들

거사 결행 5일 전인 7월 15일, 볼프샨체에서
히틀러와 만난 슈테우펜베르크 대령(사진 왼쪽)

면회했다. 7월 6~7일에는 발키리 작전 설명을 위해서 만났고, 그리고 다음날에는 슈티프 소장 주재로 제복설명회 때 또 만났다. 그는 7일에 폭살을 계획했지만, 슈티프의 반대로 미수에 그쳤다. 7월 15일에는 총통본영의 하나인 프로이센 산 속의 볼프샨체에서 히틀러를 다시 만났다. 하지만 폭살계획은 힘러를 비롯한 고위간부의 부재를 이유로 베크와 올브리히트 등이 중지를 지시해서 실행에 옮기지 못했다.

그리고 드디어 7월 20일 아침 7시를 조금 넘긴 시각, 슈타우펜베르크 대령은 부관 헤프텐 중위와 함께 베를린으로 날아갔고, 10시 15분 랑스도르프 비행장 착륙 후 차로 볼프샨체로 향했다. 12시 40분이 지나 42분

7월 20일 사건의 주모자들이 처형된 장소에 세워진 평화의 동상[15]

이 되었을 때 마침내 시한폭탄이 폭발했다. 하지만 이 목숨을 건 행동은 히틀러가 가벼운 상처를 입는 것으로 막을 내렸다. 히틀러의 생명에는 아무런 지장이 없었다.

모의의 거점이었던 베를린 벤틀러 블록의 국방군통합사령부 앞 정원에서 7월 21일 오전 12시 30분, 슈타우펜베르크는 다른 주모자들과 함

---

15   동상 앞 명판에는 이렇게 씌어 있다. Ihr trugt die Schande nicht, Ihr wehrtet euch, Ihr gabt das große ewig wache Zeichen der Umkehr, opfernd Euer heißes Leben für Freiheit, Recht und Ehre. 당신은 굴욕을 참지 않았다. 당신은 맞서 싸웠고, 위대한, 영원히 지치지 않는 변화의 징표와, 빛나는 인생을 희생했다. 자유와 정의, 그리고 명예를 위해.

께 사살되었다. 그에게 발포 순간 헤프텐이 뛰어들어 둘은 거의 동시에 운명했다. 그의 마지막 외침이 건물 속으로 울려퍼졌다.

"영광스런 독일이여 영원하라!"[16]

16   "Es lebe unser heiliges Deutschland!"

제4장

반나치 저항시민의 죽음과
'또 하나의 독일'

히틀러의 보복과 인민법정, '마지막 편지'

01

히틀러의 보복과 국민의 지지

1944년 7월 20일에 결행된 히틀러 암살 쿠데타는 히틀러의 생존 사실이 알려지면서 그날 중으로 실패로 귀결되고 말았다. 칼 하인리히 폰 스튈 프나겔(Carl-Heinrich von Stülpnagel, 1886~1944, 사형) 장군 등이 연대해서 파리와 빈에서 일으킨 쿠데타도 실패로 돌아갔다. 같은 날 밤 11시가 지난 시각, 베를린에서 베크 장군이 자결하였고, 다음날 새벽에는 올브리히트 대 장과 슈테우판베르크 대령, 부관 헤프텐, 메르츠 폰 크비른하임(Mertz von Quirnheim, 1905~1944, 사형) 대령 네 사람이 처형되었다. 당일 밤부터 몇 차 례 예고되었던 히틀러의 담화는 21일 오전 1시부터 전국으로 방송되었 다. 증오와 보복의 다짐으로 가득 찬 그의 연설 전반부는 다음과 같다.

국민동포 여러분! 지금까지 몇 차례나 나를 암살하려는 기도가 실행되었는지는 알 수 없으나 오늘 우리 국민동포에게 이렇게 연설하는 데에는 두 가지 이유가 있기 때문이다. 우선 나 자신이 건강하게 살아 있다는 것을 이 목소리를 들음으로써 알 수 있기 바란다. 그리고 또 하나는 우리 독일 역사에서 보기 드문 범죄 행위가 있었다는 사실을 알아줬으면 좋겠다는, 이 두 가지이다. 야망에 굶주린 비열하고 도저히 용서할 수 없는 한줌의 어리석은 장교들이 나를 쓰러뜨리고 독일 국방군 최고사령부를 전복하려 했다. 슈타우펜베르크 대령이 내 오른쪽 2미터 옆에 설치해놓은 폭탄 때문에 나의 충성스러운 부하들이 중상을 입었고, 한 사람은 목숨마저 잃었다. 하지만 나는 아무런 상처도 입지 않았다. 이를 은총으로 받아들여서 지금까지 해왔던 것처럼 생애의 목표를 향해 매진해갈 것이다. (중략) 이번 일을 꾸민 패거리들은 범죄분자 중 사소한 일당에 불과하며, 앞으로 그런 자들은 무관용으로 발본색원해나갈 것이다.

곧바로 힘러 직속의 국가보안본부를 지휘하는 칼텐브루너를 책임자로 한 '1944년 7월 20일 특별위원회'가 게슈타포국에 설치되었다. 11개 부서에 총 400명의 수사팀이 체포한 인원만 해도 9월까지 7천 명에 이르렀다. 히틀러가 강조했던 "한줌의 무리"라든가 "범죄분자 중 사소한 일당"이라고 했던 것과는 달리 엄청난 숫자였다. 체포된 사람들은 사건 관련자들만이 아니었다. 사건과는 무관한 전 쾰른 시장 아데나워(Konrad Adenauer 1876~1967, 전후 초대 서독 총리) 같은 망명하지 않은 바이마르기 중앙당의 저명인사나 전 사민당의 유력인사, 노조원, 전 공산당원, 그리고 사건 관계자의 친족, 대소전에서 포로가 된 장교들이 결성한 '자유독일국민위원회'의 친인척들까지 그 대상이 확대되었다.

체포된 사람은 독일 전역에서 일단 베를린으로 연행되었다. 덧붙이면, 7월 31일 에밀 아저씨의 루트 안드레아스도 '불온한 언동' 혐의로 게슈타포에 밀고를 당했지만, 자진해서 게슈타포에 출두하여 격렬하게 항의함으로써 위기에서 벗어날 수 있었다. 9월에는 에밀 아저씨라는 별명의 주인공인 발터 자이츠도 수배명단에 올라 지하로 잠적해야 했다.

그렇지만 그만큼 대량검거였기 때문에 군 상층부만이 아니라 시민층에도 상당한 규모의 반체제 그룹이 암살계획에 동조했다는 사실이 알려지게 된 반면, 사건과는 무관한 다수의 사람들이 체포구금됨으로써 민심이 동요하고 있다는 이야기가 나치 간부들 사이에서도 나왔다. 이에 위기의식을 느낀 히틀러의 지시로 이후 사건보도는 철저하게 통제되었고 대부분의 체포자도 2~4주 사이에 석방되었다.

사실 사건에 대한 국민들의 여론만 보면, 히틀러의 위기의식은 기우에 불과했다. 오히려 각계각층에서 히틀러에 대한 동정과 함께 암살 쿠데타 세력에 대한 격분으로 끓어올랐다. 히틀러가 라디오 담화에서 언급한 "1918년 (1차 대전의 패배) 때와 마찬가지로 배후에서의 비열한 음모"라는 말이 국민들에게 그대로 받아들여졌던 것이다.

사실 이때쯤에는 대부분의 국민이 조국 독일의 패배를 예상하고 있었을 것이다. 이미 연합군이 이탈리아에 상륙했고, 대프랑스 전선의 붕괴와 더불어 '적군'의 대반격이 시작되고 있었다. 하지만 한편으로는 "은총"을 얻은 총통 히틀러였기에 뭔가 할 수 있지 않을까 하는 기대와, 혹은 '최종승리'의 기적에 간절하게 매달리려는 생각도 있었다.

7월 21일 아침, 동부의 중부집단군 참모장 트레슈코프는 쿠데타 실패

소련군의 동프로이센 진격 소식에 피난을 떠나는 독일 난민들(1945년 2월)

소식을 듣고 부관인 슐라브렌도르프와 헤어질 때 "지금은 독일 내부에서 우리를 공격하고 매도할 것"이라면서 스스로 목숨을 끊었는데, 실제로 사태는 그렇게 진행되었다.

사건을 계기로 총통의 본국 독일에서는 '국민동포' 의식과 히틀러 신화가 일시적이지만 고양되었다. 언론도 히틀러를 응원하면서 계속적인 지지를 표명했다. 이런 기회를 틈타 히틀러는 사건 일주일 뒤인 7월 27일, 전의를 고취시키기 위해 '총력전 투입전권'(경제·문화·사상 그 밖의 모든 영역을 전쟁 완수를 위해 재편하는 최고책임자)에 괴벨스를 임명하였고, 9월에는 히틀러 유겐트의 총력전 동원명령(지원병이 되거나 참호 파기 또는 보루 만들기 등에 종사), 16~60세로 무기를 소지할 수 있는 남자 전원을 대상으로 한 국민돌격대(대다수가 징병되었기 때문에 실태는 소년과 노인으로 편성) 창설 명령이 나오게 되었다.

이렇게 해서 전쟁은 1945년 5월 8일 무조건 항복까지 10개월 간 더 지속되었다. 그 결과, 그때까지의 전사자 총수를 넘어서는 수백만의 자국 병사

히틀러에 저항한 사람들

들이 희생되었고, 수십만의 유대인이 학살되었으며, 대도시는 완전히 파괴되었다. 그런 잘못된 결정이 또다시 엄청난 희생을 불러일으켰다. 동프로이센을 비롯하여 여러 점령지에서 쫓겨난 총 1천 200만 독일인 난민(피추방민)들이 참혹한 전화 속에서도 입고 있는 옷밖에 가지지 못한 채 비극적인 도피를 해야 했던 것이다. 그렇게 해서 붉은 군대나 레지스탕스 부대의 보복을 당해 도중에 목숨을 잃은 사람의 수가 200만에 이르렀다고 한다.

가족의 연대책임 - 아이들에 대한 보복

히틀러의 보복은 가혹했다. 그 임무를 맡은 힘러는 보충군 사령관에 임명되었다. 본래 군사사건이기 때문에 군법회의에서 재판이 이루어져야 하지만 군 주모자들은 힘러가 주재하는 특별법정에서 군적이 박탈되어서 관할이 인민법정으로 전환되었다. 특별법정에서는 자신들이 뜻하는 대로 처분할 수 있었기 때문이다. 1942년 8월 인민법정 법원장이 된 프라이슬러는 무엇보다 히틀러와 나치당의 충실한 종이었다. 그 재판 결과는, 국가반역죄로 처형된 약 200명 중 고급군인의 숫자가 46명인 것으로 나타난다. 그 처벌에는 전 재산 몰수와 상복 금지, 처형료와 매장료 지불 명령도 포함되어 있었다.

사건 관계자의 처와 자식, 가까운 친인척까지 잘못에 대한 책임을 묻는 '가족의 연대책임'은 가장 가혹한 보복이었다. 독일저항기념관(Gedenkstätte Deutscher Widerstand)의 관장 요하네스 투헬(Johannes Tuchel, 1957~)에 따르면, 7월 30일 히틀러와 힘러는 슈테우펜베르크 백작 가문를 비롯

바트 작사의 어린이 수용시설.
저항자의 자녀들은 바깥 세계와 격리된 채 나치 교육을 받아야 했다.

해 '자유독일국민위원회'의 지도자 자이들리츠 장군(1944년 봄, 궐석재판에서 사형판결)의 가족에게도 죄를 묻는 기본방침[01]을 결정했다고 한다.

이러한 방침에 따라 사건 관계자와 '위원회'에 참여한 가까운 친인척들 중에서 무작위로 180명 이상이 체포되어 재산몰수와 함께 형무소와 강제수용소에 구금되었다. 16세 이상의 남자는 대부분 징집되어 전선으로 보내졌다. 15세 이하의 자녀 46명(최연소자는 생후 열흘이 지난 신생아)은 '납치'되어 중부독일 하르츠 지방의 나치 복지시설이 있던 바트 작사에서 양육되었다. 이 아이들은 친위대원의 양자로 입양될 예정이었다.

트레슈코프도 슈타우펜베르크도 가족들이 자신의 '바깥일'에 말려들지 않도록 하기 위해 고심했다. 트레슈코프와 아내 에리카는, 자신은 남

---

01   가족이나 일족 중 한 사람이 저지른 범죄에 대한 책임을 공유한다는 시펜하프트(Sippenhaftung)를 말한다. 한마디로 연좌제다. 나치는 반대세력을 처벌·제거하기 위해 이 시펜하프트를 아예 법으로까지 제정하여 집단처벌을 정당화하였다.

히틀러에 저항한 사람들

편의 행동을 전혀 모르는 것으로 연기하기로 하고 자녀들에게도 가르쳐 주지 않았다. 그렇지만 아무 소용이 없었다. 그 구체적인 예를 슈타우펜 베르크가에서 볼 수 있다. 슈타우펜베르크 가문은 아예 말살되었다고 할 수 있다. 그의 큰아버지인 베르톨트(학대로 사망), 어머니 카롤리네(2개월 후 석방), 외삼촌 윅스퀼(9월 사형), 큰형 베르톨트(8월 사형)와 그의 아내 마리아, 둘째형 알렉산더(당시 뷔르츠부르크 대학 고대사 교수)와 그 아내 멜리타(테스트 파일럿을 위해 6주간 석방 후 미군기에 격추되어 사망), 그리고 사촌형제들까지 친족 아홉 명은 형무소와 강제수용소에 별도 구금되었으며, 큰형 베르톨트의 두 자녀는 바트 작사에 수용되었다. 슈타우펜베르크라는 성도 빼앗기고 그 대신 마이스터라는 성이 주어졌으며, 각종 시설에 수용되어 있으면서 본명이나 태생, 집안에 대해 이야기하는 것도 엄격하게 금지되었다. 가족의 기억을 없앰으로써 아이덴티티를 완전히 말살하려 했던 것이다.

슈타우펜베르크의 아내 니나의 경우, 체포 당시 임신 3개월의 몸으로 3주간 심문을 거친 후에 라벤스브뤼크 강제수용소의 독방에 5개월간 구금되었다. 그의 네 자녀들은 바트 작사로 보내졌고, 원래 성 대신 마이스터라는 성이 주어졌다. 생크라는 이름으로 불리게 된 니나는 1월에 나치의 조산원으로 옮겨져 출산했지만, 전염병에 걸려 포츠담 병원으로 이송되었다. 그녀는 의사의 배려로 4월 8일까지 병원에서 머물렀고, 그곳에서 헌병이 호위하는 도중에 생후 3개월 된 딸과 함께 아버지의 친구가 있는 남독일로 도망쳐서 가까스로 목숨을 건질 수 있었다. (힘러는 4월 22일 친위대에게 구류가족 전원을 죽이라고 지시했지만, 국방군 장교들은 그대로 이행하지 않았다고 한다.) 하지만 니나의 어머니 안나는 이미 2월 초에 친위대의 징벌수용소에서 사망한 상태였다.

슈타우펜베르크의 아내 니나와 다섯 자녀(1947)

4월 12일, 바트 작사 지역이 미국이 점령함으로써 아이들은 납치 상태에서 해방되었다. 하지만 그 후에도 다시 가족들과 만날 때까지 슈타우펜베르크, 트레슈코프, 호파커(Caesar von Hofacker, 1896~1944, 사형)[02], 괴르델러(아내와 자녀들은 형무소와 수용소에 수용) 등의 자녀와 손자 14명은 바트 작사에서 머물러 있어야 했다. 이렇게 사건 관련자의 가족이나 가까운 친인척들은 박해를 받아 사망하거나 정신적·육체적 손상을 입은 경우가 많았다. 하루아침에 남편과 아버지를 잃은 니나와 그 자녀들은 적십자에서

---

02   슈타우펜베르크의 큰어머니 가문 출신으로 파리 점령지에서 독일군 중령으로 근무 중 쿠데타에 가담했다가 체포되었다.

일했던 큰어머니가 진심을 다해 돌봐주었다고 한다.

아이들이 어머니나 보호자들과 다시 만난 것은 6월이 되어서였다. 종전 직전인 5월 4일, 미군에 의해 강제수용소가 해방되면서 점령지구의 책임자로 지명된 전 사회당의 빌리 뮐러(Willy Mülle, 1884~1973)는 아이들이 수용된 사정을 알고 이렇게 말했다고 한다.

"아버지들을 조금도 부끄러워하지 말아라. 너희 아버지들은 영웅이었다."

하지만 그런 훌륭한 말보다 아이들의 귀에 남은 것은 "너희들의 그런 (반항적인) 성격에는 아마 놀라지 않을 테지. 너희 아버지들은 국가반역자였으니까"라는 나치당원 간호사의 모욕적인 말이었다. 그렇게 살아나서 자란 한 여성은 8년 후에 이렇게 말했다.

"어머니와 갑자기 헤어진 게 어린 시절에 가장 충격적인 일이었습니다."

이것이 가족이라는, 연대책임이라는 이름으로 자행된 아이들에게 가해진 보복의 실체였다. 그렇다면 이런 사태에 맞닥뜨렸던 반나치 저항시민은 히틀러의 이런 보복에 맞서 어떻게 행동했을까. 죽음을 각오하면서 어떻게 저항했는가 하는 것이다. 그런 저항을 크라이자우 서클 사람들을 통해 살펴보도록 하자.

체포, 구금, 심문

몰트케는 1944년 1월 19일 체포되었다. 몰트케는 7월 20일 사건이 일어나기 반년 전에 구금되었기 때문에 사건 관련 여부는 물론 그룹의 존재도 드러나지 않았다. 그리고 독일인이라면 누구나 알고 있는 몰트케 대원수의 후손이어서 베를린에서 북쪽으로 11킬로미터 떨어진 라벤스뷔르크 수용소에서 적잖은 배려를 받아가며 독방에서 생활할 수 있었다. 하지만 7월 20일 사건 이후 그에 대한 처우가 크게 바뀌어서 대단히 가혹해졌다고 한다.

한편 7월 4,5일에 체포구금된 리히이바인과 레버의 처우는 처음부터 가혹했다. 당초 게슈타포는 자신들이 철저하게 파멸시키고자 했던 공산주의 조직과 이들과의 관계에 혐의를 두고 있었다. 하지만 쿠데타 사건 후에는 심문 내용이 바뀌었다.

사건조사 책임자인 칼텐브루너가 7월 28일부터 매주 수차례에 걸쳐 히틀러에게 제출한 「칼텐브루너 보고서」라는 문서가 있다. 8월 15일 보고서에 비로소 "몰트케 그룹"이라는 말이 등장하고, 19일 보고서에는 라이히바인도 이 그룹과 관계가 있다고 언급되며, 25일 보고서에는 드디어 몰트케를 둘러싼 반체제 그룹 '크라이자우 서클'의 이름이 나온다. 그리고 31일 보고서에 "크라이자우 서클의 뮌헨지부"라는 기술이 나오는데, 이는 그룹 전체가 당국에 노출되었다는 것을 의미했다. 따라서 체포 대상도 확대되었다. 라이히바인과 레버는 사회민주주의자로 분류되어 사건 이후 그들에게는 자유독일국민위원회와의 관계를 비롯해 동지들의 신상을 밝히라는 것이 중점적인 심문 내용이었으며, 그 취조는 대단히 혹독했다.

8월 10일, 브란덴부르크 형무소에서 남편과 단 한 차례, 그것도 25분간만 면회가 허락된 아내 로제마리는 "남편은 얼굴이 몹시 핼쑥한데다 끔찍할 정도로 말라서 목소리조차도 내지 못했습니다"라고 말했다. 레버도 그랬지만 심문은 고문이나 다름없었다. 얻어맞고 목이 졸려서 실신

인민법정에 출두한 라이히바인(1944)

하면 찬물을 퍼부었고, 그런 심문이 되풀이되면서 성대도 망가져버렸다. 그래서 소곤거리는 듯한 목소리밖에 나오지 않았다. 게다가 심문 후 독방에서는 매일 밤 쇠사슬로 몸을 묶어서 한쪽 팔을 양다리에 붙인 채로 자야 했다. 아침이 되면 그 쇠사슬을 풀어주었다. 이런 학대와 고문은 베를린 모아비트의 게슈타포 유치장으로 이송된 8월 15일 이후에도 계속되었다. 그나마 다행스럽게도 10월 5일 가족의 차입이 허락되었을 때 그가 바랐던 것은 온통 피로 얼룩진 셔츠를 갈아입는 것이었다.

그렇게 3개월 동안 이어진 가혹한 심문에도 불구하고 그는 정신적으로 무너지지 않았다. 동지들의 이름을 결코 입 밖으로 꺼내지 않았던 것이다. 수척한 상태로 인민법정에 끌려나왔지만 의연한 자세를 잃지 않은 그의 모습은 지금도 남아 있는 몇 장의 사진을 통해 확인해볼 수 있다.

한편 사전에 계획을 알고 있어서 베를린 벤들러 거리의 국방부에 나가 있던 요르크와 게르스텐마이어는 사건 당일 밤 건물 내에서 체포되었다.

덧붙이면, 게르스텐마이어는 훗날 "슈타우펜베르크의 마지막 외침을 들었다"고 말했다. 이때 이후로 10월 11일까지 주요 멤버 13명이 체포되어 아홉 명이 사형판결을 받았고, 체포구금을 피한 멤버는 포엘하우와 페터스(국가보안본부에서는 그를 베를린 공군사령부 소속에서 함부르크로 좌천시켰다.) 등 일곱 명이었다. 붙잡혀 가서 온갖 심문과 고문을 당했음에도 동지의 이름을 입 밖으로 꺼낸 사람은 아무도 없었다. 멤버들의 이름이 밝혀진 것은 다른 그룹 때문이었다.

사건과 관련하여 네 가족은 연대책임이라는 이름하에 크나큰 고통을 당했다. 첫 번째는 요르크 가족으로 아내 마리온, 어머니 조피, 외교관인 형 파울 부부, 미혼의 여동생 도로테아와 이레네(의사로 그룹에 열심히 참여한 멤버였다. 1950년 37세로 사망) 등 여섯 명이다. 마리온은 8월 10일부터 3개월간 모아비트 형무소에, 형 파울은 7월말부터 1945년 4월 25일 붉은 군대에 해방될 때까지 강제수용소에 구금되었지만, 자매들은 몇 주간 구금되었다가 석방되었다. 두 번째는 트로트의 아내 클라리타(Clarita von Trott, 1917~2013)와 두 살 반, 9개월 된 두 딸이다. 클라리타는 8월 17일부터 9월 30일까지 모아비트 형무소에 구금되었고, 딸들은 바트 작사에서 10월 7일 다시 돌아왔다. 세 번째는 헤프텐의 어머니 아그네스와 아내 바바라, 그리고 2개월 된 젖먹이를 포함한 다섯 자녀들이다. 어머니 아그네스는 몇 주 동안 감금되었다가 석방되었고, 바바라는 7월 25일부터 9월 30일까지 모아비트 형무소에 구금되었다가 석방되었다. 자녀들은 포엘하우와 다른 멤버들이 손을 써서 다시 데리고 왔다. 네 번째는 레버와 그 가족이다. 아내 안네도레는 8월 30일부터 9월 30일까지 모아비트 형무소 미결감에 수감되었고, 두 자녀는 데사우의 시설에 3주 정도 수용되었다.

한스 베른트 폰 헤프텐과 아내 바바라

말할 필요도 없이 체포구금된 동지들에게 가장 큰 고뇌는 가족이었다. 외교관의 경우, 혼자서는 얼마든지 도망칠 기회가 있지만 가족에 대한 생각 때문에 그렇게 하지 못했다.

동생 베르너가 슈타우펜베르크 대령과 함께 처형된 한스 베른트 폰 헤프텐의 경우는 어땠을까. 아내 바바라는 남편의 생애를 회상하면 이렇게 말했다.

사건이 있던 날, 남편이 아담 트로트와 외무부에서 어떤 시간을 보냈는지 남편 동료인 멜하우스로부터 자세하게 전해 들었습니다. 남편은 저에게 그 일에 대해 아주 자세하게 말하지는 않았지만, 21일 오후, 그것도 밤이 되어서야 초췌하고 창백한 얼굴로 돌아왔습니다. 그때 단 한 번이었습니다. 남편은 베르너(동거하고 있던 동생)가 죽었다고 전하고, 저와 다섯 아이에게 이별을 고했습니다. 아내인 저에게는 가장 마지막으로 이별을 고했습니다. 남편은 친구들을 배신하지 않고 또 거사에 대해서도 발설하지 않고 심문을 견뎌낼 수 있을지 크게 걱정했습니다. 이때 왠지 남편을 격려해서 기운을 차리게 하면 차분하게 생각하면서 견딜 수 있을 것 같았습니다. 그렇지만 그 후 저도 수인방에 들어가서(25일에 체포되었다.) 막상 같은 처지가 되자 결코 쉽지는 않았습니다. 하지만 22일 이별의 아침, 주 예수께서 사도들에게 하셨던 말씀으로 남편을 격려할 수 있었습니다. "사람들이 너희를 넘길 때, 어떻게 말할까, 무엇을 말할까 걱정하지 마라. 너희가 무엇을 말해야 할지, 그때에 너희에게 일러주실 것이다. 사실 말하는 이는 너희가 아니라 너희 안에서 말씀하시는 아버지의 영이시다."(마태오복음 10,19-20) 남편은 실제로 그렇게 행동하였습니다.(『한스 베른트 폰 헤프텐의 생애』)

인민법정에 선 헤프텐과 요르크

헤프텐은 가족에게 이별을 고한 다음날인 23일 체포되었다. 그 후 혹독하게 심문을 받고, 8월 15일 인민법정에 끌려나왔다. 동지 트로트를 비롯한 외무부의 동료들도 함께 법정에 섰다.

인민법정은 나치스의 적을 합법적으로 말살하기 위해 1934년 9월에 설치된 '보여주기식 법정'이었다.[03] 법원장 프라이슬러는 대단히 강한 성격의 인물이었다. 이미 백장미 그룹을 가혹하게 처벌함으로써 악명을 떨쳤던 프라이슬러에게 7월 20일 사건의 심리는 자신의 진가를 드러낼 수 있는 최고의 무대였다. 이미 히틀러로부터 피고들을 "짐승처럼 매달아야 할 것"이라는 지시를 받은 터였다. 이 재판은 언론에도 공개되었는데, 나치당 관계자와 각 부대에 할당된 300명의 장교들이 방청인들 앞에 자리

히틀러에 저항한 사람들

를 잡았고, 재판장석 뒤에는 눈에 띄지 않게 촬영 카메라를 설치하였다. 이런 상황에서 개정된 재판은 프라이슬러의 1인극이나 다름없었다.

필자는 이 재판의 일부를 영상으로 보았는데, 거기에는 프라이슬러가 시끄럽게 욕하는 소리와 분노에 차서 고함치는 소리, 피고의 변호를 가로막는 그의 날카로운 목소리뿐이다.[04] 광란의 재판 진행이라고 하지 않을 수 없다. 괴벨스가 본보기용으로 만들어낸 선전영화처럼 사실 일반에게 보여줄 수 있는 알맹이가 있는 재판은 아니었다. 하지만 히틀러에게는 자신을 죽이려 했던 피고인들로부터 자존심과 인간의 존엄을 빼앗는 것이었기 때문에 이런 재판은 용인될 수 있었다.

프라이슬러가 인민법정을 지휘한 기간은 1945년 2월 23일 공습으로 사망(이 덕분에 트레슈코프의 부관인 슐라브렌도르프는 살아남을 수 있었다. 3장 각주10 참조)할 때까지 2년 반이었다. 그런데 인민법정 설립 후의 사형판결 약 6천 건 중 5천 건(예를 들면, 플뢰첸제 형무소에서 1943년 9월 7일까지 정치범으로 처형된 사람은 모두 186명이었다.)이 그가 재판장일 때 내려졌다고 한다면, 이번 사건

03 인민법정(Volksgerichtshof)은 나치 독일에서 법률의 합헌적 적용범위 밖에 세워진 특별법정 중 하나다. 1933년 국회의사당 방화사건 당시 피고인들 중 한 명이 무혐의로 석방된 것에 불만을 가지고 있던 히틀러는 정권을 장악한 뒤인 1934년 인민법정을 신설했다. 인민법정은 암시장, 태업, 패배주의, 반역죄 등 광범한 "정치적 공격행위"를 다루는 재판정이었다. 인민법정에서는 이러한 행위들을 방위력 붕괴(Wehrkraftzersetzung) 행위라고 보고 엄혹하게 다스렸다. 인민법정은 법원장 롤란트 프라이슬러의 지도 아래 1944년 7월 20일 사건을 비롯한 수많은 사건 재판에서 사형선고를 남발했다. 이 법정의 재판은 여론조작용 공개재판인 경우가 많았으며, 백장미 사건 이후 열린 조피 숄과 한스 숄 남매에 대한 재판이 그런 사례로 유명하다. 재판은 증거 제출도 없고 양측 주장 발언도 없이 한 시간 이내로 끝났다. 재판관이 검사의 역할을 하면서 피고인을 꾸짖고, 피고 측 변호인의 이의를 듣지 않고 평결을 내리는 일도 잦았다. 인민법정에서 피고 측 변호인은 대개 재판 내내 침묵을 지켰다.

04 이 영상은 유투브에서 Volksgerichtshof(인민법정)과 Attentat vom 20. Juli 1944(7월 20일 사건), Roland Freisler(롤란트 프라이슬러)로 검색하면 쉽게 찾아볼 수 있다.

관계자(참가자나 관여자 등) 200명에 대한 사형판결은 극히 일부에 지나지 않는다는 것을 알 수 있다. 게다가 히틀러에 대한 충성을 보여주기 위한 판결도 있었다. "피에 굶주린 프라이슬러"라는 별명처럼 그는 사형판결에 집착했던 것이다. 몰트케가 아내 프레야에게 보낸 마지막 편지(1945년 1월 10일)에서 전한 것처럼 "프라이슬러의 마음에 들지 않는 자는 반역죄"가 되어 "생각만으로도 처벌을 받았다"고 한다.

하지만 이처럼 이상하기 짝이 없는 심리에서 오히려 히틀러에 대한 고발자로서 용감하게 자신의 신념을 밝힌 인물이 있었다. 바로 헤프텐이다. 그가 법정에서 진술한 내용의 중심 부분을 보자. (H는 헤프텐, F는 프라이슬러)

F : 귀하는 지금까지 외무부에서 근무했는가?

H : 공사관의 참사관이었습니다.

F : 공사관의 참사관이군. 마지막에는 문화정책부의 부장대리였군.

H : 그렇습니다.

F : 그런데 국민이 고생하고 있고, 군의 많은 지휘관들이 목숨을 걸고 싸우고 있는데 총통에게 충성하지 않는 것은 배신이 아닌가. 귀하는 그렇게 생각하지 않는가?

H : 그렇게 말한 충성의 의무를 저는 이제 더 이상 지고 있지 않습니다.

F : 뭐라고! 귀하가 충성하지 않는다고 확실하게 말한다면, 그건 배신이 아닌가?

H : 아니, 다릅니다. 총통의 세계사적 역할에 대한 것이지만, 요컨대 저는 총통은 거대한 악의 실행자라고 생각합니다.

F : 뭐라고. 확실하군. 그러면 더 할 말이 없는가?

히틀러에 저항한 사람들

인민법정에 선 헤프텐(1944)

H : 없습니다.

F : 그렇다면 귀하에게 하나 묻겠다. 그럼에도 불구하고 외무부의 관리

가 되려 했던 것인가?

H : 그렇습니다.

F : 그래, 더 이상 말할 필요가 없군. (같은 책)

헤프텐의 답변에 놀란 프라이슬러는 크게 분노하면서 갑자기 심문을 중단해버렸다. 헤프텐의 말이 정곡을 찔렀던 것이다. 프라이슬러는 판결 이유를 간단하게 기록하고 있다.

"헤프텐은 총통을 '거대한 악의 실행자'로 보고, 증오로 가득한 언사를 내뱉었다."

헤프텐은 그날 베를린 플뢰첸제 형무소에서 처형되었다. 종전 3년 후의 사망증명서에는 "한스 베른트 폰 헤프텐 1944년 8월 15일 오후 8시 15분 사망. 사망 원인 : 교살"로 되어 있었다. 1944년 8월, 바바라는 남편이 죽은 후 공습으로 피신한 방공호에서 우연히 헤프텐의 심리에 방청객으로 동원되었던 장교를 만나게 되었다. 그녀가 헤프텐의 부인인 것을 안 장교는 헤프텐의 용기 있는 발언에 "깊이 감동했다"고 말했다고 한다.

이렇게 자신의 신념을 따라 용기 있게 발언한 사람은 헤프텐만이 아니었다. 인민법정이 처음 열린 8월 7~8일에 비츨레벤 원수(쿠데타 계획에서는 국방군 최고사령관으로 의심받았다.)를 비롯한 군인 그룹과 함께 출정한 요르크도 프라이슬러의 장광설과 매도 속에서 저항의 정당성을 분명하게 말했다. 그는 '고발된' 자가 아니라 '고발한' 자의 모습이었다.(F : 프라이슬러, Y : 요르크)

F : 귀하는 그것(암살계획)을 들었을 때 그 생각에 찬동했는가?

Y : 재판장, 사정청취 때 이야기했지만, 저는 국가사회주의의 세계관이 널리 퍼져서는….

F : (발언을 가로막으며 큰소리로) 정말로 답답한 자로구만! 유대인 문제에 대해 귀하는 유대인 근절이 마음에 들지 않고, 또 국가사회주의의 법 개념이 마음에 들지 않는다는 거로구만.

Y : 다릅니다. 유대인 문제는 모두, 국가가 신에 대한 종교적·윤리적 의무를 배제하고 국민에게 무제한적으로 권력을 휘두르는 것과 결부되어 있습니다. 이건 중요한 문제입니다.

F : 어디에서 국가사회주의가 독일인의 윤리적 의무를 배제했는가? 말해

히틀러에 저항한 사람들

법정에 선 "고발자" 요르크

보라. 그런 이야기는 한 번도 들어본 적이 없어!(『페터 요르크 폰 바르텐

부르크 1904~1944』)

"요르크는 침착하고 의연한 태도로 처형대로 향했다."

포엘하우는 요르크의 최후를 이렇게 전했다.

포엘하우는 테겔 형무소 외에 사건 관련자가 처형된 플뢰첸제 형무소

의 목사이기도 했다. 그런 그가 간수를 비롯한 누구로부터도 밀고를 당

하지 않았던 것은 기적에 가깝다. 해가 바뀌어서 1945년 1월 15일에는

레버, 23일에는 몰트케와 테어도어 하우바흐(Theodor Haubach, 저널리스트이

자 전 사민당 국회의원, 1896~1945, 사형)가 처형되었고, 마지막으로 2월 2일에

는 델프 신부가 처형되었다. 포엘하우는 동지들 전원을 알고 있었다. 하

지만 당장 그의 역할은 헤프텐과 트로트 같은 동지들의 죽음을 확인해서

가족들에게 전하고, 가능하면 '마지막 편지'를 건네주는 것이었다.

마지막 편지

나치의 적대자로 활동했다 하더라도 실제로 체포구금되면 충격이 아닐 수 없다. 라이히바인의 경우를 예를 들 필요도 없이 가혹한 처우와 심문을 충분히 예상할 수 있었다. 스스로 소련 억류를 체험한 신학자 토트 (Heinz Eduard Todt)의 진술을 들어보자.

> 시간감각과 기력을 위축시키기 위해 번쩍거리면서 빛나는 투광기를 며 칠 동안 지하 독방에 틀어놓는다. 그러고는 고문에 의존하는 게슈타포 식 심문과 가족에게 화가 미칠 것이라는 위협을 수단 삼아 심문자는 구 금자를 철저하게 굴복시켜서 알아내야 할 것을 모두 토해내게 만든다.

구금자에게 남아 있는 것은, 중요한 것을 발설해서는 안 될 뿐더러 동 지를 배신해서는 안 된다는 결심뿐이다. 이는 심문자와 구금자, 양자 간 의 전쟁이다. 물론 상황은 구금자에게 절대적으로 불리하지만, 중요한 것은 심문자가 "말하는 대로 하지 않는 것"이다. 기소장에 국가반역이라 는 죄목이 기록되어 사형 판결이 내려지는 것을 각오해야 한다.

처형 직전의 요르크는 포엘하우에게 "대단히 중요한 정보일세. 게슈 타포는 아직 크라이자우 서클의 존재에 대해 모르고 있네. 동지들에게 알려주기 바라네" 하고 은밀하게 알려주었는데, 그의 말 속에는 모진 심 문을 견뎌낸 요르크가, 동지들과 함께 나누는 긍지가 살아 숨 쉬고 있다. 또한 몰트케가 프라이슬러 앞에서 자신과 같은 피고인석에 앉아 있는 하 우바흐와 델프를 보면서 "이들은 단지 내 논의에 흥미가 있었을 뿐 방관

　　　　　　　　　　히틀러에 저항한 사람들

자에 불과했다"고 변호한 것도 그들과 긴밀한 동지의식이 있었기 때문이다. 그만큼 그들에게는 서로에 대한 굳건한 신뢰가 있었던 것이다.

그런 그들의 반나치 싸움도 죽음으로 끝을 맺었다. 남은 것은 국가반역자라는 낙인이 찍히면서도 그것을 의연하게 견뎌내고, 한 사람의 인간으로서 살았던 자신의 삶을 꾸밈없이 매듭을 짓는 것뿐이었다. 그들이 처형 전에 쓴 '마지막 편지'는 그 사람의 인간성을 드러내는 유언으로서, 그리고 인간 존재의 궁극의 문제를 다룬 기록으로서 무엇보다 귀중하다고 하지 않을 수 없다.

일반 범죄자부터 수많은 반나치 정치범까지 나치시기에 1천여 명의 죽음을 가까이에서 지켜보며 함께했던 포엘하우는 나치 체제 붕괴 후 그들을 깊이 애도하는 『마지막 시간(Die letzten Stunden)』(1949)을 썼는데, 거기에 기록되어 있는 저항자들의 태도나 편지는 그 어느 것이든 진지하게 살았던 인간들의 기록이 되었다. 덧붙이면, 로테 카펠레의 한 사람으로 사회주의자 아르비트 하르나크는 1942년 12월 22일 마지막 밤을 보내는 동안 포엘하우와 이야기하기를 바랐다. 그는 히틀러 지배 하의 독일 국민이 가야 할 마지막을 걱정하면서 괴테의 시를 읽어달라고 부탁했다. 그는 마지막 편지의 말미에 "내가 마지막으로 바라는 것은 모두가 크리스마스를 정식으로 축하하면서 '사랑의 힘으로 기도'를 노래하고 싶다"고 썼다.

고문으로 성대가 망가져버린 라이히바인의 경우, 공판에서도 프라이슬러에게 "배신자"라고 일방적으로 매도당하면서 마지막 진술마저도 봉쇄되고 말았다. 그는 침묵을 지키며 의연하게 서 있었다. 그가 공판 전인 10월 16일, 열한 살의 장녀 레나테 앞으로 쓴 편지가 있다.

언제나 사람들에게 친절해라. 도움이 필요하거나 무언가를 필요로 하는 사람에게 그렇게 하는 것이 인생에서 가장 중요한 것이란다. 조금씩 자신을 단련하면 즐거움도 점점 늘어나고, 열심히 공부하게 되면 그만큼 사람들을 도울 수 있게 된단다. 지금부터 열심히 하기 바란다. 안녕, 아빠가.(『아돌프 라이히바인-편지와 문서로 본 생애』)

편지를 받은 레나테는 50년 후에 "아버지는 무엇보다 제가 인생을 살아가는 지침이 되었습니다" 하고 말했다. 그가 10월 20일 사형판결을 받은 당일, 처형되기 직전에 아버지 카를(전 초등학교 교사)과 아내 로제마리에게 쓴 이별의 편지를 펼쳐보자. 두 통의 전문인데, 먼저 아버지에게 보낸 이별의 편지다.

사랑하는 아버지. 이제 마지막 시간을 맞아 지금까지 온전히 저를 위해 해주신 모든 것에 대해 다시 한 번 마음으로부터 깊이 감사를 드립니다. 무엇보다 오랫동안 사시기 바랍니다. 그리고 손자들을 위해서도 건강하세요. 그 아이들에게는 지금보다 더 아버지가 필요할 테니까요.

아들 아돌프가.(같은 책)

다음은 아내에게 보낸 편지.

사랑하는 로마이(로제마리의 애칭). 판결이 내려졌습니다. 제가 소중한 당신의 이름을 쓰는 것도 이번이 마지막입니다. 이 세상에서 마지막 시간을 맞아 지금 당신과 우리 네 아이를 마음에 담아봅니다. 저에게 기쁨과 위안이 되었고, 힘이 되어준 네 아이에게 제 사랑을 전해주세요. 저에게 지난 3개월은 정말 고통스러웠지만 내면적으로 커다란 의미가 있었습니다. 이 기간은 여러 의문을 해결하고, 마음을 깨끗이 할 수 있는 유용한 시간이었습니다. 당신에게 아이들을 맡길 수 있어서 안심하면서 이 세상을 떠날 수 있습니다. 7월 5일부터 저는 주 예수께 당신과 아이들, 그리고 부모님을 위해 기도하는 나날을 보냈습니다. 주여, 바라옵건대 저희 가족이 고난을 극복하게 해주시고, 힘차게 인생을 살아나갈 수 있는 힘을 주시옵소서. 미래를 향해 성장하는 아이들은 당신에게 위안이 되고 기쁨이 될 것입니다. 당신의 부모님과 형제자매, 그리고 친구들에게도 인사를 전해주기 바랍니다.

사랑하는 당신에게. 아돌프가.(같은 책)

이 편지를 읽고 어떤 느낌이 들었을까. 아내에게 보낸 편지는 사랑이 넘치는 신뢰와 함께 하느님에 대한 신앙이 함께 담겨 있다. 오늘날의 기술적·세속적 생활에 익숙한 사람들이 본다면 이런 종교적 심성은 어딘가 색다르다고 할지도 모르겠다. 유럽 사회에서 종교적인 영향력이 점차 쇠퇴하고 있지만, 성탄절로 상징되는 축제나 종교 행사를 통해 일상생활(탄생, 결혼, 장례 등)에 그 전통과 가치관은 여전히 살아 숨 쉬고 있으며, 그리스도교 신앙과 윤리·도덕은 서로 굳게 연결되어 있다. 그리고 전시 하에서 가족이 전사하거나 공습으로 사람들이 죽고 다치는 것이 일상적으로 될수록 슬픔을 껴안으며 구원을 찾는 사람들에게 교회신앙은 다시 뿌리를 내리게 되었다.

더구나 나치즘을 비판하고 저항했던 사람들에게 그리스도교 윤리("네 이웃을 사랑하라"로 상징되는)는 궁극적으로 자신이 살아가는 방식을 지탱해주는 잠재적인 힘이었다. 박해받는 유대인의 구원에 나섰던 이름 없는 시민들의 행동은 그리스도인으로서 자발적인 것이었으며, 경건함이 모든 것은 아니지만 헤프텐의 아내가 성경 말씀으로 남편을 격려했던 것처럼 모든 힘의 원천이 되었다. 라이히바인의 편지에서도 그런 내용을 엿볼 수 있다.

물론 이런 편지는 라이히바인만 그런 것이 아니었다. 요르크나 헤프텐도 아내를 향한 사랑과 위로를, 그리고 하느님에게 감사와 속죄의 기도를 함께 전하고 있다. 요르크의 경우 소집에 응해 참전한 폴란드전에서 유대인 학살을 직접 보고 들은 경험이 있었기 때문에 홀로코스트에 대해 자신을 비롯한 '독일인이 짊어져야 할 속죄'를 언급하고 있다. 라이히바인보다 먼저 3개월간 가혹한 심문과 구금생활을 참고 견디다 1월 15일에 처형된 레버는 그 고통스런 나날마저도 영혼을 정화하는 기회로 받아들였고, 앞으로 자신의 죽음과 고난을 견뎌야 하는 아내를 격려하고 보듬어주었다. 이런 종교적 심성은 크라이자우 서클 사람들이 가진 공통적인 특징이었다.

포엘하우의 용기

동지들의 죽음을 곁에서 함께했던 포엘하우에 대해 언급하지 않을 수 없다. 유족들은 그에게 깊은 감사의 말을 남기고 있다. 그는 무엇을 어떻게 했는가.

요르크의 아내 마리온은 사건 직후 베를린 자택이 접수당해서 시누이

히틀러에 저항한 사람들

집으로 옮겨갈 수밖에 없었는데, 남편 처형 이틀 후 게슈타포에 체포되어 베를린 모아비트 구치소에 가족수인으로 구금되었다. 하지만 다른 아내들은 남편이 체포된 직후 곧바로 자신들도 구금되었기 때문에 남편의 죽음을 알지 못했다. 마리온은 트로트의 아내 클라리타, 헤프텐의 아내 바바라와 같은 구치소에 있었다. 그녀들은 창도 없이 다닥다닥 붙어 있는 독방에 감금되었다. 그런데 이 구치소의 목사가 신경쇠약증으로 휴양하게 되어 잠정적으로 포엘하우가 겸임을 맡게 되었다. 그런데다 그 동료는 수인방에 출입할 수 있는 열쇠를 가지고 있었다. 여기에서 포엘하우는 감히 생각하기 힘든 용기 있는 행동을 하기 시작했다.

세 사람의 아내들은 가족의 연대책임이 적용된 가족수인으로, 특히 아이들이 납치된 클라리타와 바바라는 슬픔과 걱정으로 반쯤 정신이 나간 상태였다. 게다가 그녀들은 심문을 받은 후에도 계속 독방에 구금되었다. 포엘하우는 간수장을 아군으로 끌어들여서 세 사람에게 접견 기회를 마련해준 다음 아이들이 바트 작사에서 무사히 지내고 있다는 소식을 전해주었다. 그리고 매주 정기적으로 자신의 상의 안쪽 커다란 주머니에 벌꿀을 바른 빵과 치즈 같은 영양분이 있는 먹을거리를 넣고 들어가서 그녀들을 굶주림에서 벗어나게 해주었다. 전쟁 말기의 식량난은 수인들에게 특히 가혹했는데, 몰트케의 아내 프레야가 크라이자우의 식량을 조달해준 덕분에 간혀 있는 아내들에게 도움을 줄 수 있었다. 남편이 어떻게 되었는지 알지 못해 답답해하며 괴로워하는 아내들에게, 그녀들이 차분해질 때를 기다렸다가 감상에 빠지지 않도록 하면서 남편 소식을 전했다. 요르크는 8월 8일, 헤프텐은 8월 15일, 트로트는 8월 28일에 처형되었다고.

클라리타는 1940년 6월, 트로트가 자신은 "히틀러의 적"이라고 고백했

아담 폰 트로트와 클라리타(1944)

지만, 그런 사실을 알고도 배우자가 되었다. 포엘하우가 트로트의 죽음과 함께 클라리타에게 한 말은 커다란 울림이 있다.

"하느님께서 삶의 고단함에 지친 노인만을 부르신다면, 지금 목숨을 바친 많은 사람들에게서 태어난 튼튼한 새싹은 자라날 수 없을 것입니다."

포엘하우의 말은 비유적인 표현이지만, 그 취지는 남편의 죽음은 결코 헛되지 않으며, 새로운 독일을 건설하기 위한 의미 있는 죽음이라는 뜻일 것이다. 그리고 또 다른 기회에 그는 체포를 피한 로제마리 라이히바인에게도 사적 감정을 배제한 채 "교살이 가장 고통이 적은 죽음입니다"라고까지 말했다고 한다. 비정한 이야기지만 있는 그대로 냉정하게 전한 데에는 이유가 있었다. 구치소 독방에서 꿋꿋하게 버티고 있는 그녀들의 혼란스러운 감정 상태를 바로잡아서 빨리 다시 일으켜 세우려면 일체의 감정이 개입되어서는 안 된다는 사실을 포엘하우는 알고 있었던 것이다.

석방 후 그녀들에게는 아이들에게 아버지의 죽음을 전해야 하는 가혹한 시간이 기다리고 있었다. 게다가 그녀들은 "반역자의 아내"라는 세간의 비난과 차가운 눈길을 견디면서 "반역자의 자녀"라는 악담과 저주로부터 아이들을 지키고, 고난을 이겨나가며 살아가야 했다. 포엘하우는 이런 문제에 대해서는 크게 걱정하지 않았다. 남편의 반나치 활동을 믿고 지지했던 그녀들에게는 '모든 것'이 가능했기 때문이다. 포엘하우는 이후에도 변함없이 아내들과 이야기를 나누고, 상담을 하면서 지속적으로 지원했다. 전후 여성 최초로 베를린 배심법원장이 된 마리온은 "우리들에게 그는 언제나 암흑 속에서 한줄기 빛이었습니다"라고 말했다.

몰트케의 죽음과 유지

몰트케의 재판은 열리지 않았기 때문[05]에 크라이자우의 토지와 저택은 무사할 수 있었다. 식량을 본국으로 보냈던 동부 점령지를 잃게 되자 국내의 식량 사정은 극도로 악화되었다. 그 때문에 몰트케의 농지는 대단히 귀중했다. 몰트케는 9월 말 라벤스뷔르크 강제수용소에서 베를린 시내의 테겔 형무소로 이송되었다. 여기에는 게르스텐마이어(7년 금고형) 외에 '사건'으로 흩어져 수감되었던 동지들인 델프 신부, 테어도어 하우바흐(독신이었지만 연인 아넬리제Anneliese Schellhase와 주고받은 열렬한 '옥중서간'이 있다.), 테어도어 슈텔처(징집 후인 1941년부터 노르웨이 오슬로의 군령부 수송 담당 소령이라는 직위를 방패막이로 내세워 노르웨이와 스웨덴의 저항조직 간의 중개를 맡았고, 유대인 구원을 위해서도 노력했다. 양국 인사들의 탄원으로 사형 연기)가 있었다. 이들 모두에게 사형판결이 내려진 것은 1월 12일이었지만, 집행일은 정해지지 않았다.

05   몰트케는 애당초 크라이자우 서클과 관련하여 체포되어 기소되었을 뿐 7월 20일 사건에 관여했다는 증거가 없었다. 그렇기 때문에 인민법정에서는 그의 히틀러 이후 독일에 대한 계획 수립이 중대한 범죄라고 하여 사형을 선고하였다.

델프 신부(SJ)와 테어도어 하우바흐, 테어도어 슈텔처

여기에서도 포엘하우는 옥중의 몰트케를 비롯한 동지들에게 4개월에 걸쳐 몰트케의 아내 프레야가 크라이자우에서 가지고 온 먹을거리를 은밀하게 반입했고, 검열을 피해가며 이들 부부의 편지를 날마다 전달했다. (이 편지들은 오늘날 『테겔 형무소에서 온 고별 편지 1944년 9월~1945년 1월 (*Abschiedsbriefe Gefängnis Tegel*: September 1944~Januar 1945)』라는 제목으로 출간되었고, 독일 서간문학의 수작으로 평가받고 있다.) 하지만 23일 오전 11시, 그가 프레야의 편지를 몰트케에게 건네주고 오후 1시 무렵 회신을 받으려고 갔을 때 독방은 비어 있었다. 몰트케는 12시경 테겔에서 플뢰첸제로 이송된 즉시 처형되었다고 한다. 며칠 후 포엘하우가 플뢰첸제의 동료 신부로부터 "헬무트 폰 몰트케는 차분하지만 당당한 발걸음으로, 대단히 맑은 모습으로 죽음을 향한 여행을 떠났다"는 말을 전해 들었다. 그의 나이 서른일곱이었다.

몰트케는 이미 지난 해 10월 11일, 일곱 살 장남 캐스퍼와 네 살 차남 콘라트에게 이별의 편지를 보냈다. 그 내용을 보면, 나치 이후의 시대에 살아갈 아이들에게 아버지의 유지를 전하고 있다. 그 내용의 중심 부분

히틀러에 저항한 사람들

은 다음과 같다.

> 너희들에게 말해두고 싶은 것이 있다. 아버지는 학교에서 공부할 때부터, 편협하게 폭력에 호소하거나 관용이 결여된 불손한 생각에 반대해왔다. 그런 (잘못된) 생각이 독일에 뿌리를 뻗어 나치국가가 되면서 밖으로 드러난 것이다. 그것은 폭력행위, 인종박해, 신앙의 부정, 단선적이고 일차원 중심의 사고라는 최악이 내셔널리즘인 것이다. 이런 사태를 극복하기 위해 아버지는 목숨을 걸고 싸울 것이다. 하지만 나치의 입장에 본다면, 너희들의 아버지는 반드시 죽여버려야 하는 존재인 것이다.(『테겔 형무소에서 온 고별 편지 1944년 9월~1945년 1월』)

몰트케가 처형되고 이틀 후인 25일, 프레야는 견딜 수 없는 고통 속에서 아이들이 기다리는 크라이자우로 돌아갔다. 귀로에는 이미 동부에서

1945년 1월 12일 인민법정에서 사형이 선고된 몰트케

반대방향으로 향하는 독일인 난민들로 넘쳐나고 있었다.

이렇게 해서 나치 시대를 대표했던 시민 그룹은 소멸되고 말았다. 이미 몰트케의 체포로 히틀러 독일의 대안을 만들었던 모의는 끝을 맺었다. 하지만 그 토의 내용은 게슈타포의 심문과 수색에도 불구하고 나치에 알려지지 않았다. 프레야가 그 기록문서를 크라이자우의 건물 지붕밑 대들보 뒤에 몰래 숨겨놓았고, 체포를 피한 동지들도 토의록을 부분적으로 은닉했기 때문이다. 체포 후 자신들의 행동과 계획을 언급한 괴르델러에 대해서는 「칼텐브루너 보고서」에 기록되어 있지만, 다른 시민 그룹의 활동이 밝혀진 것은 종전 후인 1950년대 이후의 일이다.

그러면 크라이자우 서클 사람들이 나치 국가를 대신할 또 하나의 독일에 대해 논의한 대안은 어떤 것이었을까. 그 자료가 방대하기 때문에 여기에서는 주요 부분에 한해 개략적으로 서술해보도록 하자. 그 자료들은 지금 시점에서 보더라도 상당히 시사점이 많은 내용을 담고 있다.

히틀러에 저항한 사람들

반나치 저항시민의 '또 하나의 독일'
- 크라이자우 구상

02

국민에게 지지받은 히틀러 독재

크라이자우 서클이 나치독일의 대안으로 생각한 전제에는 히틀러 독재를 지지하는 국민이 있었다. 한마디로 나치시기의 독일 국민은 인간으로서 대단히 어리석었다. 그들은 히틀러에게 전권을 위임(1933년 전권위임법)하고 히틀러는 그들의 기대에 부응했다. 자신들의 경제생활만 안정되면 그걸로 충분했다. 반유대정책으로 차별과 박해가 극에 달해도 방관하는 풍조가 일반적이었고, 심지어는 박해에 협력하고 가담하는 사태마저 벌어졌다. 체제에 동조하면 그에 상응하는 물적 지원이 보장되었고, 반대하면 국민동포에서 배제되었기 때문에 더더욱 체제 친화적으로 되었다. 전시 하에 나치 지도부는 체제유지를 위해서라면 어떤 일이든 서슴지 않았다. 앞서 1장에서 그 개요에 대해 언급한 바 있다.

한편 반히틀러 입장에 선 시민들이 장애인의 안락사 살인과 홀로코스트, 절멸전쟁 같은 '범죄'를 폭로하고 규탄하는 삐라를 뿌린 것은 동포들이 지금 벌어지고 있는 사태를 직시하고 인간 본연의 자세를 되찾기를 바랐기 때문이다. 예컨대, 로테 카펠레나 백장미 그룹이나 그들이 지향했던 것은 결국 나치에 가위 눌린 독일인 동포들의 정신을 흔들어 깨우는 것이었다.

"조국을 사랑하는 자는 아돌프 히틀러를 위해 싸워서는 안 된다"는 것이 루트 안드레아스들의 신념이었다. 그들이 1945년 4월부터 옥쇄를 강요한 힘러의 도시방어 명령에 죽을 각오를 하고 매일 밤 베를린 거리 곳곳에 페인트로 "나인"(nein, 영어 no와 같은 의미)이라고 쓰고, 삐라를 계속 뿌린 것도 압살된 다른 시민 그룹, 특히 자신들이 알고 있던 몰트케와 요르크, 헤프텐, 라이히바인 등 나치에 처형된 인사들의 유지를 받들고자 했기 때문이다. 하지만 마지막까지도 독일인들은 이들의 행동을 이해하지 못했고, 단지 "반역자" 또는 "배신자"로만 보았을 뿐이다.

독일 국민 대중의 대부분이 히틀러의 그림자에서 벗어나지 못한 채 종전을 맞았다는 것을 엿볼 수 있는 숫자가 있다. 국민 7천 500만 중 나치당의 당원수가 입당제한이 철폐된 1939년 5월 이후에 급증해서 종전 때인 1945년에는 850만을 넘어설(입당 희망을 제한한 1933년 말에는 390만) 만큼 치솟았다는 것이다. 패전이 임박한 1945년이라는 시기에 이르러서도 히틀러를 더 열렬하게 지지하는 당원이 되는 것의 손익을 따지는 국민들의 모습이 반나치 시민·저항자들이 마주대해야 했던 현실이었다.

개전 때부터 몰트케는 전쟁이 독일의 전면적인 패배로 끝날 것이라고 확신했다. 뮌헨에서부터 그룹에 가담했던 예수회 신부이자 신학자 아우

소련군의 베를린 침공에 맞서 시내 참호에 몸을 숨긴
국민돌격대((Volkssturm)[06] 노인병과 소년병

구스틴 뢰쉬(Augustin Rösch, SJ., 1893~1961)가 베를린에 있는 몰트케의 집에 처
음 찾아간 날이 1941년 10월 13일이었는데, 그때 마침 라디오에서 히틀
러의 승리 연설이 흘러나오고 있었다고 한다. 그래서 그가 "독일의 승리"
에 대해 묻자 몰트케는 곧바로 "아니, 그건 다릅니다. 독일은 전쟁에서 지
고 있습니다. 미국이 참전했기 때문에 영국과 곧바로 화평조약을 맺지
않으면 독일은 모든 것을 잃고 점령될 뿐 아니라 베를린에 소련군이 진주
할 것입니다"라고 대답했다고 한다. 약탈경제에 의존하는 히틀러의 독일
과는 차원이 다른 미국의 강대한 국력에 대해 이미 알고 있었던 것이다.
　그런 히틀러의 전쟁 돌입에 반대하는 국방군의 쿠데타에 몰트케도 당

06　2차 대전 말 독일 내부에서 조직되었던 민병대이자 국가에서 소집한 시민군. 1944년 10월
　　18일 히틀러의 명령으로 조직되었으며, 16세부터 60세까지 군복무를 한 적이 없는 남성들로
　　편성되었다. 부대는 히틀러 유겐트와 장애인, 노령자 등 군복무 부적합자들로 채워졌다.

초에는 기대를 걸었지만, 장군들에게 환멸을 느끼고 기대를 접었다. 하지만 그보다 몰트케가 더 심각하게 생각한 것은, 히틀러 독재가 압도적으로 지지받고 있는 현실이었다.

> 이런 상황 속에서 군사 쿠데타가 실행되더라도 권력 이행만으로 그칠 뿐 1차 대전의 '비수전설'[07]처럼 새로운 나치주의자가 영웅시되어서 혼란한 사태를 불러일으키지나 않을까 하는 걱정이 듭니다. 이제는 쿠데타가 아니라 '혁명', 그것도 '의식혁명'이 필요합니다. 레지스탕스가 궐기한 여러 점령국가에서는 가난한 사람도 도덕적 의무와 국민적 의무에 대한 깨달음이 있다는 점에서 독일과 대조적입니다. 물론 히틀러가 자신들을 파멸의 끌고 가고 있다는 사실을 독일인 동포들이 깨달았으면 좋겠습니다. 하지만 그런 사실을 알지 못한다면 군사적 패배로 히틀러가 자멸하고, 자신들도 변해야 한다는 필연성을 깨닫는 수밖에 없을 것입니다.(스톡홀름, L. 카티에게 보낸 1942년 4월 18일자 편지)

독일의 패배 - 구상의 출발점

바로 앞에서 소개한 몰트케의 생각은, 그룹 논의의 시발점이 되었다. "남

07　'배후중상설'이라고도 한다. 1차 대전이 끝난 뒤 독일에서 떠돌던 음모론이다. 뒤에서 비수를 맞았다는 뜻에서 비수전설이라고 한다. 독일은 전투에서 지지 않았으나 유대인과 사회주의자, 공산주의자들의 병역기피, 탈영, 파업선동, 간첩질 때문에 전쟁에서 졌다는 인지부조화적 음모론이다.

　히틀러에 저항한 사람들

편들이 서로 생각한 바를 주고받는 것에 가만히 귀를 기울여서" 그 기록을 "부엌에서 계속 정리해나간" 여성들인 프레야와 마리온은 여기에 대해 이렇게 전했다.

> 당초 그룹 활동은, 어느 세력이 어떤 방식으로 나치를 붕괴시킬 수 있는지 알지 못했습니다. 이 불행한 전쟁이 패전이 되어야 한다고 모두가 생각하고 있었지만, 시간이 지남에 따라 그것이 확신이 되었습니다. 독일이 군사적으로 거듭 패배하면서 머지않아 스스로 나치 지배로부터 벗어나는 것이 가능한가, 아니면 적국의 압도적 승리로 해방될 것인가는 처음에는 미정인 채로 남겨둘 수밖에 없었습니다. 어느 쪽이든 군사적인 패배만이 나치즘에서 독일과 세계를 구하는 전제가 된다고 믿었습니다. 같은 독일인으로서 당연히 양심의 갈등이 있었지만 그렇게 확신했기 때문에 모두 자국의 패배를 바랐던 것입니다. (중략) 동포들에게 정신적으로 소중한 것이 허물어지고, 법제도도 파괴된 독일을 재건하기 위해서는 그 기반을 명확하게 해야 한다는 강렬한 바람이 동지들 모두를 결집시켰던 것입니다. 이렇게 해서 1940년 여름에 조직적인 논의가 시작되었습니다.(「1945년 10월 15일 크라이자우 서클 최초의 보고」 2004년 공표)

이를 위해 법률가와 외교관, 노조와 사민당계 인사, 개신교와 가톨릭의 성직자와 신학자 등 다양한 계층과 직역, 세계관을 가진 사람들이 결집하여 문제 항목별로 논의하고 통일된 결론으로 정리했다. 프레야에 따르면, "크라이자우 서클은 몰트케를 통해 하나의 팀이 되었다."

오늘날 '크라이자우 구상'(이하 「구상」)으로 알려져 있는 그룹의 전후 재건계획은 이런 점에서 보수정치가 괴르델러를 중심을 한 '9월 음모' 이후에 나왔던 반히틀러 계획이나 시민 그룹의 그것과 달랐다. 몰트케와 대비된 괴르델러의 경우, 처음부터 쿠데타를 상정하고 당면한 문제해결을 위한 정책을 제시하는 내용으로 되어 있었다. 예를 들면, 유대인을 새삼스럽게 "다른 민족"이라고 강조하고, 그들의 국가를 캐나다나 남미 어느 곳에 건설한다든가 해서 뉘른베르크 인종법의 개선안을 제시하는 식이었다. (「목표」 1941년 말)

한편 크라이자우 서클의 사람들에게는 붕괴 후의 독일, 그리고 거기에서 새롭게 태어날 인간을 중심으로 하는 이상주의적인 사고가 있었다. 그런 의미에서 「구상」은 나치 지배 하에서 비밀리에 중지를 모았던, 여러 갈래를 아우르는 '또 하나의 독일'론이었다.

여기에서는 그 특징을 세 가지로 들 수 있다. 첫 번째는 바이마르 공화국의 부흥을 부정한 것. 두 번째는 전후 재건의 기초로 그리스도교적 정신을 확고하게 하는 것, 그리고 세 번째는 전후 평화를 국내경제의 틀을 뛰어넘어 유럽으로 확대된 경제질서 속에서 찾는 것이었다.

민주주의자 없는 민주 정치

먼저 바이마르 의회제 민주주의의 재부흥을 부정한 것에 대해 살펴보자.

크라이자우에 결집한 사람들은 본래 바이마르 민주정의 지지자였다. 그들에게 국민주권, 남녀평등 보통선거, 비례대표제에 기초한 바이마르 공화정은 확고하게 길러나가야 할 정체(政體)였다. 때문에 이 정체를 공격하는 나치당의 대두에 반대하는 입장이었다. 실제로 나치 정권이 들어서자 연장자들은 그때까지 누리고 있던 지도적인 지위나 직업에서 쫓겨나거나 배제되었고, 젊은이들은 체제 내에서 승진하는 길이 막혀버리고 말았다.

그럼에도 인권과 자유를 방기하고 열광적으로 히틀러 독재를 받아들이는 모습을 눈앞에서 직접 보고 그들은 깊은 환멸에 빠지지 않을 수 없었다. 게다가 나치 체제를 초래한 동포들의 정신적 황폐라는 사태는 더 큰 충격을 주었다. 이런 상황에서 새로운 질서의 모델로 바이마르 공화정의 재부흥을 상정하는 것은 그들로서는 생각할 수 없는 일이었다.

「구상」의 작성에는 관여하지 않았던 율리우스 레버는 노동자 계급의 이익을 중심으로 생각하는 사민당의 유력 정치가였다. 그런 그도 슈타우펜베르크에게 마약중독자의 치료를 예로 들면서 "독재체제를 하룻밤에 민주주의적인 상태로 바꿀 수 없다"고 말했다.

당리당략, 당 관료제와 보스 지배, 공공연한 비방과 중상, 부패가 만연했던 바이마르 정당들의 실태가 국민 대중의 미숙한 정치의식을 반영하는 거울이나 다름없었다는 사실을 통감했기 때문이다. 바이마르 정체의 재부흥을 부정하는 입장은 크라이자우 서클만이 아니었다. 괴르델러 서클은 물론이고 프라이부르크 서클 등 반나치 지식인 그룹은 대부분 그런 생각을 공유하고 있었다.

이렇게 이야기하면, 독자들은 그룹 사람들이 바이마르 시대의 민주주의 자체를 부정하는 엘리트적인 반민주주의자로 변해버렸는가 하고 생각할지도 모르겠다. 확실히 지식인 그룹에 속하는 사람들이긴 하지만, 그들은 민주주의라는 프로그램만으로 전후 재건을 시작한다면 민주주의가 제 기능을 하기는커녕 오히려 제2의 히틀러와 나치가 등장해서 정권을 장악할 위험성도 있다고 보았다. 히틀러는 완전비례대표제의 보통선거를 통해 등장했고, 형식적으로는 강압적이었지만 국회선거의 절대다수 의사[08]에 따라 국민의 대표자가 된 것이나 다름없었기 때문이다.

그룹이 바이마르 정체를 부정하는 입장은 다음과 같은 선거제도안에서 명확하게 드러난다. 지방자치의 원칙을 전제로 자치시(Kreisfreie Stadt)와 군(Kreis) 단위까지는 만 21세 이상에게 선거권, 만 27세 이상 피선거권을 가진 남녀의 직접선거로 하지만, '호주'에게 우선적인 선거권을 인정한다. 하지만 주 의회 선거에서는 군과 동등하게 각 시의 대표에 의한 간접선거(27세 이상의 피선권자는 남성만, 국회의원도 마찬가지), 국회의원 선거도 각주 의회에 의한 간접선거로 한다. 특히 국정에 종사한 국회의원은 최대한 전문지식과 경험이 풍부한 사람을 선출하지만 의원내각제는 상정하지 않았다.(「1943년 8월 9일의 새로운 질서의 제 원칙」)

이런 안은 당연히 논의의 대상이 되었다. 민주주의가 항상 절대는 아니지만, 그룹이 민주주의를 방기한 것은 아니었다. 레버가 말한 것처럼 이 안은 형식적인 민주정을 배제한 것일 뿐 독일을 단계적으로 재건하려 했던 안이었기 때문이다.

전후 독일의 기본법(1949년 5월 제정, 현 독일연방공화국 기본법)[09]은 바이마르 헌법의 수정(대통령 권한 제한, 나치당 옹호 부정, 비례구의 저지조항 등)을 토대로 성립되었다. 이 헌법체제 하에서 생의 후반부를 보낸 슈텔처(민간 싱크탱크 '독일외교협회' 전무이사)는 단계적인 재건을 구상한 이유가 "(히틀러에게 모든 것

---

08 1933년 11월 12일에 치러진 독일 총선은 전권위임법이 통과됨으로써 나치 독일이 성립되었다. 모든 정당이 해산되고 나치당에 대한 찬반투표 성격의 선거에서 나치당은 92.11퍼센트의 득표율을 기록함으로써 히틀러는 완벽하게 권력을 장악할 수 있었다.

히틀러에 저항한 사람들

을 위임한 수권법 제정의 의미를 이해할 수 없었던) 광범위한 인민을 자신들의 정치적 운명을 바꾸는 논의에 곧바로 참여시킬 수 없다고 생각했기 때문이었다"고 털어놓았다.

크라이자우 서클 사람들은, 현대사에서 민주주의는 항상 대중선동에 쉽게 노출되어 중우정치에 빠지거나 독재체제마저도 끌어내는 위험한 정치제도라는 사실을 몸소 깨달았기 때문에 뭔가 조건을 붙여 올바르게 기능하게 해야 한다고 생각했다. 그런데 그 조건은 최종적으로 외형이 아닌 바로 인간이었다. 여기에 대해 전후 서독 쾰른 대학으로 옮겨간 법학자 한스 페터스는 "민주주의자 없이 민주정치는 존재하지 않는다"고 한마디로 정리했다.

국가재건의 기초 - 그리스도교적 이념

거기에 덧붙여 재건의 기초가 된 그리스도교적 이념에 대해 언급해보자.

앞서 본 것처럼 크라이자우 사람들은 공통적으로 경건한 그리스도교 신자였다. 사회(민주)주의자들이기 때문에 이들은 종교를 부정하지 않았다. 그 지점에서 공산주의와는 차이가 있다. 라이히바인이나 하우바흐의

---

09   독일연방공화국 기본법(Grundgesetz für die Bundesrepublik Deutschland)이 정식 명칭으로, 독일연방공화국의 헌법이다. 1949년 당시 서독에서 제정되어 동독과 통일하기 전까지 임시헌법이라는 의미에서 '기본법'이라는 명칭을 사용하였다. 1990년 통일 이후에도 '헌법'으로 바꾸지 않아 지금까지 유지되고 있다. 2014년 12월 23일에 마지막으로 개정되었다. 사회민주주의적 헌법이라고 한다. 당시 서독의 수도 본에서 기초하였다고 해서 본 기본법이라고도 한다. 한편 학계나 법조계에서는 줄여서 독일기본법이라고 한다.

경우에도 사상적으로 폴 틸리히가 주장한 그리스도교의 이웃 사랑을 사회주의 사상의 근원으로 보고 현실 사회의 여러 문제에 대응할 수 있는 '종교사회주의'의 영향을 강하게 받았다. 물론 그들에게 종교적 신앙은 개인적인 차원의 문제일 뿐 국가에까지 확대해야 하는 것은 아니었다.

이미 사회 전체의 세속화는 피할 수 없으며, 그것을 막는 것은 불가능했다. 독일의 경우, 제정기까지 교회(특히 그리스도교 신자의 3분의 2를 차지하는 프로테스탄트=복음파 교회)는 국가의 교회라는 위치에 있었지만, 그것도 바이마르 헌법에서 폐지되었다. 개신교의 자유는 기본적 인권의 일부이며, 종교적으로 관용적인 태도도 소중한 가치로 간주되었다.

하지만 그런 시대 흐름에도 교회는 가톨릭을 포함한 공법상의 단체로서 교회에 소속된 사람에게 교회세(교회 활동을 위해 교회에 소속된 사람에게 부과되는 세금, 종교세)를 징수하는 것이 인정되어왔다. 또한 그리스도교 종교윤리도 오랜 세월 독일인의 행동이나 일상생활의 기반으로서 함께 호흡해왔다. 이러한 종교적인 심성을 다음 세대로 이어가도록 하기 위해 교회는 학교에서 종교지도를 담당하는 '종교과'를 통한 청소년 교육으로 가정과 밀접한 관계를 맺었다. 하지만 나치의 출현으로 양상이 완전히 바뀌었다. 나치 지도부는 "그리스도교는 '자연의 법칙'에 반하는 것으로, 자연에 맞서는 것"으로 인식했다. 당연히 그리스도교는 부정의 대상이었다. 여기에서 말하는 '자연의 법칙'이란 '자연법'이 아닌 생존을 위한 약육강식, 우승열패라는 동물세계의 법칙을 말하는 것이다.

그들에게는 '약자나 약함에 대한 연민 또는 공감'이나 '인간애', '영혼의 구원' 같은 정신세계나 이웃 사랑 같은 덕목들은 이해할 수 없는 대상이었을 것이다. 그런 입장에서 보면 그리스도교와 나치의 세계관은 공존

히틀러에 저항한 사람들

할 수 없다. 때문에 나치 지도부는 당장 그리스도교를 나치화해서 교회의 존재를 인정한다 하더라도 최종적으로는 나치 세계관이 종교를 대체해서 교회를 아예 독일에서 소멸시키려 했던 것이다.

탄압에 맞서 싸운 교회

앞서 다루었지만, 나치 정권은 당을 지지하는 '독일적 그리스도인'들의 '제국교회'파를 뒤에서 조종해서 복음파 교회 전체를 나치화하려 했다. 고백교회는 이와 같은 나치의 노골적인 움직임에 맞서 결성된 교회조직이었다. 처음에는 신앙투쟁으로 시작했지만, 유대계 신자를 옹호하는 반인종주의 투쟁, 교육계에서 성직자 배제에 항의하는 교육투쟁을 전개하기도 하였다. 그리고 더 나아가 장애인 말살에 대한 고위 성직자들의 항의와 전쟁협력 설교 거부에도 나섰다. 이런 점은 가톨릭교회도 마찬가지였다.

이에 대해 나치 당국은 체포와 강제수용소 구금, 교회재산 몰수, 그리고 전시 하에는 징벌적인 전선 투입 등 탄압으로 대응했다. (복음파의 경우 목사 총 1만 9천 명 중 3천 명이 투옥되었고, 약 8천 명이 징집되어 모두 1천 858명이 전사했다.) 그리고 1937년 이후 독일 사회에 반종교 기류가 형성되면서 히틀러 유겐트를 앞세운 교회 배척운동과 종교교육 폐기 캠페인도 대대적·반복적으로 일어났다.

그럼에도 불구하고 제국교회를 제외한 복음파 교회와 가톨릭교회는 나치즘에 순응하지 않았고, 나치화되지 않은 존재로서 그리스도교 신앙을 지키는 유일한 보루로 남았다. 게다가 전황이 악화되자 교회 이탈자는 줄어들고 오히려 신자 수는 늘어났다. 그 때문에 히틀러의 뜻을 간파한 강경론자 당수부장 마르틴 보어만도 교회 해체를 전후 과제로 미뤄둘 수밖에 없었다고 한다.

이러한 사태의 추이를 주목하면서 몰트케와 요르크, 그리고 같은 멤버였던 정치학자 오트 폰 가블렌츠(Otto von Gablentz, 1898~1972, 전후 베를린 자유 대학 교수) 등은 국가 본연의 자세가 어떠해야 하는가를 놓고 논의를 시작했다. 처음에는 그들도 국가를 '개인 자유의 옹호자'로 규정했고, 신앙이나 종교윤리는 개인적 문제라는 전제에서 출발했다. 하지만 이 전제 자체가 현실과 상당한 괴리가 있다는 사실을 깨닫지 않을 수 없었다.

포그롬의 시작, 전시 하 유대인과 집시의 강제이송, 홀로코스트의 진행, 민족절멸이라는 용납할 수 없는 전쟁범죄, 나치 범죄를 추궁해야 할 사법의 붕괴, 무관심으로 가장했던 국민 대중의 태도가 이런 현실에 눈감게 만들었다. 인권 말살과 포학 등 온갖 범죄를 저질렀던 불법국가와 그곳에서 이기적으로 살았던 사람들을 앞에 두고서 지금까지처럼 세속적인 국가를 절대시하는 것은 단순한 공상에 불과한 것이 아닌가.

최악의 현실 세계를 무시하고, 형식적인 정교분리에 머무르는 논의만으로는 문제가 해결될 리 없었다. 종교윤리는 단지 개인적인 차원에만 머물러야 하는 것이 아니라 국가적인 차원에서도, 즉 세속권력은 절대적인 것이 아니라 '하느님 나라의 척도'(그리스도교 윤리)가 필요한 것이 아닌가 하고 생각하게 되었다.

그 결과, 그들은 유럽 세계에 뿌리를 내리고 성장해온 '그리스도교적 정신'(그리스도교적 서구 정신)에 다시 활력을 부여해서 전후 독일 재건의 이

히틀러에 저항한 사람들

고백교회 지도자 테오필 부름 목사와 프라이징 베를린 주교

념으로 삼아야 한다고 생각했다. 이런 생각은 크라이자우 서클만이 아니라 프라이부르크 서클과 괴르델러 서클 등에서도 공통적으로 가진 인식이었다.

몰트케들이 나치즘의 탄압에 굴복하지 않은 유일한 조직인 교회에 주목하고, 전후 국가의 폭주를 막는 역할을 교회에 기대한 것도 앞서 언급한 맥락에서 비롯된 것이다. 몰트케는 1941년 이후 복음파 교회의 대표자인 테오필 부름 목사(뷔르템베르크주 교회감독)와 가톨릭의 프라이징(Konrad von Preysing, 1880~1950) 베를린 주교의 의견을 구하기 위해 처음으로 전체회의(1942년 5월 22~25일)를 열었는데, 「구상」의 기본적인 입장을 나타내는 '머리말'의 앞부분을 다음과 같이 쓰고 있다.

　독일국 정부는 그리스도교적 정신을 우리 국민의 도덕적·종교적인 혁
　신, 그리고 증오와 허위를 극복하고 더 나아가 유럽 제 국민공동체 재건
　의 기초로 삼는다.(「신질서의 제 원칙」)

여기에서 히틀러 독일을 탄생시킨, 현실에서 골육상쟁을 벌이는 국민국가의 틀을 넘어서 서구적 시야에서 독일의 재생을 모색하는 기본자세를 읽을 수 있다. 실제로 프레야와 로제마리들은 "크라이자우 사람들은 유럽적 시야에서 생각했다"고 강조했다. 나중에 언급할 경제질서 플랜도 그런 사고의 소산이었다. 덧붙이면, 이슬람 세계권은 아직까지 그들의 머릿속에는 들어 있지 않은 상상 밖의 세계였다.

그리스도교 교육의 중시

'그리스도교적 정신'은 구체적인 생활 터전에서는 청소년 교육, 특히 종교교육과 밀접한 관련이 있다. 나치 시대에 청소년은 왜곡된 생활방식의 최대 피해자였다. 그 원흉은 열 살부터 의무적으로 가입해야 하는 히틀러 유겐트였다. "청소년은 청소년 자신이 지도한다"는 구호 아래 그들은 농촌에서 합숙생활을 하고, 병사처럼 훈련에 몰두했다.

그들은 지도부가 의도하는 대로 의식적·무의식적으로 반종교적 정서에 휩쓸렸고, 교사에 대한 반항심을 품었다. 자신들 손으로 학교를 황폐하게 만들었으며, 애정과 신뢰에 바탕을 둔 친자 관계도 파괴해버렸다.

1940년 10월부터 히틀러 유겐트 지도부의 주도로 14세 이하 학생과 아동의 소개(총 500만)가 시작되었는데, 이는 학교의 영향을 제한하고 나치 사상을 철저하게 주입하기 위한 집단생활로 이어졌다. 단원 중 남녀 연장자는 노동에 동원되었고, 남자에게는 군사훈련과 함께 최종적으로는 목숨을 건 전투가 기다리고 있었다. 그들의 가슴속에는 세상에 대한 불신으로 가득 차 있었다.

몰트케를 비롯한 그룹 사람들은 이처럼 철저하게 파괴된 청소년 교육을 바로 세우는 것과 가족의 재건을 독일 재건의 중요한 조건으로 보았다. 몰트케가 교육계의 실정을 누구보다 잘 아는 라이히바인에게 포엘하우, 가블렌츠와 협력해서 종교교육의 문제를 중심으로 한 보고서를 제출해달라고 부탁한 것도 바로 그 때문이었다. 보고서의 요지는 다음과 같다.

> 현재 교육이 황폐화된 원인은 '(영원의 가치를 중시하는) 서구의 교육전통'을 나치 사상이 대신 차지하고 있기 때문이다. 이를 회복하려면 학교의 교육활동을 가정은 물론 교회와 협력해서 재구축하는 수밖에 없다. 하지만 현실적으로 청소년들은 나치 사상으로 인해 반종교 정서로 충만해 있다. 이런 상태에서 벗어나려면 학교의 '도덕적·훈육적 활동'을 종교과에서만 담당할 것이 아니라 수업활동 전체를 내적으로 통일할 필요가 있다. 종교교육은 도덕심을 길러 복음(예수 그리스도의 가르침)에 귀 기울이는 태도도 불러일으킬 것이다.

이 보고서에서는 학교의 형태, 예컨대 독일의 전통적인 종파를 기준으로 학교의 목표나 자세를 결정하는 종파별(동일한 종파의 학생들이 다니는) 학교로 할 것인가, 아니면 종파 혼합의 학교로 할 것인가에 대해서는 언급하지 않고 있다. 이 문제는 종파별 주장을 받아들이지 않는 가톨릭교회를 배려하면서 현안 사항을 다루려 했기 때문이다. 결국 보고서를 바탕으로 논의된 합의를 보면, 그 내용은 다음과 같다.

부모는 자녀들을 그리스도교의 여러 원칙과 양심에 따라 교육할 권리가 있다. 국가 역시 가족의 내적·외적 분열 상태를 극복하는 데 기여해야 한다. 일요일에는 국가행사를 해서는 안 된다. 가족, 교회 및 학교는 교육활동을 공동으로 한다. 이때 학교는 아이들이 자신에게 걸맞은 교육을 받을 수 있는 권리를 실현하도록 한다. 학교는 아이들의 윤리적 능력을 불러 깨우고, 강화하여 그 연령 단계에 요구되는 능력에 부합할 수 있도록 지식과 능력을 길러야 한다.(중략) 국가적인 학교는 양 종파의 종교 수업을 필수교과로 하는 그리스도교적 학교다. 종교 수업은 교회의 위탁을 받아서 가능한 한 성직자가 맡는다. (「신질서의 제 원칙」)

이상의 언급을 통해 독자들은 전후 독일에 대한 구상이 전적으로 그리스도교에 기반을 두고 있다는 인상을 받았을 것이다. 설사 나치즘 체험이 있었다 하더라도 「구상」의 전문(前文)에 그리스도교를 내세운 것은 일과적인 것이 아닌가 하고 생각할지도 모르겠다. 하지만 그렇지 않다.

기본법의 전문도 역시 "하느님과 인간에 대한 책임을 의식하고"[10]라는 문장으로 시작한다. "하느님"이라는 말은 바이마르 헌법에도 나오지 않을뿐더러 여러 선진국의 헌법에서도 그 전문에서 드러내놓고 강조하는 경우는 지극히 드물다. 게다가 기본법의 여러 조항을 읽어보면 앞서 언급한 종교교육과 그 취지가 동일하다. 전후 서독의 주(州) 헌법 성립에 관한 엔도 다카오(遠藤孝夫)의 연구에 따르면, 그리스도교 정신에 대한 언급은 기본법 제정에 앞서 각주의 헌법 초안 단계에서 이미 들어가 있으며,

---

10   Im Bewußtsein seiner Verantwortung vor Gott und den Menschen,

그것은 예로부터 저항운동에 참여했던 사람들이 주도한 것이라고 한다. 따라서 적어도 국가이념과 종교교육에 관해서만큼은 반나치 저항시민의 바람이 독일 고유의 형식이 되었으며, 지금도 투영되어 있다는 것이다.

인간과 평화를 위한 경제

경제정책은 그룹의 논의에서 쟁점이 되었다. 멤버들은 1929년의 세계대공황 후에도 계속된 경제위기가 사회불안을 불러일으켜 인심을 황폐하게 만들었고, 결국에는 나치 지배의 길로 나아갔다는 것을 숙지하고 있었다. 제1회 전체 회의에 참석했던 델프 신부의 토론 자료를 보면, "경제적 문제를 해결하지 않고서는 사회 상황의 안정은 없으며, 국가 간 평화도 있을 수 없다"고 강조하고 있는데 이는 그룹이 공통적으로 가진 인식이었다. 현재 히틀러 독재가 침략전쟁으로 직결되었다고 한다면, 경제 문제는 독일 한 나라만이 아니라 여러 국가 간의 문제로 따져봐야 할 사안이었다.

그룹 내에서는 이미 설립 초창기부터 '경제질서' 부문 파트에서 논의를 계속해왔다. 그 중심에 있던 인물은 하버드 대학에서 공황과 뉴딜 정책을 연구했던 호르스트 폰 아인지델과 재무성 참사관 카를 폰 트로타 두 사람이었다.

두 사람은 연명으로 상당한 분량의 각서 『경제질서의 과제(*Die Gestaltung saufgaben in der Wirtschaft*)』(1942년 9월)를 작성하여 향후 경제의 기본으로 삼아야 한다고 주장했다. 종래의 자본주의 경제는 실업문제와 환경파괴에 무

크라이자우 서클의 경제정책을 입안했던 트로타와 아인지델

력할뿐더러 제어할 수 없는 힘과 힘의 충돌로 인간을 휘둘러왔다. 하지만 경제는 그 자체가 목적이 아닌, 본래 인간의 생존과 생활 향상을 위한 수단이 되어야 하는 것이다. 요컨대 "경제의 목적은 인간"인 것이다.

경제에 대한 이 같은 자리매김은 가톨릭의 '사회적 정의'의 가르침에 바탕을 둔 델프 신부도 "경제적 질서는 인간을 인간답게 하기 위해 봉사해야 하는 것"이라고 주장하는 등 그룹 내에서는 공통된 인식이 있었다. 각서는 이런 주장에서 더 나아가 국가에는 경제활동을 통제할 역할과 그 필요도 있다고 주장했다. 물론 규제로 인해 "(이윤의 추구라는) 경제 고유의 동력"을 잃게 해서는 안 될 것이며, 실적 향상도 도모해야 한다는 것도 분명히 했다.

경제의 기본에 관한 두 사람의 주장에는, 한편으로는 세계 공황을 불러온 자유방임주의를 부정하고, 다른 한편으로는 스탈린식 공산주의의 계획경제와 차별화하려는 의도도 있었다. 하지만 이 국가통제를 둘러싸고 여러 의구심이 생겨났다. 그 대표적인 인물이 요르크와 그룹의 협

히틀러에 저항한 사람들

력자였던 쾰른 대학의 경제학자 G. 슈멜더스(Günter Schmölders, 1903~1991) 였다. 요르크는 슈멜더스 외에 프라이부르크 대학의 W. 오이켄(Walter Eucken, 1891~1950)[11]과 F. 뵘(Franz Böhm, 1895~1977, '프라이부르크 서클'의 경제학자) 과도 깊게 교류했다. 특히 요르크는 오이켄의 주장, 예컨대 국가의 기본 적인 역할은 경제질서의 정비이며, 국가통제를 "질서 있는 경쟁"으로 전 환해야 한다는 주장에 크게 공감했다.

요르크와 슈멜더스의 주장은 다음과 같은 것이었다.

국가에는 사회질서를 유지하고, 전체의 이익을 위해 관리·통제를 필 요로 하는 영역이 있다. 하지만 경제 부문에서는 무엇보다도 개개인의 윤리적인 책임을 전제로 실적과 자유로운 시장, 자유로운 기업활동이 중 시되어야 한다. 즉 "질서 있는 실적 경쟁"이 필요하다. 그것이야말로 경 제발전의 원동력이 되어야 하며, 국가 경제정책에서도 그 출발점이 되어 야 한다.

그룹 내에서 의견은 크게 두 가지로 나뉘었다. 서로 양보해서 합의의 길을 찾는 수밖에 없었다. 논의 끝에 합의된 내용은 1943년 8월 「신질서 의 제 원칙」이라는 이름의 문서로 대략 다음과 같은 내용이었다.

1. 취업자의 생활보장은 경제운영의 필수다. 최저생활비의 신속한 지급
   을 회복해야 한다.

---

11   사회적 시장경제를 주창했다. 그의 이론은 시장경제에 따른 자유경쟁을 지향하지만,
      사회적 질서의 형성 및 유지에 있어서는 국가의 개입이 필요하다는 입장이다. 이 이론은
      훗날 에르하르트를 통해 실현되면서 전후 독일의 라인강의 기적을 일으키는 이론적 토대가
      되었다.

2. 독일 경제 재건의 기초는 질서 있는 실적 경쟁에 있다. 이는 국가 경제 운영의 틀 안에서 이루어져야 한다. 국가는 독점과 카르텔을 규제하고 질서 있는 실적 경쟁을 통해 전체의 이익을 지켜야 한다.

3. 기간산업은 공유화한다. 국가의 경제운영은 시장과 대공업의 조응을 통해 각 주의 경제정책을 이끌어내고 전체적인 경제 발전을 도모하도록 한다.

4. 정부는 기업이 그 소유자와 모든 종업원이 경제 공동체에서 함께 발전할 수 있도록 한다. 기업의 경영과 성과의 증진에 기여해야 하며, 기업 측과 노동자 대표 사이의 협정이 제대로 이루어질 수 있도록 한다.

5. 독일노동조합은 앞에서 언급한 경제 강령을 실시하는 데에 불가결한 역할을 한다.

6. 자치조직으로서 공업과 상업, 수공업 기업체는 동업조합(상공회)을 결성한다. 농업경영체는 농업협동조합을 결성한다. 이런 조합은 경제의 자치를 이룬다.

이 책을 읽는 독자 중에는 독일 전후사에 해박한 분들도 계실 것이다. 이미 파악했을 테지만, 크라이자우 서클의 논의와 합의 내용은, 미국형 경제와 달리 전후 서독 경제가 지향했던 '사회적 시장경제'("국민 모두에게 복지를!"이라는 슬로건을 내걸고 서독의 경제장관 루드비히 에르하르트 Ludwig Wilhelm Erhard가 추진했던 경제정책)와 그 내용이 상당히 유사하다.

요르크를 비롯한 크라이자우 서클의 멤버들과 연대했던 프라이부르크 서클, 특히 W. 오이켄을 그 사상적 선구자로 본다면 당연한 일이라 할 수 있다. 여기에서 언급해두고 싶은 것은, 그들은 나치 전쟁경제의 실

히틀러에 저항한 사람들

체를 직시하면서 전후의 경제를 구상했다는 것이다. 경제질서가 윤리적 성격을 갖는다는 것은 그들의 입장에서 보면 절대적으로 필요했다. '질서 있는 경쟁'에서 '질서 있는'이라는 말이 바로 그것을 상징한다. 노골적으로 탐욕의 이빨을 드러내는 자본주의가 아닌 '인간의 얼굴을 한 자본주의'는 그들이 바라마지않던 경제질서였다.

'사회적 시장경제'의
이론적 토대를 제시한 발터 오이켄

유럽 경제권 구상

그런데 이 같은 경제구상을 어떻게 유럽에서 펼쳐나가려 했을까. 앞서 여러 차례 언급한 것처럼 히틀러 독일이 자급자족 경제라는 허울 좋은 명분을 내세워 타국을 침략·박해하고 홀로코스트를 일으킨 것에 대해 그들은 깊은 속죄의 마음을 가지고 있었다. 이는 "자신들 세대만으로는 갚은 수 없을 만큼의 무게를 지닌다"는 자각이 있었다. (1943년 6월 14일 '전쟁 범죄 처벌에 관한 결의'는 여기에 대해 무엇보다 강력한 의사를 보여주고 있다.) 여기에서 그들은 이러한 속죄를 통해 공통의 가치인 그리스도교적 서구 정신을 회복함으로써 독일이 다시 유럽의 일원이 되어 평화 재건에 나설 수 있다고 생각했다. 그 열쇠는 경제에 있었다.

예컨대 앞으로의 평화는 과거의 이해 대립을 해소하려는 경제협력 체제, 여러 국가가 "각기 안정적인 생산력의 발전을 보장하는 분업에 참가하는" 체제의 구축을 통해 비로소 이루어질 수 있다는 것이다. 이는 '경제적인 평화 질서의 전제'였다. 그렇게 함으로써 유럽도 세계무역에 참가해서 세계 평화의 일익을 담당할 수 있는 것이다. 그들은 이렇게 전망했다.

> 유럽 경제는 전통적인 국민국가의 제약에서 해방되어야 한다. 그 기본 원칙은 질서 있는 실적 경쟁이다. 그것은 유럽 경제를 운영할 지도부를 통해 이루어져야 한다. 지도부의 과제는 특별히 중공업의 관리와 카르텔 감시, 그 밖에 유럽의 국가단위 경제를 유기적인 통일체로 이끌 수 있는 채권 정책 및 운송교통 정책 등이 있다.

해결해야 할 과제
① 유럽 국내의 통일 통화와 관세 제한 철폐
② 유럽 통화와 세계 통화의 관련
③ 유럽 경제권의 분업
④ 유럽 경제와 세계 경제의 관계
⑤ 사회주의 경제와의 관계(1943년 6월 14일, 제3회 전체회의의 결론 「전후 외교정책의 기초」)

위에서 언급한 구상은 말 그대로 미래 전망이다. 그들은 전쟁의 참화 속으로 끌려들어간 유럽 전체가 파괴와 궁핍 상태에 있을 뿐 아니라 더욱 악화되고 있는 현실을 바로 눈앞에서 보고 있었다. 그래서 그 재건이 결코 쉽지 않다는 것도 당연히 알고 있었다. 그럼에도 불구하고 미래를

히틀러에 저항한 사람들

향한 메시지를 남겼다. 그들 대부분은 종전을 보지 못한 채 세상을 떠났다. 그 후 조국 독일이 동독과 서독으로 분단되고, 동서 냉전의 최전선이 되어버린 까닭도 알지 못했을 것이다.

하지만 그런 독일이 유럽석탄철강공동체(ECSC, 1951)를 거쳐 유럽경제공동체(EEC, 1957)의 일익을 담당하고, 마침내 유럽연합(EU)의 핵심적인 국가가 되었다. 이 장기적인 흐름을 돌이켜보면, 독일 재생과 평화를 원했던 크라이자우 서클 사람들이 비밀리에 논의하고 결의했던 생각에서 그 원류를 찾아볼 수 있는데 이는 결코 과장이 아니다.

제5장

반나치 시민의 전후

점령 하 독일에서
살아남은 유족과 생존자

01

종전·그룹 해산·유족들

1945년 5월 8일 높은 문화 수준을 자랑하던 독일은 범죄국가로 전락하고, 히틀러의 주술에서 풀려나지 않은 채 붕괴되고 말았다. 국내가 전쟁터가 되었기 때문에 주요 도시는 폐허가 되었고, 교통과 통신망도 단절되어 극도의 식량물자 부족 사태가 일어났다. 사람들은 굶주림과 추위에 시달렸다. 게다가 6월까지 독일 본국의 동북부와 베를린은 소련 적군에 전면 점령되었다. 적군 병사들은 자국 동포의 학살에 대한 보복으로 부녀자들을 폭행하고, 약탈과 몰수를 일삼았다. 그로 인해 도시는 황폐화되었고, 혼란은 극에 달했다.

이런 상황 속에서도 미국과 영국, 프랑스, 소련 4개국 군사령관의 6월

연합군의 진주로 해방을 맞은 다하우 강제수용소(1945.4.29.)

5일 '베를린 선언'을 거쳐 8월 2일 미국과 영국, 소련 세 나라 수뇌는 '포츠담 협정'에 합의했다. 이 협정에 따라 4개국의 분할 점령과 함께 베를린에 설치된 관리이사회의 공동통치 규칙에 기초한 점령지구별 통치가 이루어지면서 독일 국내의 혼란상은 점차 수습되었다. 이 점령통치는 나치즘의 근절('비나치화'라는 말로 집약됨)을 기본 방침으로 동서 두 개의 국가, 즉 동독과 서독이 성립되는 1949년까지 계속되었다.

한편 각지의 강제수용소는 연합군의 베를린 진격 과정에서 차례로 해방되었고, 정치적 피박해자로 인정되는 사람의 수는 10월 시점에서 약 25만 명에 달했다. 연합군의 점령은 그들에게는 정치적 해방이었다. 나치즘 타도라는 저항운동의 대의가 사라지면서 사상과 신념, 서로의 입장을 뛰어넘어 하나로 결속하게 했던 목적도 사라졌다. 저항자들은 일개 시민이 되어 이전의 삶으로 돌아갔다.

반나치 시민 그룹 에밀 아저씨는 그 활동상이 발각되지 않은 채 폐허가 된 수도 베를린에서 끝내 살아남았다. 멤버와 협력자 17명은 파괴된 주거지의 지하실에서 밖으로 나와 서로 '살아남은' 것을 축복했다. 5월 14일, 소련군 당국에 자발적으로 「활동 보고」를 제출하고 각자의 삶으로 돌아갔다.

루트 안드레아스는 신문사에 다니면서 그동안의 활동을 기록한 '일기'를 정리하였고, 딸 카린도 무대에 올라 연습을 시작했다. 레오 보르하르트도 베를린 필 건물을 수리하는 소리를 들으면서 5월 26일 연주 예정인 차이코프스키 4번 교향곡의 연주 연습에 들어갔다.(덧붙이면, 티켓은 매진되었고, 연주는 절찬리에 이루어졌다.) 의사인 발터 자이츠는 이전 직장이었던 대학병원으로 복귀했다.

그리고 7월 9일에는, 한때 이들의 보호를 받았던 유대인 음악가 콘라트 라테가 도망쳐서 살고 있던 바트 홈부르크에서 베를린의 곤궁한 처지를 위로하는 안부 편지를 보내왔다.(그는 1947년부터는 베를린 국립 오페라 극단에서 독주자와 함께 음악연습을 하는 코레페티토어Korrepetitor로 일했다.)

협력자였던 한스 페터스는 학구 생활로 돌아갔고, 포엘하우는 테겔 형무소에서 계속 목사로 있었다. 처형을 피했던 크라이자우 서클의 전 멤버 슈텔처와 게르스텐마이어, 변호사 한스 루카섹(Hans Lukaschek, 1885~1960, 오버슐레지엔 주지사) 등도 4월 중에 차례로 생환했다.

크라이자우 서클의 유족들

이렇게 살아남은 저항자와 해방을 맞은 유대인도 있었지만 "반역자"로 처형된 사람들의 유족들도 적지 않았다. 그들은 전후 사회에서 어떻게 살아갔을까. 그리고 다른 사람들의 눈에 그들은 어떻게 비쳐졌을까. '7월 20일 사건'과 관련된 사람들의 경우, 처형자의 시신을 인도하지 않았을 뿐만 아니라 그 유골과 유해도 아무데나 흩뿌렸고, 유족에게는 매장은 물론 상복조차 허용하지 않았다. 슬퍼할 장소도 고인을 기억할 장소도 모조리 말살해버렸던 것이다. 아돌프 라이히바인은 1944년 10월 20일에 처형되었다. 아내 로제마리에 따르면, 남편의 사망 소식을 전하는 것도 금지되었기 때문에 친구나 지인의 대다수는 종전 후에 비로소 그의 죽음을 알았다고 한다.

1945년 1월 5일에 처형된 율리우스 레버의 경우, 처형료 등 약 1천 마르크에 달하는 비용의 지불을 명령받았다. 아내인 안네도레는 남편이 가지고 있던 결혼반지와 열쇠를 건네받아서 그 금액을 지불했다고 장녀 카타리나는 회고했다. 가지고 있던 자산도 모두 몰수를 당했다. 그렇게 되자 아내에게는 남편을 떠올릴 수 있는 것이 아무것도 없었다. 남아 있는 것은 오로지 '마지막 편지'밖에 없었다. 그것만으로 깊은 생각에 빠질 수 있었다. 로제마리가 남편이 처형되고 난 뒤인 2월 6일, 소개된 크라이자우에서 친구들에게 보낸 편지가 있다. 그 편지 중 일부다.

추억이 되는 모든 것은 언제나 둘도 없이 소중한 어떤 사람(라이히바인)과 관련이 있습니다. 지금도 그 사람은 여전히 제 곁에 있으면서 침착해, 초조해하지 마, 하고 타이르고 있다는 생각이 듭니다. 이곳에 계속 머물고 싶지만, 머지않아 이곳을 떠나지 않으면 안 됩니다. 앞으로 어떻게 될지는 아무것도 알 수 없습니다. 저희는 또다시 모든 것을 잃어버리

히틀러에 저항한 사람들

고 말았고, 다시 어떤 것들을 가지기 힘들 것 같습니다. 그렇지만 그 사람이 죽기 직전에 쓴 10월 20일자 작별 편지는 지금도 잘 간직하고 있습니다.(중략) 그 사람에게 지금까지 받은 것이 너무나 많았습니다. 다시 받을 수 있는 게 있다고 하더라도 지금까지 너무나 많은 것을 나눠주었기 때문에 이번에는 제가 그것을 갚아나갈 생각입니다.(『아돌프 라이히바인-1898~1944』)

이 편지에는 남편을 향한 그리움을 디딤돌 삼아 앞으로 긍정적으로 살아나가려는 결의가 잘 드러나 있다. 이런 태도는 그녀만이 아니었다. 저항자 11명의 아내들과 인터뷰한 기록(1971)을 보면, 모두 남편의 죽음을 계기로 힘겨웠던 전후의 삶을 억척스럽게 헤쳐나가며 확고한 믿음을 가지고 살았다고 한다. 그것은 추억이 아니었다. 프레야 몰트케는 "남편은 옛 추억이 아니라 마음속에서 살아 있는 정신적 지주가 되어주었습니다" 하고 말했다.(『마음에 용기를 가지고-7월 20일의 여성들』)

주민들이 몰트케의 죽음을 깊이 애도했던 크라이자우 땅은 프레야와 자녀들에게는 행복한 추억을 떠올릴 고향이었지만, 두 차례나 잃는 경험을 해야 했다. 첫 번째는 2월에 내린 나치 당국의 퇴거명령이었고, 두 번째는 포츠담 협정으로 폴란드 땅이 되어버렸기 때문이다. 나치의 퇴거명령 때는 남쪽의 산악지역 리젠게비르게에 숨어 살다가 5월에 돌아갔지만, 두 번째는 그렇게 되지 않았다. 로제마리의 네 아이들은 9월 말 나흘 동안 위험한 길을 걸어서 베를린으로 돌아갔고, 프레야의 세 자녀도 11월에 크라이자우를 떠났다. (프레야의 자녀들은 30년 만에 크라이자우를 방문해서 독일과 폴란드의 우호의 땅으로 만들기로 하였다. 이 구상은 그 후 '크라이자우 운동'으로 발전하여 1989년에 유

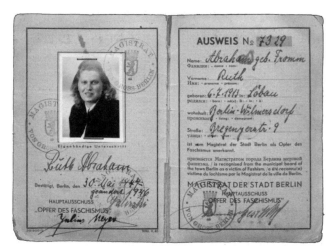

1장에서 소개했던 루트 아브라함의 파시즘 희생자 증명(1945)

럽의 화합을 위한 청소년 교육과 행사, 상설 전시관으로 결실을 맺어 오늘에 이르고 있다.)

이런 일들에 앞서 그들은 재건된 베를린 시의 결정으로 5월 말부터 발행한 '파시즘의 희생자' 증명(1년마다 갱신)을 손에 넣을 수 있었다. 이는 형무소와 강제수용소의 귀환자와 유족에게 우대조치(일시금, 의복·식량의 특별 배급, 직업의 우선 소개, 나치에게 몰수한 가옥의 우선 이용 등)를 해주는 것으로, 모든 것을 잃어버린 사람들에게는 패전 직후의 혼란 속에서 살아가기 위해 반드시 필요한 증명이었다. 크라이자우 서클의 유족 전원은 이 증명을 신속하게 얻을 수 있었다. 풀려난 슈텔처와 체포를 피했던 몰트케의 사촌 카를 폰 트로타가 5월부터 시청 본부에서 간부로 근무하면서 도움을 주었기 때문이다. 친위대에 몰수되어서 빈집 상태로 있던 몰트케의 베를린 집에는 프레야의 자녀들이 다시 거주할 수 있게 되었다.

일단 베를린에 모인 유족 여성들은 포엘하우와 그 아내 도로테에게 앞으로 어떻게 해야 할지 상담하고 움직이기로 하였다.

여섯 아내의 각기 다른 행로

아내들의 가장 큰 고민은 경제적 곤궁이었다. 물론 당시 독일 전체가 궁핍한 상태였다. 그런데 "반역자" 유족의 경우 점령지구 및 주에 따라 다소 차이는 있었지만 몰수자산의 보상조치도 강구되지 않았을 뿐더러 정규 미망인 연금 수급 자격도 박탈되었다. 그들에게는 소액의 보조연금만 지급되었다. 주변에서 동정·보호받는 통상의 전쟁 미망인과는 전혀 달랐다.

나치 붕괴 후에도 이들이 받는 처우는 시정되지 않았다. (1955년 7월 20일
자 『슈피겔』의 보도에 따르면, 이들 유족과는 대조적으로 괴링, 힘러 등 나치의 주요 간부들은
자신의 유족들에게 거액의 은폐 자산을 남겼다고 한다.)

게다가 7월 20일 사건에 대해서는 히틀러의 라디오 담화나 "파렴치한 자들의 배신"이라는 괴벨스의 선전이 먹혀들었기 때문에 사건 관련 유족들은 무시를 당하거나 노골적인 적의에 찬 시선에 노출되어야 했다. 유족의 대다수는 상류층의 교양 있는 시민 출신으로 가난하고 고생스러운 경험을 한 적이 없었기에 물심양면에서 한층 더 힘겨운 싸움을 해나가야 했다. 그런 의미에서 이들의 삶은 인생의 재출발이기도 했다. 다음은 여섯 사람의 각기 다른 인생행로를 간략하게 서술한 것이다.

① 바바라 헤프텐(1909~2006), 한스 베른트 폰 헤프텐의 아내
재출발이 쉽지 않았다. 죽은 남편의 고향인 포메라니아(동독의 한 주가 되

만년의 바바라 헤프텐.
이 사진은 그녀의 딸
도로테아가 찍은 것이다.

었다.)의 그람메르틴(Grammertin)에 정착했지만 곧바로 토지개혁이 일어나 소유지를 몰수당했다. 그렇게 "자본주의자" 딱지가 붙은 신분으로 당시 그곳을 점령한 러시아인으로부터 8개월 동안 오물처리 노동을 강요받았다. 그렇지만 1946년 5월 그곳에서 탈출해 베를린으로 돌아온 것이 재출발의 시작이었다. 다섯 자녀 중 두 아들이 디프테리아에 걸리는 바람에 몇 주 동안 베를린 다렘에 있는 부모의 셋집에서 함께 지냈다. 그러다 8월에 남독일 프리들링겐에서 교역업을 하는 큰어머니 부부로부터 주거와 일자리가 있는 말을 듣고 다섯 자녀와 함께 그곳으로 거처를 옮겼다. 그 후 남편 친구들의 도움으로 외무부 연금을 받을 수 있었기 때문에 1950년 12월에는 부모와 함께 하이델베르크에 정착할 수 있었다.

훗날 그녀는 남편의 죽음에서부터 다섯 아이를 데리고 어렵게 살았던 인생행로를 한 권의 책으로 묶어서 출간했다.(『우리들의 인생에서(1944~1950)』 1974) 이 책에는 반나치 저항자 유족들의 힘겨웠던 처지와 더불어 피추방인이 되어 국경을 넘거나 거친 사람들의 무리 속에서 도망치면서도 꿋꿋하게 험로를 헤쳐나갔던 삶의 고단함이 담담하게 기술되어 있다. 이후 그녀는 생활고에 허덕이면서도 7월 20일 사건의 유족과 고아들의 네트워크를 만들어 물심양면으로 지원하는 활동(나중에 언급할 '7월 20일 사건의 지원기관'을 보라.)에 적극적으로 참가하였다.

② 마리온 요르크(1904~2007), 페터 요르크 폰 바르텐부르크의 아내

죽은 남편의 고향인 니더슐레지엔의 클레인올스(Klein Öls, 지금은 Oleśnica Mała)로 돌아갔지만 그곳이 폴란드령이 되면서 강제노동에 시달리는 신세가 되었다. 그러다 1946년 1월 시누이 이레네와 함께 이유불명인 채로 바르샤바로 연행·투옥되어 소련 비밀경찰의 심문 후 3개월 만에 석방되어 베를린으로 돌아왔다. 시누이들이 제각기 자리를 잡고, 혼자 독신으로 남은 그녀는 42세가 되어 "지금까지의 삶의 방식을 모두 벗어던지고 자립해서 살아보자"고 결심하고 베를린의 '파시즘 희생자' 지원협회에서 일하기 시작했다. 그리고 이전부터 공부했던 법률 공부에 더욱 힘을 쏟았다.(그녀는 결혼 전 사법관 시보 견습을 하였다.) 1947년 사법관 시보시험에 합격, 위임판사로 근무를 시작했다. 처음에는 지방법원 민사부의 배석판사로, 그다음에는 지방법원 형사부로 이동하였고, 1952년부터는 여성 최초로 배심법원 소장이 되었다.

훗날 "어떻게든 '살아야 한다'는 절박한 이유가 있었기 때문에 그 한 가지 생각으로 40년간 달려왔다"고 이야기했다. 1952년 3월 7월 20일 사건 관련자들의 명예회복을 위한 '레머 재판'[01]에서 죽은 남편을 위해 고소인에 이름을 올리고 법정에 출석했다. 여기에 대해서는 나중에 다시 언급하도록 하자.

배심법원 소장이 된
마리온 요르크(1952)

---

01   이 인물의 재판에 대해서는 뒤에서 자세하게 다룰 것이다.

③ 로제마리 라이히바인(1904~2002), 아돌프 라이히바인의 아내

크라이자우로 돌아온 후에 아이들을 형제와 친구들에게 부탁하고, 죽은 남편 친구들의 도움을 받아 베를린 샤리테 병원에서 치료체조 지도원으로 일하였다. 과거 스웨덴에서 치료체조를 배웠고, 남편과 함께 할레 교육대학의 체조강사로 일한 적이 있었다. 보다 높은 임금을 받기 위해 업무능력을 향상시키려면 새로운 지식과 기능을 습득해야 했다. 그래서 중대한 결심을 했다. 당시 독일인의 출국은 엄격하게 제한되어 있었지만 프레야의 적극적인 도움으로 1946년 12월 1일 네 자녀와 함께 스웨덴의 룬드로 향했다. 42세가 되던 해의 재출발이었다.

룬드에서는 자녀들을 지인들의 집에 분산시켜 양육을 하였고, 룬드와 스톡홀름의 전문병원에서 청강생으로 공부하는 한편 빈 시간에는 돈을 벌기 위해 일을 해야 했다. 1947년 4월 베를린으로 돌아온 후 치료체조 지도원직을 얻어 마침내 자활할 수 있게 되었다. 더구나 대학병원 부속 전문학교에서 정형외과 분야도 깊숙이 연구하여 1950년에는 베를린 반제(Wannsee)에서 개원도 하였다. 룬드 시절에 대해 "독일인이라는 말만 들

로제마리(50대 초반 무렵)

어도 사람들은 싫다고 하면서 비난했지만 자녀들은 풍족한 식사를 대단히 기뻐했다"고 언급했다. 1957년에는 영국에서 공부한 후에 돌아와 독일 최초의 보바스(Bobath) 치료법[02] 테라피스트가 되었다. 이후 남편 라이히바인 저작의 편집 작업과 더불어 크라이자우를 유럽 화해의 땅으로 만들려는 활동(크

라이자우 운동)에 적극적으로 참가하였다.

④ 클라리타 트로트(1917~2013), 아담 폰 트로트의 아내

유아 둘을 데리고 서방 쪽 점령지구인 헤센 주 베브라 근교 임스하우젠 (트로트가의 영지와 건물이 있었다.)으로 가서 시어머니 엘레오노레에게 의탁했다.

1948년 3월 시어머니가 운명하자 포엘하우 일가에 아이들의 양육을 부탁하고 자신은 퀘이커교의 요양소에서 봉사 활동을 하였다.

결심한 바가 있어 1950년 봄부터 친정이 있는 함부르크에서 의

두 딸과 함께 7월 20일 사건 추모 가족모임에 참석한 클라리타 트로트(2004)

학을 공부해서 1955년 학위를 받고 정신분석과 정신요법 의사가 되었으며, 그 후 베를린에서 개원했다. 로제마리와 마찬가지로 크라이자우 운동의 추진자 중 한 사람으로 참여했다.

⑤ 안네도레 레버(1904~1968), 율리우스 레버의 아내

어머니와 두 자녀를 데리고 베를린 서쪽 마그데부르크 근교 홀도르프에 살았다. 그렇지만 종전 후 곧바로 베를린으로 이주하였고, 남편이 다

02　1940년대 영국의 보바스 부부가 시작한 신경발달 치료법

정치가로 활동하던 시절의
안네도레 레버(1960)

렌도르프와 함께 운영했던 석탄판매업
에 뛰어들었다. 개신교 신자였지만 남
편 처형 후에는 남편이 믿었던 가톨릭
으로 개종하였다. 1945년 6월에는 석
방된 다렌도르프의 추천으로 사민당에
입당하였으며, 10월에는 소련 점령지
구에서 발족한 당 중앙위원회의 간부
가 되었다.

원래 비정치적인데가 보수적인 아버
지의 영향으로 뮌헨 대학 법학부를 중퇴하고 양재사가 되었지만 남편의
죽음을 계기로 그 입장이 크게 바뀌었다. 장녀 카타리나에 따르면 "아버
지가 되살아나신 듯했다"고 한다.

1946년 4월 모스크바가 주도한 사민당과 공산당의 통합(독일사회주의
통일당SED)을 반대한 그녀는 소련 점령지구를 떠나 쿠르트 슈마허(Kurt
Schumacher, 1895~1952, 전후 초대당수)가 이끄는 서방점령지구 쪽 사민당에 입당
하였다. 당에서는 당 관계 출판 활동에 종사하는 한편 베를린 시의회의
유력의원으로 활동하였다. 마리온과 함께 레머 재판의 고소인 중 한 사
람이 되었다.

⑥ 프레야 몰트케(1911~2010), 헬무트 제임스 그라프 폰 몰트케의 아내
남편 사후 무일푼이 되었다. 그래서 사업하는 친정 오빠들에게 도움
을 청할 수밖에 없었다. 사실 남편 몰트케가 구축해놓은 국내외의 유력
한 인맥이 있었다. 그중 한 사람이 전시 중에도 남편과 편지를 주고받았

던 영국의 전직 고위관리이자 작가였던 라이오넬 커티스였다. 1947년 1월 프레야는 커티스의 도움으로 영국에서 남아프리카 케이프타운으로 건너갔다. 몰트케 조부의 유산(죽은 남편의 어머니 쪽은 남아프리카 자치령의 영국인이었다.)을 물려받기 위한 일이었는데, 무엇보다도 주위를 의식하지 않고 아이들을 자유롭게 기를 수 있어서 좋았다고 한다. 이후 프레야 모자는 1949년, 1953년에 모국 독일로 일시 귀국한 때를 제외하면 1956년까지 계속 케이프타운에서 생활했다. 자신은 복지사무소에서 흑인 지체부자유자 보호사로 10년 동안 일했다.

그러다 결국 아파르트헤이트(인종차별격리정책)를 참을 수 없어서 남아프리카공화국을 떠나 독일로 돌아왔다. 그 사이 남편의 인맥 중 한 사람으로 저명한 미국의 여성 저널리스트인 도로시 톰슨의 지원을 받아서 1949년 가을부터 단신으로 3개월 동안 '독일 레지스탕스 생존자 원조위원회'의 초빙으로 미국 각지의 아홉 개 도시에서 23회 강연여행을 하였다. 강연 예고 포스터에는 '프레야 폰 몰트케 백작 부인-반나치 레지스탕

7월 20일 사건 추모식에서 프레야 몰트케(2004)
왼쪽은 당시 대통령 호르스트 쾰러, 오른쪽은 연방총리 게르하르트 슈뢰더

스 독일 여성'이라고 크게 써 있었다. 이때 프레야에게는 7월 20일 사건으로 고아가 된 아이들의 후원금을 모으려는 목적이 있었다. (『프레야 폰 몰트케-한 세기의 생애』)

위의 글을 통해 독자들은 분명하게 알았을 것이다. 크라이자우 서클 여성들에게는 죽은 남편의 유지를 전후에 계승하겠다는 뜻이 확고했을 뿐더러 언제나 행동에 나섰다는 것을. 끝까지 재혼하지 않고 '마지막 편지'를 서로 바꿔 읽으면서 생의 마지막까지 연락하고 만나는 인연으로 묶여 있었다. 그런 인연은 자녀들에게도 이어졌다.[03] 이 여섯 명의 여성은 전시 때는 물론 점령기 하의 사회에서도 대단히 차별적인 언동을 겪었지만 직접 "반역자의 아내"라든가 "배신자의 자식"으로 불렸는지는 말하지 않았다. 이런 문제에 대해 몰트케와 요르크의 동지였던 신학자 디트리히 본회퍼(마리온과 김나지움의 동급생이었다.)의 형수였던 에미 본회퍼(Emmi Bonhoeffer, 1905~1991)가 겪은 사례가 있다.

자랑스러운 남편, 존경하는 아버지

에미는 변호사이자 루프트한자의 법률고문이었던 남편 클라우스 본회퍼(Klaus Bonhoeffer, 1901~1945, 사형)가 종전 직전인 1945년 4월 23일 44세의

---

03   1965년 몰트케의 차남 콘라트와 헤프텐의 막내딸 울리케가 결혼을 하였는데, 이때 하랄트 포엘하우를 비롯한 많은 유가족과 저항운동 관련자들이 모여 이들을 축하했다고 한다.

나이로 처형당한 후 곧바로 200마르크와 마지막 편지만을 들고 자전거로 베를린에서 고향인 홀스타인으로 도망쳤다.(그녀의 남편은 물론 오빠를 비롯한 친족 다섯 명이 처형당했다.) 처음에는 친정에서 열세 살, 열 살, 여섯 살짜리 세 자식을 기르는 에미에게 도움을 주었지만 그 후에는 전쟁 미망인 연금으로 매월 240마르크를 받게 되었다.(물론 극도의 물자 부족과 물가 폭등으로 인해 암시장에서 계란 하나가 12마르크, 마가린 한 박스는 100마르크였다고 한다.) 1947년에는 미국에 있는 오빠가 보낸 상당량의 식량 소포를 받기도 하였다. 이는 반나치 저항자의 가족명부를 입수한 뉴욕의 목사가 교회를 통해 후원한 것이었다. 이렇게 받은 식량 소포를 동독을 비롯한 빈곤 가족에게 보내는 지원활동을 무상으로 펼쳤다. 그리고 '7월 20일 사건 지원기관'에 참여하기도 하였다.

1945년부터 1947년 사이에 네 모자는 16제곱미터[04]에 불과한 좁은 다락방에 살며 처음 몇 개월 동안은 그릇 하나로 소금에 절인 청어나 감자를 씻고, 빨래를 하는 적빈의 생활을 감내했다. 그런 중에 딸 코르넬리(Cornelie)가 통학 도중 전차 운전수가 "아버지는 전사하셨니?"고 묻는 일이 있었다. 그래서 코르넬리가 "아닙니다. 히틀러에 반대해서 죽임을 당했습니다" 하고 대답하자 "더러운 배신자의 새끼로구나!" 하고 입에 담을 수 없는 욕을 해댔다. 이 이야기를 들은 에미는 결단을 내렸다. 남편의 여권 사진을 실제 사람 크기만큼 크게 만들어서 한쪽 벽에 내걸고, 매년 마지막 날 밤에 촛불을 밝힌 다음 돌아가신 아버지의 발자취와 가족을 자랑스럽게 여기며 힘차게 살아가야 한다고 이야기하면서 장문의 '마

04   다섯 평이 채 되지 않는 좁은 공간이다.

클라우스 본회퍼와 에미 본회퍼(1930)

지막 편지'를 읽어주었다. 그러면 아이들의 마음속에서는 '위대한 아버지'에 대한 진실을 알고 한없는 존경심이 불타올랐다. 그렇지만 에미는 "다소 지나친 일이었다"고 반성했다.

이런 에미 가족 같은 일은 예외적일 것이다. 유족의 다수는 빈곤에 허덕이면서 남편에 대한 이야기를 입 밖으로 꺼내지 않고 침묵을 지켰다. "배신자"로 낙인 찍은 세간의 차가운 눈초리에 가위눌렸다거나 혹은 고통스럽고 끔찍했던 과거를 봉인하고 싶었다거나 하는, 유족들이 침묵을 지킨 데에는 저마다 사정이 있었다. 그렇지만 아무도 모르게 세상 한쪽 구석에 숨어서 잠자코 있으면 바뀌는 건 아무것도 없을뿐더러 목숨을 걸고 싸웠던 저항자의 행동이 가진 의미도 아무런 보람 없이 묻히고 말 것이다. 때문에 서로 도와가며 당장 맞닥뜨리고 있는 역경을 헤쳐나가는 것에서 시작하자고 생각한 것도 자연스러운 일이었다.

허틀러에 저항한 사람들

'7월 20일 사건 지원기관'의 결성

종전 직후부터 전국 각지에서 피박해자를 돕는 여러 종류의 조직이 만들어졌다. 연합군 정부도 그런 활동을 지원했다. 그런 움직임 속에서 '파시즘 희생자' 지원협회가 베를린에서 처음으로 만들어졌는데, 이 조직의 결성에는 안네도레 레버가 무엇보다 큰 역할을 했다고 한다. 처음에는 이념적인 색깔을 배제하고 저항운동 관계자가 서로 간의 입장 차이를 넘어 상호 협력하면서 운영하였다. 이 협회를 비롯한 전국 각지의 조직과 단체는 그 후 연대·확장해나갔고, 나중에는 모든 점령지구를 아우르는 '나치 체제 피박해자 연맹'(VVN)[05]으로 결집하였다. 마리온 요르크는 처음부터 이 단체의 대표단 중 한 사람으로 활약했다. 하지만 동서의 정치적 긴장이 고조되고, 연맹이 모스크바의 입김에 좌우되는 성격이 강해지면서 조직은 붕괴되기에 이르렀다. 그로 인해 안네도레와 마리온도 이 연맹에서 이탈하게 되었다. 그리고 1948년 이후에는 서방 쪽만이 참여하는 각종 지원단체들이 결성되었다.

이런 가운데 200명이 넘는 처형자가 발생한 7월 20일 사건의 유족과 생존자는 특이한 존재였다. 이들은 처음부터 사회적으로 낙인찍힌 존재였다. 그랬기 때문에 다른 지원조직에 비해 동지의식은 물론 결속력도 강했다. 1945년 가을, '1944년 7월 20일 사건 지원기관'[06]이라는 이름의 조직을 결성하기 위해 다음 발기인 다섯 사람이 모였다.

---

05   정확한 명칭은 Vereinigung der Verfolgten des Naziregimes-Bund der Antifaschistinnen und Antifaschisten이다. 번역하면, '나치 체제 피박해자 연맹-반파시스트 연맹'이다.

트레슈코프와 슈타우펜베르크 대령의 동지였으며 호엔촐레른 왕가
의 재산관리인이었던 칼 한스 하르덴베르크(Carl Hans Graf von Hardenberg,
1891~1958, 자결에 실패하여 강제수용소에 수감되었다가 사형판결을 받았지만 1945년 4월
22일 소련군에 의해 해방되었고, 아내 레나테도 체포구금되었다.) 부부, 트레슈코프
의 사촌이자 부관이었던 변호사 슐라브렌도르프(Fabian von Schlabrendorff,
1907~1980), 사업가 발터 바우어(Walter Bauer, 1901~1968, 고백교회의 신자로서 '프
라이부르크 서클'의 멤버였다. 7월 20일 사건으로 구금), 엘리사베드 스트룬스크
(Theodor Strünck, 카나리스, 오스터, D. 본회퍼 등과 함께 1945년 4월 9일 처형된 법률가 테오
도르 스트룬스크Theodor Strünck의 아내, 체포구금).

이들은 무엇보다 7월 20일 사건과 직접적으로 관련이 있는 사람들이
었다. 그런 이유만으로도 유족, 특히 미망인과 고아의 지원에 강한 사
명감이 있었다. 목표는 신속하게 자금을 모아서 빨리 지원하는 것이었
다. 이들에게는 다양한 인맥이 있었다. 당장 이 기관의 소재지를 영국
점령지구인 니더작센 주 브라운슈바이크에 있는 하르덴베르크 남작의
주소지에 두고, 레나테 부인을 회계책임자로 임명하면서 조직을 발족
시켰다.

1944년 7월 20일 사건 지원기관은 1946년 초부터 국내의 개인과 기
업, 영미 양국으로 이주한 사람들에게 당장의 어려운 상황을 호소하며
지원을 요청했다. 여러 곳에서 반응을 보였다. 영국에서는 치체스터의
성공회 주교 조지 벨(George Bell, 1883~1958)이 '7월 20일 기념기금'을 설립

---

06   이 기관의 역사와 활동에 대해서는 다음 사이트를 참조하라.
      www.stiftung-20-juli-1944.de/stiftung/geschichte

하였고, 미국에서는 독일인 이주자를 중심으로 '독일 레지스탕스 생존자 원조위원회'를 만들어서 지원 활동에 나섰다. 프레야를 초청한 것도 바로 이 위원회였다. 기부금, 구호물품 등이 차례로 답지했고, 무엇보다 컸던 것은 '독일 복음파교회 지원기관'이 보내준 거액의 갹출금이었다. 그 덕분에 1946년 여름에는 350명의 미망인과 고아들을 지원할 수 있었다. 덧붙이면, 이듬해인 1947년의 기부금 총액 15만 4천490마르크 중 8만 마르크가 이 기관에서 나온 것이었다.

여기에서 기록으로 남겨두고 싶은 말이 있다. 나치 체제에 굴복하지 않았던 교회는, 전후 초기 독일은 "교회의 시대"라고 불릴 만큼 압도적으로 신망을 얻었으며, 또한 점령군 정부와도 대립할 만큼 강한 영향력이 있었다. 점령군 정부도 교회의 역할을 무시하지 않고 '비나치화'를 위해 잠정협력을 부탁했다. 교회도 사회의 궁핍을 외면하지 않고 지원에 나서는 등 자신들이 해야 할 역할을 기꺼이 수행했다.

나치 집권기에 내부적으로 분열되었던 복음파 교회도 빠른 재정비를 통해 '독일 복음파 교회'로 거듭나게 되었다.(1945년 8월 30일) 명망 있는 지도자였던 테오필 부름의 제창으로 궁핍한 사람은 물론 수많은 피추방인과 난민의 지원사업을 펼쳐나갈 '독일 복음파 교회 지원기관'도 발족하였다. 앞서 언급한 거액의 기부금도 이 기관에서 나온 것이다. 게다가 기관의 대표자가 바로 크라이자우 서클의 멤버였던 게르스텐마이어였다. 그는 테겔 형무소에 구금되어 있으면서 이런 형태의 지원기관을 구상했다고 한다.

해방 후 그는 조직 결성에 온 힘을 쏟았으며, 포엘하우에게 사무국장을 맡아줄 것을 요청하여 1년 동안 그 임무를 맡아 수행토록 하였다. 포엘하

오이겐 게르스텐마이어,
후에 연방의회 의장이 되었고,
나치 희생자들의 지원을 위해
많은 노력을 기울였다.

우는 그 후 소련군 지배 하 동독의 의
뢰로 감옥제도 개혁을 위한 고문직과
함께 친구인 한스 페터스가 법대학장
을 맡고 있던 베를린 대학(1949년 홈볼트
대학으로 개칭)[07]의 범죄학 강사로 취임하
였다. 그는 소련이 관리한 감옥을 빠짐
없이 시찰하고 가혹한 징벌이 아닌 '교
정'(교육적인 입장에서 갱생을 지향)의 견지에
서 조직개혁을 제창하였지만 전혀 받
아들여지지 않는 경직된 관료제에 크

게 실망하고 고문직에서 물러났다. 페터스도 공산당원과 SED[08] 당원 및
그 간부 자녀의 입학을 우선하는 대학 제도에 대한 개혁안을 제출한 후
쾰른 대학으로 떠났다. 포엘하우 역시 SED 간부가 정교수직을 제안하였
지만 거절하고 1949년 테겔 형무소로 복귀하였다.

한편 게르슈텐마이어는 '1944년 7월 20일 사건 지원기관'에도 적극

07   2차 대전 후 대학 소재지가 소련군 점령지역에 속하게 되었다. 이 지역에 들어선 독일민주공화국
     (동독)에서 1949년에 대학 건립 과정에서 주도적인 역할을 담당했던 홈볼트 형제를
     기념하여 베를린 홈볼트 대학으로 명칭을 바꾸어 오늘에 이르고 있다. 그리고 공산주의에
     반대하던 대학 관계자들이 1948년 서베를린에 세운 대학이 베를린 자유대학(Freie Universität
     Berlin)이다.

08   독일 사회주의 통일당(Sozialistische Einheitspartei Deutschlands). 2차 대전 후 소련이 독일의
     소련군 점령 지구 내 독일사회민주당과 독일공산당을 강제로 통합하여 동베를린에서
     1946년에 창설한 정당으로, 1990년 독일민주공화국 총선거 때까지 존재했다. 독일의
     재통일 후 민주사회당(Partei des Demokratischen Sozialismus, PDS)으로 개편되었다가, 슈뢰더의
     정책들이 신자유주의에 끌려다니고 있다며 독일 사회민주당을 탈당한 오스카 라퐁텐 등과
     함께 연합해 좌파당으로 통합되었다.

히틀러에 저항한 사람들

적으로 관여했다. 1947년 8월에는 재단으로 전환하면서 정관을 제정하였으며, 관리·결정기관도 만들었다. 사건 관계자였던 저명인사, 예를 들면 페터 요르크의 사촌 여동생으로 저널리스트였던 마리온 돈호프(Marion Hedda Ilse Gräfin von Dönhoff, 1909~2002, 게슈타포의 추적을 피해 도망친 후 1946년부터 발행된 주간신문 「디 차이트(Die Zeit)」의 편집자가 되었다.), 안네도레 레버, 신부 아우구스틴 로쉬(Augustin Rösch, 1893~1961), 역사가 게르하르트 리터(Gerhard Georg Bernhard Ritter, 1888~1967, 크라이자우 서클의 전 멤버였으며, 1945년 4월 석방), 고 대사가 알렉산더 폰 슈타우펜베르크(Alexander Franz Clemens Maria Schenk Graf von Stauffenberg, 1905~1964, 클라우스의 형) 등이 참여함으로써 조직도 한층 더 단단해졌다.

　7월 20일 사건 지원기관은 유족과 관계자에 대한 단기적인 지원과 연대가 그 목적이었다. 사업이 본 궤도에 오르면서 멤버도 늘어났을 뿐 아니라 존재감도 커졌고, 연금수급과 자산보상 문제 등 정치적·사회적 차원에서도 유족의 이익을 대표할 수 있는 목소리의 필요성도 높아졌다. 이들은 7월 20일 사건이 반나치 저항의 상징으로 정당하게 평가받기를 바랐다. 그렇지만 점령기에는 그런 활동이 억제될 수밖에 없었다.

비나치화와 부정당한 반나치 저항운동

점령정책에서 독일의 '비나치화'는 가장 우선적인 기본방침이었다. 때문에 반나치 저항자는 군정부에 대해 당당하게 행동할 수 있는 입장이었다. 게르슈텐마이어는 복음파 교회의 정치적 대변자로 자리매김하였고, 해방된 사람들도 복직을 하거나 이전의 위치로 돌아갔다. 그리고 테오도어 슈텔처나 페터스, 파울로스 판 후젠(Paulus van Husen, 1891~1971, 전 행정재판법원 판사, 크라이자우 서클 전 멤버, 1945년 4월 3년 금고형) 등은 새로운 그리스도교 통합 정당, 즉 기독교 민주연합(CDU)[09]의 결성에도 참여했다. 그리고 뉘른베르크 재판(1945년 11월~1946년 10월, 계속 재판 1946년 12월~1949년 4월)[10]으로 마침내 나치의 만행이 온 세상에 널리 알려졌다. 이 재판을 통해 새롭게 "인도에 반한 죄"(crime against humanity)[11]라는 처벌규정이 만들어진 것도 나치의 만행이 바로 그 이유였다. 나치 체제 하에서 직업 엘리트들은 처벌을 받고, 나치 당원은 공적 직업에서 추방·배제되는 것이 기본 방침이 되었다.

하지만 이러한 점령정책과 반나치 저항운동에 대한 평가는 아무런 관계가 없었다. 사실 슈텔처가 1945년 9월 영국군 정부로부터 슐레스비히 홀슈타인 주의 렌즈부르크 군수, 나아가 주지사로 임명된 것이나, 변호

---

09 흔히 "기민당"이라고 부르며, 중도우파 성향의 정당이다. 총리를 지낸 앙겔라 메르켈이 이 정당 소속이었다.

10 2차 대전 직후 연합국이 국제법 및 전시법에 따라 시행한 국제군사재판이다. 피고들은 나치 독일의 지도층과 상급대장 및 원수급 군인으로, 홀로코스트를 비롯한 여러 전쟁범죄를 계획, 실행 또는 관여한 혐의로 피소되었다. 재판은 독일 뉘른베르크 정의궁(Justizpalast)에서 진행되었다. 이 재판에서 내려진 결정들은 고전국제법과 현대국제법의 분기점으로 평가받고 있다. 1945년 11월에 시작되어 403회에 걸쳐 진행된 재판에서 모두 24명의 전범이 기소되었고, 공군 총사령관이었던 헤르만 괴링을 비롯한 12명의 전범에게 사형이 언도되었다. 그중 괴링과 마르틴 보어만을 제외한 나머지 열 명의 사형은 10월 16일 집행되었다. 부총통 루돌프 헤스 등 세 명에게 종신금고형이, 그 외 기타 전범자들에게는 20년 금고, 15년 금고, 10년 금고형이 언도되었다.

11 로마규정 제7조에 정의된 국제범죄를 말한다. 인도적 범죄(人道的犯罪) 또는 반인도적 범죄(反人道的犯罪)라고도 부른다. 강행규범으로서, 위반국에 대한 외국의 무력 침공이 국제법상 정당화된다.

사 후젠이 1948년 쾰른의 독일 상급법원 판사에 임명된 것은 그들이 나치즘에 가담하지 않은데다 직업 이력에서도 행정수완과 사법관으로서 능력이 뛰어난 사람이었기 때문이다.

나치 당원이 배제되어 인재 부족이 심각하긴 했지만 그렇다고 해서 특별히 저항자였기 때문 혜택을 받은 것은 아니었다. 오히려 그들은 저항자였다는 사실에 대해 입을 다물라는 지시를 받았다고 한다. 각국 군정부는 처음부터 독일인 반나치 운동의 존재를 무시하고 부정하려 했다.

소련군 정부의 경우, 나치 당원을 철저하게 숙청한 다음 공산당원과 SED 당원이 그 자리를 차지하게 했다. 그렇지만 반나치 저항은 "인민에 뿌리를 내린 운동"이 아니었기에 외면당했다. 때문에 그 존재를 인정한다 하더라도 나치의 숙적인 공산주의자들의 활동으로만 한정했다.

영국과 미국의 군정부도 반나치 운동을 부정하는 방침을 취했다. 영미 양국의 최상층부는 전시 하에 괴르델러나 몰트케 등의 반나치 그룹이 정전을 요구하는 접촉을 해왔던 것이나, 히틀러 배제를 지향하는 그들의 폭넓은 반나치 운동에 대해서도 잘 알고 있었다. 그렇지만 그런 사실은 고려사항이 되지 못했다. 어디까지나 히틀러 독일이 그 내부에 존재했던 적대세력의 저항 여부와 관계없이 무조건 항복했다는 사실만이 필요했기 때문이다. 절대적인 승전국으로서 독일을 점령했다는 사실이 중요했던 것이다.

이런 방침은 점령정책에도 그대로 반영되었다. 저항운동 연구자인 슈타인바흐에 따르면, 독일인의 저항운동을 인정하면 "비나치를 지향한 좋은 독일의 존재"도 인정하게 됨으로써 그 대표자인 생존자들로부터 점령정책 방침과는 다른 요구가 분출하는 것을 두려워했기 때문이라도 한다.

권터 바이젠보른과 그의 『조용한 봉기(Der Lautlose Aufstand)』 초판본(1953)

『조용한 봉기』(1953)의 저자 권터 바이젠보른은 저항 조직이었던 로테 카펠레의 가담자였는데, 루카우 형무소 수감 중이던 1945년 4월 소련 적 군에 의해 해방되었다. 그런 그도 승전국측이 독일 저항운동의 단서가 될 수 있는 모든 증거들을 모조리 거두어들여서 자국 문서 속에 매몰시 켜버림으로써 나치 하 저항운동의 조사연구에 커다란 장애가 발생하였 다고 비판했다.

그로 인해 저항의 실제 사례와 그 속사정을 알고 있는 독일인들도 그 실태를 정확하게 밝힐 수 있는 자료를 잃어버리고 말았다는 것이다. 따 라서 수백 개에 이르는 것으로 추정되는 비합법 저항그룹의 실태는 아직 도 불명인 채로 남아 있다.

영국과 미국의 점령정책에는 독일에 대한 근본적인 불신이 깔려 있었 다. 자신들의 손으로 해방시킨 강제수용소와 절멸수용소에서 목격한, 인 간으로서는 도저히 생각하기 힘든 비인도적인 모습에 커다란 충격을 받 았기 때문이다. 그로 인해 점령정책은 독일인 전체를 '악의 존재'로 보는

"집단의 죄"를 묻는 시책으로 응집되었다. 그런 점에서도 "또 하나의 독일"이 존재해서는 곤란했다. 특히 미국 점령지구의 경우, 거리마다 강제수용소의 홀로코스트 사진 포스터(표제 "이 만행을 보라! 너희들이 지은 죄를!")를 내걸고 모든 독일인을 싸잡아서 "죄인"으로 비난했다.

당연한 일이지만 전체의 책임과 죄를 묻는 만큼 개인의 책임과 죄에 대해서도 어물쩍 넘어가서는 안 될 것이다. 점령 직후부터 공직 추방이 시작되었으며, 더 나아가 18세 이상 전 주민에게 나치 당적의 유무 및 역할까지 묻는 '질문지'도 준비되어 있었다. 그렇지만 독일 쪽 기관에서 맡은 이 심사에는 부패나 불공정 등 많은 문제가 제기되었고, 질문 대상자들의 거센 반발로 1948년 말에는 중단되고 말았다. 결과적으로 몰트케 및 페터 요르크 등이 바랐던 속죄와 자성의 태도와는 반대로 심사 대상자는 히틀러 개인에게 책임을 전가함으로써 자신의 책임에는 입을 다물어버리고 말았다.

그런 한편으로 나치 범죄를 막기 위해 목숨을 걸었던 반나치 저항운동은 무시되고 은폐되었다. 저항자들의 반나치 행동이 어떤 모습이었는지 독일 국민들에게 보여주면서 그 둘을 마주보게 했다면 자성을 촉구하는 계기가 될 수도 있었을 것이다.

하지만 그런 사실조차 은폐되었기 때문에 대부분의 국민들은 단지 승전국에 의한 일방적인 "승자의 재판"이라는 불만만 제기하였다. 이처럼 나치즘을 거부한 저항운동을 은폐하면서 이루어진 '비나치화'에는 좀처럼 이해하기 힘든 측면이 있다. 그로 인해 나치즘을 반성할 수 있는 좋은 기회를 잃어버리고 말았다.

반나치 저항운동이 "배후로부터의 비열한 음모"라고 했던 나치 시기의 이미지는 국민 대중의 머릿속에 그대로 남았다. 앞서 언급했던 11인의 인터뷰 기록에서도 이런 사실을 빠짐없이 지적하고 있다. 그래서 로제마리 라이히바인은 "점령군 정부가 저항운동이 있었다는 사실을 누락하지 않도록 하려 했다"고 단호하게 말했다.

출판금지된 반나치 저항운동 서적

독일인 저항운동을 부정한 점령정책은 신문, 방송, 출판물 등 모든 미디어에 허가제와 인가제를 관철시켰다. 관객들에게 인기 있는 찰리 채플린의 희극 영화와 뉴스 영상을 상영하더라도 그 내용은 검열을 받아야 했다. 당연히 나치적인 저술의 출판은 금지되었고, 강제수용소의 비참한 실태나 나치 범죄의 고발, 히틀러 지배에 따른 피해자 체험기 등은 장려되었다.

하지만 독일인의 반나치 저항운동을 전하는 것만큼은 허락되지 않았다. 한 예로, 7월 20일 사건으로 처형된 스튈프나겔 장군의 연락장교였던 에리히 베니거(Erich Weniger, 1894~1961)의 사례를 들 수 있다. 그는 전후 교육학자가 되어 7월 20일 사건을 교재로 쓰기 위해 역사적 사실을 최초로 소개하였는데, 그의 선명한 기억 속에 남아 있는 사건의 진상을 기록·정리한 1945년 8월의 저술은 출판을 허락받지 못했다. 그러다가 결국 점령 체제가 종료된 1949년 가을이 되어서야 세상의 빛을 볼 수 있었다. 때문에 누군가 출판을 하겠다고 하면 어떻게든 외국의 미디어 쪽에 부탁할 수밖에 없었다. 이 책에서 여러 차례 인용한 루트 안드레아스의 『그림자 남자』의 경우도 여기에 해당한다.

저자인 루트는 남편 레오 보르하르트의 뜻하지 않는 죽음(그는 1945년 8월 23일 밤, 연주회를 마친 후 루트와 함께 영국군 장교의 차로 귀가하던 중 미군 검문소의 오인 사격으로 즉사하였다.)으로 인한 슬픔을 이겨내고 "(세계가 독일 국민 전체를 경멸하는 가운데) 히틀러 정권 하에서도 독일에 정직한 사람들이 살아 있다는 것"을 알리고 싶어서 출판하기로 하였다. 그 책의 머리말

미국에서 출판된
『베를린의 지하조직』(1947) 초판본

에는 "1945년 10월 베를린에서"로 되어 있지만, 그 시점에 곧바로 출판할 수는 없었다.

저널리스트였던 그녀는 1945년 말 점령군 우편을 이용해 자신의 원고를 미국으로 망명한 유대인 친구에게 보냈다. 그렇게 해서 원고의 영역본이 미국의 저명한 출판사인 헨리 홀트사로 넘어가 1947년 초『베를린의 지하조직(Berlin Underground)』이라는 제목으로 뉴욕과 런던에서 출판되었다. 그 번역본이 독일로 넘어가『그림자 남자』(길모퉁이에 숨어 있는 게슈타포의 감시를 의미한다.)라는 미스터리한 제목으로 같은 해 7월 출판되었다. 말하자면 역수입판인 것이다.

엄격한 출판 규제를 알고 있던 마리온 돈호프는 1945년 영국 점령지구인 함부르크에서『1944년 7월 20일을 기억한다(Den Freunden zum Gedächtnis)』를 판매용이 아닌 사적 용도로 소량 출판했는데, 당연히 이 책은 세상에 알려지지 못했다. 게다가 저항운동의 실태를 알리려 해도 대부분의 자

료가 몰수되었기 때문에 그 전모를 파악하면서 서술하는 것은 지극히 어려웠다.

그런 상황에서도 생존자인 슐라브렌도르프의 『히틀러에 저항한 장교 (*Offiziere gegen Hitler*)』(1946), 처형된 외교관 하셀의 『또 하나의 독일(Die Hassell- Tagebücher 1938~1944. *Aufzeichnungen vom Anderen Deutschland*)』(그의 일기를 편집해서 출간, 같은 해), 저널리스트 출신으로 강제수용소를 체험한 루돌프 페셀 (Rudolf Ludwig August Martin Pechel, 1882~1961)의 『독일의 저항(*Deutschenspiegel*)』(1947) 등은 모두 스위스 취리히에서 출판되었다. 마침 1946년부터 1947년 까지 스웨덴에 머무르면서 하셀의 『또 하나의 독일』을 손에 넣었던 로제 마리는 이 책을 독일에서 입수하는 것 자체가 엄청나게 어려운 일임을 깨달았다고 한다.

루트 안드레아스는 1946년 11월 20일, 전후에 발간된 서독의 일간신문 「타게슈피겔(Der Tagesspiegel)」에서 10월에 한 독일 여성이 미국을 여행하면서 "독일에 저항운동은 없었다"고 했다는 발언을 소개하는 것과 동시에 그에 동의하는 기사를 보고 다음과 같은 감상을 서술하고 있다.

> (저항운동이) 존재하지 않았다는 입장에 이어 「벨트(Die Welt)」도 다음과 같이 결론을 내리고 있다. 지금까지 독일에서는 나치즘에 대해 폴란드, 프랑스, 네덜란드, 벨기에, 노르웨이에서 볼 수 있었던 것과 같은 저항운동가들의 연대는 없었다. 독일에 있었던 것은 단지 파시즘 희생자들 사이의 유대였으며, 고난당하는 사람들의 단체, 산 제물이 된 어린 양들의 사회적 집단이었다. (중략) 그러니 어떻게든 수동적인 면에만 초점을 맞출 것이다. (『무대·베를린-어떤 독일 일기 1945~48』)

반나치즘 여론 형성의 역할을 떠맡은 미디어도 점령정책과 보조를 맞추었다. 점령기를 통해 반나치 저항자의 유족이나 관계자는 소외되었고, 그 후에 대부분의 국민에게 반나치 운동이 부정당한 것도 이러한 반나치 운동을 은폐한 점령정책과 깊은 관계가 있다.

분단국가 하에서의 반나치 저항운동

02

반나치 저항운동의 분단

점령체제가 끝나면서 반나치 저항운동 생존자와 유족의 활동은 새로운 국면을 맞게 되었다. 하나는 그 활동을 더욱 앞으로 나아가게 하는 것이었고, 또 하나는 반나치 활동의 의미를 다른 관점에서 보는 것이었다. 동서 독일이라는 "이중의 건국"에 직접적으로 영향을 주었기 때문이다.

여기에는 약간 설명이 필요하다. 1949년 5월 본 기본법이, 10월에는 민주공화국 헌법이 제정되었다. 그리고 서독은 본을 잠정적인 수도로 정했고, 동독은 베를린을 수도로 건국함으로써 독일은 분단국가가 되었다. 베를린 역시 동서로 분단되었고, 서베를린은 실질적으로 서독에 준하게 되었다. 국가라고 표현은 했지만 1955년까지 주권 행사에는 많은 제약을 받았다. 이후 양국은 주권국가의 지위를 확립하였고, 1990년 서독이

로테 카펠레의 핵심 멤버였던 하르나크와 보이센, 욘 지크의
처형 40주년을 맞아 동독에서 발행한 추모 우표(1983)

동독을 편입하여 재통일을 통해 독일이 성립하기까지 그런 상황은 계속
되었다. 두 국가의 국가 운영의 기본은, 한쪽은 소련의 지도하에 사회주
의를 건설하는 것이었고, 다른 한쪽은 미국과 서유럽의 일원으로서 반공
의 보루가 되는 것이었다.

이런 양국 차이가 애당초 나치즘 타도를 위해 결집했던 다양한 저항 그
룹을 바라보는 시각에도 반영되었다. 당시에는 저항 그룹 전체에 대해 제
대로 알지 못했기 때문에 소련의 스파이 조직으로 알려졌던 '로테 카펠레'
그룹과 '7월 20일 사건' 관련 그룹이 그 대표적인 사례라고 할 수 있다.

동독은 당초 소련 첩보 관련 사항에 대해 출판금지 조치를 취했기 때문
에 로테 카펠레를 공식적으로 다루지 않았지만 1960년대부터는 공산주
의자의 용기 있는 저항으로서 높이 평가하면서 유족과 생존자들도 존경
의 대상이 되었다. 그 상징적인 표식이 여러 종류에 이르는 우표 그림과
추모비, 기념비 등으로 나타났다. 파시즘으로부터 공산주의자가 자신을
해방시켰다는 건국 슬로건 때문에라도 그렇게 해야 할 필요가 있었다.

로테 카펠레 그룹은 반나치 투사로서 이데올로기 교육에도 적극적으로 이용되었다. 그렇지만 7월 20일 사건 관련 그룹은 보수적인 성향의 그룹으로 묵살되었다. 이러한 사태를 반영하듯 반나치 운동은 노동운동 연구의 일환으로 다루더라도 학문적인 차원에서 다뤄야 한다는 움직임이 오래 전부터 있었다. 마르크스 레닌주의를 내건 SED 지도부의 입장에서 보면 당장의 현실적 과제도 아니었을 것이다.

한편 서독의 상황은 동독과는 정반대였다. 연방정부가 동독과의 대결 자세를 강하게 취했기 때문에 로테 카펠레는 반나치 저항 그룹으로서의 의의를 잃어버리고 말았다. 이는 역사가 게르하르트 리터가 쓴『카를 괴르델러와 독일 저항운동(Carl Friedrich Goerdeler und die deutsche Widerstandsbewegung)』(1954)에 잘 드러나 있는데, 여러 저항운동 중에서도 7월 20일 사건을 학문적으로 지원·평가하는 한편으로 로테 카펠레는 소련 측 그룹으로 독일 저항운동과 무관한 것으로 본 것이 큰 영향을 끼쳤다. 그렇다고 해서 7월 20일 사건이 영예를 얻었는가 하면 그렇지도 않았다. 명예회복을 위해서는 수많은 노력이 필요했다.

초대 총리 아데나워의 신체제가 나치 집권기의 관리 및 정치 엘리트를 배제하기보다는 국가기구에 다수를 그대로 껴안은 채 출발했기 때문이다. 1950년대는 사회적 시장경제의 이념 하에 경제가 급속하게 발전하는 한편으로, '과거 청산'은 남발되는 특별사면과 형 면제 등으로 퇴색되고 말았다. 히틀러의 공적일 수밖에 없는 대중차 폭스바겐이 소비확대와 수출을 이끈 것은 역사의 아이러니라고 하지 않을 수 없다.

이런 시대적 배경 하에서 반나치 저항운동의 상징인 7월 20일 사건은 어떻게 받아들여지고 어떤 위치를 차지하였을까.

전후 독일 국민들은 백장미 운동과 7월 20일 사건을 어떻게 보았을까

1951년 10월 실시된 전국 여론조사에서 "이번 세기에 독일이 가장 좋았던 시기는 언제였는가?" 하고 묻는 항목이 있었다. 결과는 "제3제국"(44%), "제정기"(43%), "바이마르기"(7%) 순이었다. 분석 그룹은 이런 답변이 나온 것에 대해 히틀러의 제3제국과, 1차 대전까지 독일제국 시대, 이 두 시기가 실업도 없었을 뿐더러 급료도 정상적으로 지급되었으며 승진도 제대로 이루어지는 질서 있는 시기였다는 것에서 그 이유를 찾았다. 즉 실리를 기준 삼아 그 시대가 "가장 좋은 시대"였다고 판단했다. 다른 조사를 보면, "정치적 무관심"이라는 대답이 도드라지게 나타난다. 기억이 생생하게 남아 있는 홀로코스트나 나치 범죄에 각 개인이 어떻게 관여하고 행동했는가는 의식 저 깊숙한 곳에 봉인시켜버렸던 것이다. 게다가 생활비가 윤택하지는 않더라도 마침내 찾아온 불안하지 않은 일상생활에 빠져들어서 도의적으로 좋지 못한 일들은 애써 잊어버리려 했을 것이다. 그런 의미에서 대다수 사람들에게는 반나치 저항자가 단순하게 "배신자"가 되는 쪽이 마음이 편한 일이었다.

그렇지만 점령통치의 제약에서 벗어난 '재단법인 7월 20일 사건 지원 기관'은 이런 상황을 정면에서 돌파하는 활동을 전개해나갔다. 그 활동은 유족에 대한 지원만이 아니었다. 각종 미디어를 통해 저항 활동의 의미를 전하고, 정치 쪽도 움직이기 위해 노력했다. 과거 전권위임법에 찬성표를 던졌던 것을 깊이 반성한 초대 대통령 테오도어 호이스(Theodor Heuss, 1884~1963, 독일 민주당FDP)도 이 기관의 활동에 협력하였다.

바이젠보른의 『조용한 봉기』 책 뒤에 붙어 있는 관련 도서 목록을 보면,

자료의 몰수라는 어려운 상황이 있었음에도 불구하고 1953년까지 국내외에서 발행된 저항운동 관련 기록과 서적이 상당했다는 것을 알 수 있다. 크라이자우 서클의 전 멤버들도 집필에 나섰을 뿐 아니라 적극적으로 발언하였다. 안네도레 레버는 이미 1947년 이후 자신이 직접 설립한 출판사를 통해 저항운동을 포함한 각종 정치교육서를 간행하였다. 게다가 1956년에는 『양심은 봉기한다―독일 저항운동 64인의 군상(*Das Gewissen steht auf : 64 Lebensbilder aus dem deutschen Widerstand 1933~1945*)』을 펴냈는데, 이 책은 죽은 남편의 제자로 반나치 망명자이자 연방의회 의원이었던 빌리 브란트(노르웨이와 스웨덴 망명 후 1945년 귀국)와, 젊은 역사가 카를 디트리히 브라허(Karl Dietrich Bracher, 1922~2016)가 함께 간행하여 널리 알려졌다.

따라서 이제 반나치 저항은 "배반자"라든가 "반란" 같은 수준에서 사상될 문제는 넘어서게 되었다. 그런 인식을 처음으로 포괄적으로 보여준 상징적인 사례가 있는데, 바로 저명한 역사가 한스 로트펠스(Hans Rothfels, 1891~1976)의 『히틀러에 대한 독일인의 저항―하나의 평가(*Die deutsche Opposition gegen Hitler. Eine Würdigung)*』(1949)이다. 저자는 이 책에서 7월 20일 사건을 "양심의 봉기"로 규정하였는데, 반나치 언론인 오이겐 코곤(Eugen Kogon, 1903~1987)과 루돌프 페셸 등도 같은 입장을 보였고, 이 주장에 동조하는 사람들도 점차 늘어났다. 유력 일간지도 이 주장을 받아들였을 뿐 아니라 마리온 돈호프가 편집자로 있던 「디 차이트」의 경우에는 반나치 저항운동을 "유산"으로 계승해야 한다는 캠페인을 벌이기도 했다.

이처럼 반나치 운동에 대한 미디어와 언론계의 높아진 평가를 바탕으로, 1951년 10월 2일 서독 정부 수뇌는 기자회견을 통해 지금까지 반나치 운동을 방치한 것에 대해 깊이 사죄했다. 아울러 7월 20일 사건 희생

히틀러에 저항한 사람들

자에 대한 추모는 물론 생존자 및 유족들이 모욕당하지 않도록 하는 것과 함께 재정지원을 하겠다고 표명했다. 그리고 다음날인 3일에는 연방의회에서 7월 20일 사건 지원기관에 매년 국고보조금을 지급하는 조치를 승인하였다. 이렇게 되기까지는 기독교 민주연합의 아데나워 정권에 입각한 가톨릭 출신 저항자들이었던 로베르트 레어(Robert Lehr, 1883~1956, 내무장관)와 야곱 카이저(전全 독일문제 담당 장관), 한스 루카섹(난민문제 담당 장관), 그리고 1949년부터 연방의회 의원이 된 게르스텐마이어 등의 노력이 있었다.

그렇지만 정부가 반나치 저항운동 문제에 본격적으로 나서게 되자 국민 대중의 시선은 오히려 차가워졌다. 그들이 인정하는 것은 오직 백장미 운동뿐이었다. 왜 그랬을까?

한스와 조피, 숄 남매로 대표되는 백장미 운동은 사건 직후부터 뮌헨 시민의 동정을 샀고, 전후에도 젊고 경건한 가톨릭 신자들에 의해 "순수한 양심에 바탕을 둔 저항"으로 인기가 있었다. 연구자인 F. 가이켄에 따르면, 숄 남매 집안의 장녀였던 잉게 숄과 그의 친구인 오틀 아이허(Otl Aicher)가 1945년 말 고향에서 사회교육 시설로서 숄 남매를 추모하는 '울름 민중대학'의 설립을 기획하고 모금을 시작하자 다액의 출연금이 모였을 뿐 아니라 회원도 며칠 만에 2천 500명에 달했다고 한다. 나아가 잉게 숄은 이전부터 준비했던 백장미 운동 관련 편지와 자료 등을 바탕으로 쓴 청소년 대상 도서 『백장미(Die Weisse Rose)』를 오이겐 코곤의 도움으로 1952년에 출간했다.[12] 이 책은 한스와 조피의 생애를 성장에서 처형

---

[12]   이 책은 한국에서 『아무도 미워하지 않는 자의 죽음』이라는 제목으로 출간되었다.

까지 가족, 대학 생활, 동료와의 관계를 충실하게 묘사하고, 책 뒤에는 백장미 그룹에서 제작해서 뿌린 여섯 편의 삐라를 모두 수록하였다. 이 책의 서평에서 많은 사람들은 백장미 운동에 대해 "청년의 순수함, 성실함, 용기"를 높이 평가했고 "흠잡을 데 없는 완벽한 행동"으로까지 절찬했다. 이 책은 서독 학생들을 중심으로 널리 알려져서 쇄를 거듭하였고, 예외적으로 동독에까지도 알려졌다.

그런데 7월 20일 사건은 백장미 같은 청년의 순수함 차원에서는 이해하기 쉽지 않은 일이었다. 이를 단편적으로 보여주는 전국 여론조사(1951년 6월~1952년 12월 실시)가 있다. 개요는 다음과 같다.

① 히틀러 암살을 기도한 7월 20일 사건을 알고 있는가?

- 알고 있다 89%, 모른다 11%

② 7월 20일 사건을 일으킨 사람들을 어떻게 평가하는가?

- 좋다 40%, 잘 모르겠다 3%, 나쁘다 30%, 판단할 수 없다 16%, 사건에 대해 잘 모른다 11%

③ 전시 하에서 저항해야 했는가? 전후까지 기다려야 했는가?

- 저항해야 했다 20%, 기다려야 했다 43%, 저항하지 않았어야 했다 15%, 잘 모르겠다 31%

④ 반히틀러 저항운동이 없었다면 독일은 최종적으로 전쟁에서 승리했을까?

- 이겼다 21%, 대략 이겼을 것이다 15%, 졌다 45%, 잘 모르겠다 19%

여기에서도 여전히 저항자들을 긍정적으로 보는 응답은 40퍼센트 정

히틀러에 저항한 사람들

도에 지나지 않는다. "전후까지 기다려야 했다"고 응답한 43퍼센트는 왜 그 시점에 저항했어야 했는지 그 의미를 제대로 알지 못하는 것으로 해석할 수 있다. 저항운동의 의도를 이해하고 지지한 것은 20퍼센트에 불과하다. 그리고 독일의 패전 원인을 저항운동과 관련이 있다고 생각한 응답은 36퍼센트에 달한다. (이겼다 21퍼센트와 대략 이겼을 것이다 15퍼센트) 이는 독일 패전 이후 7년이 지난 시점에도 여전히 독일 국민 다수가 히틀러의 주술에 사로잡혀 있었다는 것을 보여준다. 이와 같은 여론 동향을 등에 업고 점령기의 정당 결성 금지조치에서 벗어난 극우정당은 반나치 저항운동을 격렬하게 공격하였다.

극우세력의 7월 20일 사건 공격

1951년 7월 19일 「디 차이트」는 극우가 일으키고 있는 일련의 사태에 대해 "7년 후"라는 제목으로 이렇게 쓰고 있다.

> 당시 "반역자"가 되었던 사람들이 지금 다시 "반역자"가 되고 있다. (중략) 독일에서는 지금 네오나치가 활개를 치며 행진을 시작하고 있다. 1944년에 학살을 반대했던 투사들을 독일군에서 모욕하고 내쫓았던 장군들이 다시 큰소리 치고 있다. 자신을 지휘한 사령관(베를린 방위사령관 하제 장군Karl Paul Immanuel von Hase, 1885~1944, 사형) 대신 선전상(괴벨스)을 따랐던 소령(베를린 경비연대장 레머)은 지금 군인의 충성을 떠들어대고 있다. 그는 전쟁을 지연시키는 데 힘을 보탬으로써 수천의 전우를 죽음

으로 내몰았던 망동을 자랑스럽게 여기고, 스스로는 히틀러의 장군이 되었으며, 전후 독일에서는 당 지도자가 되었다. (중략) 이대로라면 7월 20일 사건의 생존자들은 반독재 봉기 후 10년도 채 지나기 전에 외국으로 이주해서 살아가야 할 것이다.

이 기사는 극우를 대표하는, 그중에서도 글 속에 등장하는 오토 레머 (Otto-Ernst Remer, 1912~1997)[13]가 공동 창립자인 독일사회주의국가당(SRPD)의 동정을 전하는 내용이다. 레머는 히틀러가 2계급이나 특진을 시켜 나중에 소장으로까지 진급했던 인물로, 패전과 함께 도망쳤다가 미국에게 붙잡혀 1947년까지 전범수용소에 수감되어 있었다. 석방 후에는 석공으로 생활하며 극우운동에 뛰어들어 7월 20일 사건의 "진압자"로 명성을 얻어 신봉자들을 끌어 모았다. 레머를 간판으로 내세운 SPRD는 1950년대 이후 짧은 시간에 급격하게 지지를 얻어 세력을 확대했다. 이 정당의 지지기반은 니더작센 주 브라운슈바이크이었는데, 묘하게도 이곳은 7월 20일 지원기관의 소재지이기도 했다.

이 지역은 전통적으로 나치당을 지지하는 곳으로 알려져 있는데, SPRD는 1951년 5월 주 선거에서 11퍼센트 득표로 16명의 의원을 배

---

13 7월 20일 사건 당시 히틀러 암살 쪽에 가담하였으나 히틀러가 살아 있다는 것을 알고 슈타우펜베르크를 포함한 주동자들을 체포하였다. 그 보상으로 2계급 특진으로 대령이 되었고, 서른두 살의 나이에 소장까지 올랐다. 전형적인 배신자다. 종전 후 네오파시즘의 원조격이라고 할 수 있는 독일사회주의국가당(SRPD)을 창당하였으나 1952년 위헌 판결을 받고 해산당하였다. 이후 본문에 나온 것처럼 7월 20일 사건 관련자들에 대한 명예훼손죄로 형사고발 되어 징역형을 선고받자 이집트로 도피하였다가 1980년 독일로 돌아와 동서독 통일과 나토군 추방, 네오나치 운동에 나서는 등 정치일선에서 활동하였다. 그러나 인종 증오를 선동하는 간행물을 출판한 혐의로 다시 징역형을 선고받자 1994년 스페인으로 도피하였다가 그곳에서 '수배자' 신분 상태로 사망했다.

출하여 주 의회에서 네 번째로 의석이 많은 정당이 되었다. 당원수도 니더작센 주를 중심으로 1만 명에 달했다. 선거전에서는 나치 저항자들을 "국가반역자"로 매도했을 뿐 아니라 홀로코스트를 정당화하였으며, 기본법 체제에 대해서도 공공연하게 비판하였다. 이에 연방정부는 1951년 2월 27일 정부 결정으로 SPRD를, 소련 모델을 내걸고 정권 타도를 주장하는 독일공산당(KPD)과 함께 "헌법에 적대되는 존재"라고 선고하였다. 정부의 조치는 단지 선고로만 그치지 않았다. 이유는 서방 국가의 일원이 된 서독의 이미지가 현저하게 훼손되는 사태가 벌어졌기 때문이다.

1949년 10월, 7월 20일 사건 지원기관을 후원해왔던 미국의 '독일 레지스탕스 생존자 원조위원회'의 멤버였으며, 과거 정전 교섭의 상대였던 앨런 덜레스를 통해 다음과 같은 소식이 전해졌다. 미국에서 의연금과 물자를 모집하는 활동이 곤란해졌으며, 그렇게 된 특별한 이유는 "신문이나 라디오에서 7월 20일 사건 관련자를 비방하는 두세 정당을 비롯해 레머 같은 유명인사의 행동" 때문이라는 것이었다. 또 11월 말에는 프레야 몰트케가 미국 강연 여행에서 "(미국인들이) 독일인에게 노골적인 반감(반나치 운동 같은 건 알지도 못할 뿐더러 싫어한다는)을 드러냈을 뿐 아니라 힐난조의 말을 쏟아냈다"는 경험을 이야기했다.

패전 후 로제마리가 경험한 '독일인=나치'라는 시각은, 극우세력의 약진으로 서방측 여러 국가의 균열을 심화시켰으며, 대독관 역시 한층 더 악화시켰다. 그러자 사태의 심각성을 깨달은 미국 고등판무관 (시정권을 가진) 존 맥클로이(John Jay McCloy, 1895~1989)가 나섰다. 그의 요청에 따라 총리 아데나워는 의회를 움직였고, 마침내 1952년 10월 연방헌법재판소의 위

헌판결에 따라 SPRD에 정당 해산명령이 내려졌다. [14]

병든 사법계와 프리츠 바우어 검사장

문제는 극우세력의 언동을 어떻게 할 것인가였다. 여기에 대해 이미 언론에서 화제가 된 '헤들러 재판'이라는 사례가 있다. 전 나치당원이자 2차 대전에 장교로 참전했던 헤들러(Wolfgang Hedler, 1899~1986)는 보수적인 지역정당인 독일당(Deutsche Partei, DP) 소속으로 연방의회 의원에 선출된 인물이었다. 그는 1949년 11월 말 슐레스비히홀슈타인 주의 아인펠트에서 열린 집회에서 "독일의 패전은 저항운동을 벌인 자들의 배신과 사보타지 때문"이었다고 하거나 "유대인 가스 학살에 대해서는 다른 방법이 있었는지 모르겠다"고 공공연하게 발언하였다. 이에 슈텔처 등은 "사자에 대한 비방과 명예훼손" 혐의로 헤들러를 고발했다. 하지만 이듬해인 1950년 1월 말에 열린 재판에서 헤들러는 증거불충분으로 무죄판결을 받았다. 이때 재판을 맡았던 세 판사는 헤들러와 오랜 친구였을 뿐 아니라 전 나치당원이었다. [15]

14   해산시킨 근거는 다음과 같다. 1. 그 목적이 민주주의 본질적 내용을 이루는 복수정당제의 부인 2. 당내 조직과 그 운영이 민주주의에 반하는 지도자 원리에 기초 3. 당원의 활동이 인간의 존엄과 가치를 비롯하여 그 밖의 기본권 경시

15   1950년 1월 31일에 시작된 이 재판에서 헤들러는 무죄판결을 받고 2월 15일 석방되었지만 독일 사회 전반에 분노의 물결을 일으켰다. 3월 10일 그는 연방의회에 출석했지만 하원의장은 그의 회의 참석을 금지시켰다. 1951년 7월에 열린 항소심에서 헤들러는 징역 9개월을 선고받고 항소했지만 기각당했다.

1950년대 서독에서는 나치 범죄와 전쟁범죄자를 관대하게 무죄판결하는 경우가 많았는데, 이는 나치 시기의 색깔이 짙게 남아 있던 사법계가 채 정화되지 않았기 때문이다. 실제로 1950년 서독 전체에 1만 5천 명의 판사와 검사가 있었는데, 이들 중 판사 66퍼센트, 검사 75퍼센트는 전 나치당원이었다. 그랬기 때문에 사법계 자체가 저항운동을 비방·중상하는 것에 대한 판단, 그리고 운동의 합법성과 정당성을 획득하는 데에 커다란 장애가 될 수밖에 없었다. 게다가 전후 독일에는 시민의 권리와 자유를 존중하는 태도나 분위기가 미약했다. 그럼에도 불구하고 반나치 저항 문제를 정면에서 돌파해나간 인물이 있었다. 바로 프리츠 바우어였다. 검사로서의 그의 활약상은 다음 이력을 살펴보면 충분히 납득할 수 있을 것이다.

　　1903년 슈투트가르트에서 유대인 방적상의 아들로 태어났다. 그가 공부한 김나지움의 후배 중에는 게르스텐마이어(3년)와 슈타우펜베르크 대령(4년)이 있다. 하이델베르크 대학에서 학위를 받은 후 지난 30년 간 같은 지역의 법원에 독일 최연소 판사로 부임하였으며, 바이마르 체제의 지지자로 사민당(SPD)의 쿠르트 슈마허와 친교를 맺었다.

　　1933년 4월, 나치가 권력을 장악한 후 슈투트가르트 지역에서 나치에 대한 총파업을 조직하려 했으나 실패하고 슈마허와 함께 강제수용소로 이송되었다. 11월에 수용소에서 석방되었지만 1935년 인종법 제정을 계기로 가족과 함께 덴마크와 스웨덴으로 장기 망명을 떠나 난민 생활을 해야 했다. 망명 중이던 1943년, 훗날 연방의원과 서베를린 시장을 지내고 서독 총리에 오른 빌리 브란트를 만나 북구 지역 반나치 조직의 멤버

로 활동하였다. 슈텔처를 통해 7월 20일 사건을 인지하였다. 1944년 스

톡홀름에서 『법정에 선 전쟁범죄자(*Die Kriegsverbrecher vor Gericht*)』를 간

행하였다.(1945년 10월 독일어판을 스위스에서 출판)

1949년 4월 서독으로 귀국. 슈마허와 브란트의 도움으로 같은 해 4월 12

일 영국 군정 하의 니더작센 주 법무부로부터 브라운슈바이크 지방법원

장에 임명되었으며, 1950년 8월에는 같은 지역의 상급 검사장으로 전출

되었다. 1952년에는 레머 재판을 담당[16]하였고, 1956년부터 1968년까지

는 헤센 주 프랑크푸르트 지방검사장이 되었다.

1958년 12월 슈투트가르트 근교 루트비히스부르크에 세워진 나치 범죄

추적센터[17] 설립을 주도하였고, 1960년에는 아이히만의 도피처를 특정

하고 소추를 요청했으나 기각당하자 그 정보를 이스라엘 정보기관인 모

사드에 제공하였다. 그 정보에 따라 아이히만은 체포되었고, 이듬해 세

기의 재판이 열리게 되었다. 1963년부터 1965년까지 아우슈비츠 재판[18]

---

16 바우어 검사는 이 재판을 통해 법원으로 하여금 다음과 같이 자기 역사에 대한 총체적
    고백을 하도록 유도하였다. "나치국가는 법치국가가 아니라 독일 국민의 행복에 기여하지
    않았던 불법국가였다. … 제국의사당 방화사건에서 시작하여 … 수정의 밤을 거치며 독일
    국민이 감수해야만 했던 모든 것이 소스라치게 하는 불법이다."

17 정식 명칭은 Zentrale Stelle der Landesjustizverwaltungen zur Aufklärung national-
    sozialistischer Verbrechen이다. 우리말로 옮기면 '나치 범죄 수사를 위한 법무부 중앙
    사무소'이다. 이 사무소는 현재도 운영되고 있다.

18 바우어의 기소는 독일 내에서 폭넓은 관심을 끌었다. 무엇보다 그의 기소는 1930~40년대의
    독일인이 나치 시대에 무슨 일을 했는지 1960년대의 독일인에게 폭로하는 행위였다. 1963년
    12월 20일부터 1965년 8월 19일까지 열린 재판에서 홀로코스트에서 중하급 공무원으로
    가담한 22명의 피고인을 기소하였다. 또 아우슈비츠와 그 하위 수용소에서 복무한 약 8천
    200명의 생존 SS 요원 중 789명이 재판을 받았으며, 그중 750명은 형을 선고받았다. 이
    재판은 연합국이 아닌 독일인 스스로, 독일인에 대하여 나치범죄를 처벌하기 시작한 놀라운
    사건이었으며, 이후 독일은 나치 범죄를 처벌하기 위하여 살인죄(모살죄)의 공소시효를
    연장하다 끝내는 폐지하기에 이르렀다.

히틀러에 저항한 사람들

을 지휘하였다. 1968년 7월 자택에서 운명하였다.(『프리츠 바우어』)

    그의 경력에서 알 수 있듯이 바우어의 생애는 오로지 나치즘과의 투쟁으로 점철되어 있다. 그는 나치 범죄 추적에 인생을 걸었다. 처음으로 맡았던 중요한 업무는 '레머 재판'(1952년 3월 7~15일)이었다. 이 재판을 통해 7월 20일 사건의 의의와 사건 관련자들의 명예회복이 법적으로 이루어지게 되었다. 다음은 그 자신이 반나치 저항의 망명 시민이었던 검사장 바우어에 초점을 맞춰 서술해보도록 하자.

레머 재판
– 명예회복의 시작

03

레머 재판 개요

사건의 발단은 다음과 같다.

1951년 5월 3일, 니더작센 주 선거 연설회에서 레머는 청중 1천 명을 앞에 두고 다음과 같이 발언했다.

> 자랑은 아니지만, 저에게는 베를린 봉기를 실패하게 만든 역사적 공헌을
> 약간이나마 했다는 자부심이 있습니다. 7월 20일 사건 패거리들은 지금
> 높은 연금을 받고 있을 것입니다. 제가 행동하지 않았다면 봉기로 인해
> 보충병들이 잔혹하게 사살되고, 죄 없는 많은 독일 병사들이 목숨을 잃
> 었을 것입니다. 반역죄를 저지르려 했던 자들에게는 분명히 국가반역죄

라는 문제가 남아 있습니다. 이렇게 반역을 꾀한 자들 중 상당수는 외국으로부터 돈을 받았던 매국노들입니다. 그 패거리는 언젠가 독일 법정에서 해명해야 할 것입니다.

그렇지만 실제로 법정에 선 것은 레머였다. 그는 존중받아 마땅한 사자를 중상하고 관계자를 비방했다는 명예훼손죄로 심문을 받았다. 그리고 9월 말에는 내무장관 레어가 개인 자격으로 레머를 고발하기에 이르렀다. 하지만 브라운슈바이크 지역의 수석검사는 1947년에 복직한 전 나치 돌격대 소대장 출신으로, 처음부터 소송에 소극적이었을 뿐 아니라 '헤들러 재판'의 전례를 방패삼아 소송 자체를 아예 거부해버렸다.[19] 때문에 상급심의 바우어가 하급심의 검사를 지휘해서 소송 절차를 이행해야 하는 이례적인 상황이 발생하게 되었다. 바우어는 서독 사법계가 "병들어 있다"고 뼈저리게 느끼고 있었기 때문에 소송 준비에 만전을 기했고, 특히 전문가로 이루어진 감정인 선정에 심혈을 기울였다. 이 재판은 일반적인 명예훼손 소송을 넘어 독일 사법부가 7월 20일 사건을 어떻게 판단하는가 하는 중대한 문제였기 때문이다.

애당초 바우어는 7월 20일 사건은 독일 사회의 엘리트들이 계획·실행한 것이었다 하더라도 나치 체제 하에서 일어난 반나치 저항운동은 총체적으로 지위나 주의를 넘어 이름 없는 보통 사람들이 목숨 걸고 참여한 것이라는 인식을 가지고 있었다. 때문에 그의 머릿속에는 공산주의의 스

---

19 이 소송을 거부한 검사의 이름을 여기에 기록해둔다. 에리히 토프(Erich Günther Topf, 1904~1983). 그는 독일 전후 공안검사로 악명을 떨쳤다.

파이라는 나치 시기의 이미지가 그대로 남아 있어서 터부시 된 로테 카펠레 사람들도 저항운동의 참여자로 선명하게 각인되어 있었다. 소송 절차를 준비하고 있던 12월 무렵에는, 로테 카펠레의 멤버로 처형된 아르비트 하르나크의 유족 안나 폰 하르나크가 고소인으로 나서 주지 않을까 하는 희망을 품기도 하였다. 그렇지만 반공의 최전선이라는 분단국가의 현실 앞에서 그의 바람은 이루어질 수 없었다.

재판장은 전 나치 당원 출신으로 1943년부터 1950년까지 소련군 포로로 시베리아에서 가혹한 억류 생활을 했던 지방법원장 요아힘 헤페(Joachim Heppe)였다. 그는 자유독일국민위원회 참가를 거부했기 때문에 귀환도 늦어졌다. 따라서 그가 소련 공산주의에 대한 씻을 수 없는 불신감을 갖고 있었다 해도 전혀 이상하지 않은 일이었다. 바우어로서는 법정 전술상 로테 카펠레 그룹을 소송 대상에서 제외할 수밖에 없었다.

고소인은 내무장관 레어 외에 마리온 요르크(배심법원장), 안네도레 레버(시의회 의원) 등 유족 네 명이었다. 유족 여성들은 자진해서 진술에 나섰다. 또 원고 측 증인으로 유족 네 명을 포함한 한스 루카섹과 우베 얀센(Uwe Jessen) 등 19명, 여기에 사건 관련자도 가세했다. 피고 레머의 변호인은 과거 나치 사법부의 간부였던 노악(Erwin Noack)과 베아게(Josef Wehage) 두 사람, 변호인 측 증인은 사면을 받고 보석 중이던 전 인민법정 검사장 라우츠(Ernst Lautz), 전범형무소 복역 중인 군 고관 두 명이었다. (라우츠 외에 두 사람은 지각해서 증언을 하지 못했다.)

공판 이전부터 각 신문 1면에 '7월 20일 사건의 사법적 판단에 부쳐'라는 제목의 기사가 실릴 만큼 레머 재판은 큰 주목을 불러모았다. 1952년 3월 7일부터 시작된 이 공판을 방청한 국내외 언론인은 60명을 넘었다.

히틀러에 저항한 사람들

거짓을 불사르는 증언과 감정

7월 20일 사건의 쟁점은, 나치 체제에 대한 저항이 과연 프라이슬러의 인민법정에서 단죄해야 할 국가의 역적, 국가반역을 저지른 범죄인가 하는 것이었다. 그래서 바우어는 신중한 증언과 전문가의 감정의견을 철저하게 준비했다. 국가반역으로 보는 입장은 극우일 뿐 아니라 앞서 소개한 여론조사에서도 알 수 있듯이 국민 사이에도 그 뿌리가 깊었다.

변호인 측에서 내세운 주장의 골자도 "히틀러에 대한 선서를 지키지 않고 전시 하에서 이적 행위를 한 것은, 국가 반역"이라는 것이었다. 우선 원고의 주장을 살펴보자.

원고인 사법관 시보 알렉산더 하제(Alexander von Hase, 베를린 방위사령관 하제의 아들)는 이렇게 증언했다.

> 아버지는 그리스도교적·윤리적인 동기에서, 그리고 군인으로서 마땅히 그렇게 해야 한다는 동기에서 저항자와 힘을 합해 독일 국민을 돌이킬 수 없는 파멸로부터 지키려 하였습니다.

요르크의 아내 마리온은 이렇게 진술했다.

> 남편은 전쟁을 끝내지 않으면 안 된다고 생각했습니다.

다음은 루카섹의 증언.

상세한 계획은 알지 못했지만, 슈타우펜베르크 백작은 저에게 "군사적 상황은 완전히 절망적이다. 이제 남아 있는 것은 그리스도교적 책임에 따라 폭군을 시해하는 것밖에 없다"고 했습니다.

재판 기록에서 안네도레 레버의 증언 내용을 알 수는 없지만, 앞의 세 사람과 마찬가지로 '윤리적 동기에서 조국을 파멸에서 구하기 위해 행동했다'는 사실을 강조했을 것이다.

이런 증언에 대해 전문가의 입장에서 판단을 내리는 것이 감정의견이다. 역사가 슈람(Percy Ernst Schramm, 감정인은 모두 괴팅겐대 교수)에 따르면, "패전은 1944년 무렵에 이미 확실해졌을 뿐 아니라 사보타지나 배반이 파국을 앞당겼다고 할 수 없으며, 어떻게 했더라도 전황을 바꿀 수는 없었다"고 언급했다.

저항자들의 각종 문서와 편지를 비롯해 꼼꼼하게 청취조사를 한 역사학자로서 국제법 분야의 자문을 맡은 세라핌(Hans-Günther Seraphim, 1903~1992)의 의견에 따르면, "그들에게는 내부에서부터 독일을 법치국가로 전환시켜 사람들을 윤리적으로 각성토록 하겠다는 강력한 바람이 있었으며, 또한 독일 국민 모두가 나치즘에 굴복하지 않는 '또 하나의 독일을 위한 봉화'를 올리려 했다"고 언급했다. 게다가 세라핌은 '7월 20일 당시 (쿠데타를 저지했다는) 레머의 역할'을 시계열에 따른 분석을 통해 레머가 밤 11시에 달려갔을 때 사건은 이미 실패로 돌아갔으며, 따라서 그가 자랑스럽게 내세웠던 사건 진압의 공적이 실제로는 없었다는 사실을 증명하였다. 그로 인해 '레머의 영웅신화'는 재판을 방청하는 그의 신봉자들 앞에서 여지없이 무너져 내렸다.

앙겔마이어(Rupert Angermair, 1899~1966)는 윤리학의 입장에서 '히틀러에 대한 선서'에 대해 이렇게 보고하고 있다. "원래 선서의 기본에는 인간의 인의에 바탕을 둔 유대가 있다. 그 본질은 양심과 관련된 것으로, 윤리적으로 허용할 수 있는 조건과 분리된 '절대적 선서'는 결코 있을 수 없

피고인석의 "범죄자" 오토 레머(1952)

다. 그렇지만 히틀러에 대한 선서는 선악의 판단에 대한 모든 질문과 의문을 배제하고 오로지 한 사람의 인간에게만 추종할 것을 요구한다. 7월 20일 사건 관련자는 이러한 선서를 거부하고 히틀러 자신도 서약했을 '독일 국민의 공익'이라는 규범을 따랐다. 때문에 자신들의 거사, 즉 7월 20일 사건은 배신이 아니라 책임의식에 따른 정당한 행동이었다."

이반트(Hans Joachim Iwand, 1899~1960)는 복음파 신학의 관점에서 앙겔마이어의 보고를 보강했다. 그들이 선서를 지키지 않은 것은 살인자 정부가 아닌 하느님에게 복종해야 한다는 '그리스도인으로서 정치적 책임'에서 나온 행동이었다는 것이다.

감정인들의 감정의견에 대해 변호인 측은 "개인적 견해"에 불과하다며 반론을 펼쳐나갔다. 요지는 이렇다. 이른바 전권위임법은 독일 의회 전체의 의결을 통해 제정된 것이며, 또 양심이 강조된다면 개인은 현행법으로 구속되지 않을 것이며, 또 국가에 대한 반역이 정당화된다면 국

가의 제도는 그 기초부터 부정당해서 공산주의에 대한 방어도 부당한 일이 될 것이다, 운운. 이런 변론에 대해 이반트 교수는 이렇게 일갈한다.

> 쿠데타 계획이 정당화되는 것은, 국가가 (나치들에 의해) 야수적인 생각으로 지배당하고 있었기 때문이다.

한편 피고석의 레머는 최종 심문에서도 총선거 집회에서 자신이 했던, 즉 재판의 발단이 되었던 발언을 조금도 철회하지 않았다. 그는 자신의 발언이 명예훼손에 해당한다는 사실을 이해하려 하지 않았다.

결론 - 저항은 정당하다

방청석은 연일 초만원을 이뤘다. 공판의 모든 과정이 낱낱이 보도되는 가운데 나흘째 이어진 심리의 마지막 날인 3월 11일, 마침내 바우어의 논고가 있었다. 그는 사건에 관한 보도가 권위와 권력을 추종하는 독일 인들이 각성하는 계기가 되기를 바랐다. 아울러 국민들에게는 이 재판이 학습의 장이 되기도 바랐다. 사실 그에게 레머에 대한 처벌은 부차적인 것이었다. 실제로 그에 대한 판단은 재판 시작 때부터 판사들에게 주어진 몫이라고 생각했다.

바우어의 논고는 한 시간 동안 이어졌다. 다음날 신문은 그의 논고를 대대적으로 보도했고, 큰 반향을 불러일으켰다. 그의 논고는 감정의견을 근거로 한 총괄적인 내용이었다. 중요한 부분과 필요에 따라 요약한 부분은 다음과 같다.

우선 그는 쟁점인 국가반역죄의 성립 여부에 대해 1944년의 국가반역 규정을 열거하면서 레머의 주장을 논파해나간다.

1944년 당시 타당했던 형법 제88조에서는 국가 존립을 위기에 빠뜨리는 자, 제91조 제1항에서는 외국 정부와 관계해서 국가에 중대한 손해를 끼치려는 자, 제2항에서는 전시 중 적국을 이롭게 하기 위해 이적행위를 하려는 자를, 국가반역자로 사형에 처한다고 되어 있다. 그렇지만 저항자들은 조국을 위한 신성한 의도를 가지고 행동했다. 실제로 슈타우펜베르크는 "거룩한 독일이여 영원하라!" 하고 외치며 죽음을 맞았다. 사실 7월 20일 시점에 패전은 결정적이었다. 이날 독일 국민은 히틀러 정부에 완전히 배신당한 것이며, 완전히 배신당한 국민이 이제 와서 반역자가 될 수는 없는 것이다. 패전이 독일에 최악의 사태를 초래할 것이라는 인식이 베크와 괴르델러가 가진 (향후 독일의 미래를 위한) 구상 전체의 출발점이었다. 그들은 패전할 것이라는 사실을 알고 있었다. 왜냐하면 전 세계를 적으로 돌렸기 때문이다. 전쟁을 회피하고 전쟁을 조기에 종결시키려 한 것은, 독일인 동포의 생명을 구하는 일이었을 뿐 아니라 전 세계가 독일에 대해 품고 있는 부정적인 평가를 바꾸려 한 것이다.

바우어는 히틀러 지배의 정당성 여부에 대해 언급했다. 반역죄가 성립하기 위해서는 '합법적 체제'가 전제되어야 하기 때문이다.

제3제국은 그 형성에서부터 보면, 권력을 불법적으로 손아귀에 넣은 합법

성이 결여된 권력이었다. 그 권력을 정당화한 수권법은 의회 득표의 3분의 2가 필요했지만 위헌적 수단을 동원하여 공산당 의석을 무효로 선언함으로써 그런 잘못된 결정이 가능해졌던 것이다. 게다가 1943년에는 실효되어야 했지만 총통 명령으로 연장되었다. 사실 히틀러에겐 그럴 권한이 없었다. 히틀러와 그 정부는 법적 근거도 없이 독일에 존재했던 것이다.

이런 논리적 귀결에 따른다면 결국 반역죄는 성립하지 않는다는 결론에 다다른다. 바우어는 다시 이렇게 강조한다.

나치 독일은 기본권을 배제하고 매일 1만 명 단위의 살인을 저지른 '불법국가'였다. 이 불법국가에 대한 '형법 제53조의 정당방위의 권리'는 누구에게나 있는 것이다. 그리고 위험에 처한 유대인들에게 긴급원조를 할 권리 역시 마찬가지였으며, 그 덕분에 모든 저항이 합법적인 것이다. 불법국가에 저항할 권리, 즉 '저항권'은 인간에게 주어져 있다.

독자들은 '저항권'이라는 말이 다소 낯설지도 모르겠다. 하지만 유럽의 경우, 프랑스 혁명 등 시민혁명의 과정에서 일반 시민의 행동이 정당화된 것이 바로 이 권리 때문이다.

바우어는 7월 20일 사건에 대해서도, "이 사건은 갑작스럽게 일어난 것이 아니라 법제사에 근거를 두고 있으며, 즉 중세 독일에서 널리 사용된 『작센 법전』(1225)의 저항권에까지 거슬러올라간다"고 설명한다. 그는 '국민과 인간이 가진 저항권의 최고 표현'으로서 시인 프리드리히 실러(Friedrich Schiller, 1759~1805)의 희곡 「빌헬름 텔(Wilhelm Tell)」[20]에서 '뤼틀리의

헤센 주 검사장 시절의 프리츠 바우어(1964)

맹약 장면'을 낭독한다.

> 아니오, 폭군의 힘은 한계가 있소.
>
> 억압받은 자가 아무데서도 정의를 찾아내지 못하면,
>
> 짐을 견딜 수 없게 되면 그는 확고한 용기를 가지고
>
> 하늘로 손을 뻗어 올려
>
> 저 하늘의 별들처럼 양도할 수도
>
> 파괴할 수도 없이 걸려 있는
>
> 영원한 권리를 끌어내리는 것이오.

20 실러의 생애 마지막 희곡이자 최대의 걸작. 1804년 초연된 이래, 전 세계에서 사랑받는
    애국적인 극작품이다. 명사수 빌헬름 텔을 주인공으로 하지만, 이 희곡은 한 사람의
    영웅에 대한 이야기가 아니라 압제자에 맞서 끝내 혁명에 성공하는 자유를 향한 민중들의
    투쟁기이다.

바우어는 다음과 같이 자신의 논고를 끝맺고 있다.

슈타우펜베르크는 내가 과거에 공부했던 슈투트가르트 인문주의 김나
지움의 동창(4년 후배)이었다. 그곳 학생들에게는 실러의 전통을 지켜나
가는 전통이 있어서 '뤼틀리의 맹약장면'을 공연해왔다. 훗날 슈타우펜베
르크가 7월 20일 사건의 동지들과 거사를 일으킨 것은, 옛사람들이 가
르쳐주었던 '훌륭하고 오랜 독일의 권리'를 가슴에 새겼기 때문이다.

준엄한 심판

재판장 헤페는 나치 지배체제에 대한 시비를 가리는 논고를 정면으로 거
부했다. 바우어는 헤페에게 "악몽 같았던 시베리아에 대한 기억에서 비롯
된 차가운 마음이 아니라 자유의 투사를 위한 온정이 가득한 판결을 내려
달라"고 요청했다. 비공개 판사와 참심원[21]의 심리가 사흘 동안 이어졌다.
   3월 15일 판결이 내려졌다. 레머에게 3개월의 금고형이 선고되었다.
판결 이유는 장문이지만 요지는 다음과 같다.

7월 20일 행동에서 국가반역 조항을 적용할 근거는 찾을 수 없다. 확인
할 수 있는 것은, 조국애와 개인을 버린 자기희생 정신에 따라 국가와 국

---

21   독일에서는 참심제를 채택하고 있는데, 형사재판에서 일반 시민 중에서 발탁된 참심원과
     직업 판사가 함께 평의를 실시해 사실인정 및 양형판단을 하는 제도다.

민을 구하려 했다는 것이다. 그들의 행동은 윤리적이었다. 따라서 국가에 대한 배신이라는 비방과 중상은 허용되지 않는다. 그 근거가 되는 것은, 나치 국가의 '실태'가 애당초 법치국가가 아닌 '불법국가'였으며, 게다가 7월 20일 시점에서 전황은 이미 '배신' 운운 하는 사태를 넘어서고 있었다는 것이다. 따라서 **7월 20일 저항자들의 행동은 정당하다.**

바우어가 제기한 저항권 문제가 정치·사법계에서 논의된 것은 1960년대 들어서였기 때문에 당장 레머 재판 시점에서는 판결 이유에서도 언급되지 않고 있다. 그러나 전후 독일의 사법계에서 "불법국가"라는 용어를 사용해서 7월 20일 사건을 정당화한 최초의 판결이 이 재판에서 나왔다. 레머 측은 판결 결과에 승복하지 않고 상고했지만, 1952년 12월 11일 연방법원에서 기각 결정을 내림으로써 판결은 확정되었다.

브라운슈바이크 지방법원의 판결에 대한 미디어의 반향은 컸을 뿐 아니라 긍정적으로 받아들여졌다. 이는 반나치 저항운동이 국민들에게 인지되는 긴 여정의 첫걸음이었으며, 그동안 힘겹게 싸워왔던 사건 관련자들의 노력에 대한 최소한의 보답이었다.

유족들에 의한 추모

1심 판결 후 4개월이 지난 7월 20일, 슈타우펜베르크들이 나치들에게 목숨을 빼앗긴 서베를린 벤들러 블록의 정원에서, 사건 당시 처형당한 올브리히트 장군의 미망인을 비롯한 유족들의 주도로 추모비 건립 정초식

7월 20일 사건 10주년 기념식에 참석한 헤르만 엘러스 연방의회 의장,
테오도어 호이스 대통령, 콘라트 아데나워 총리, 발터 슈라이버 베를린 시장(사진 왼쪽부터, 1954)

이 열렸다. 이 자리에는 시장 에른스트 로이터(Ernst Reuter, 1889~1953, 1946년
망명지였던 터키에서 귀국, 사민당)도 참석했다. 장소를 이 정원으로 정한 것은
사건 현장이었기 때문만은 아니었다. 이 정원과 플뢰첸제 형무소는 나치
정권에게 장의와 묘소 등을 모두 거부당했던 유족들이 유일하게 고인들
을 기리며 추모하고, 서로 교류할 수 있었던 장소였다. 그래서 1940년대
말부터는 자연스럽게 유족들이 공유하는 추모의 장이 되었다. 이곳에는
그런 사정이 있었던 것이다.

이 정초식은 7월 20일 사건을 추모하는 공적 행사의 시작이었다. 이듬
해인 1953년 7월 20일에는 양손이 묶인(자유를 빼앗긴) 청년 브론즈상의 제
막식이 열렸고, 이후 매년 7월 20일은 추모의 날로 정례화 되었다. 사건
10주년이었던 1954년 7월 20일에는 호이스 대통령이, 그리고 다음날인
21일에는 아데나워 총리의 추모 연설이 있었으며, 벤들러 거리는 슈타
우펜베르크 거리로 명명되었다. 율리우스 레버의 아내 안네도레는 매년

　　　　　　　　　　　　히틀러에 저항한 사람들

플뢰첸제에서 열린 로테 카펠레 처형 25주년 추모식에서 연설하는 포엘하우(1967. 12. 22).
앞줄에서 검은색 모자를 쓴 여성이 그레타 쿠코프다.

추모식에 다소 '설레는 마음'으로 참석했다고 딸 카타리나는 말했다.

한편 서베를린에 살았던 포엘하우 목사는 7월 20일 사건 관련자만이
아니라 로테 카펠레 관련자도 평가받아야 한다고 주장했다. 그는 플뢰첸
제에서 열린 로테 카펠레 처형 20주년 추모식(1962년 12월 22일)에 당시 동베
를린에 살고 있던 사건 생존자 그레타 쿠코프(Greta Kuckhoff, 1902~1981)[25]를
초대했다. 이미 분단국가의 상징이 된 베를린 장벽이 건설된 뒤의 일이
었다. 그렇지만 포엘하우에게는 이데올로기의 벽을 넘어, 그들이 용기를
가지고 사선을 넘나들며 히틀러 독재체제에 저항했다는 사실이 무엇보
다 중요했기 때문에 이념의 장벽은 아무런 문제가 되지 않았다.

25   로테 카펠레 멤버 중 한 사람으로 남편이었던 작가 아담 쿠코프(1942년 플뢰첸제에서 처형)와
      함께 반나치 저항운동을 활발하게 펼쳤다. 미국과 영국에서 유학하였으며, 1939년에
      히틀러의 『나의 투쟁』을 영역하여 서구 세계에 히틀러의 실체를 폭로하였다. 본회퍼 목사를
      비롯하여 크라이자우 서클 등 다양한 저항그룹과 교류하며 연대했다. 1942년 게슈타포에
      체포되어 10년 형을 선고받고 복역 중에 해방되었다.

맺음말

지금까지 히틀러 독일 대신 '또 하나의 독일'을 지향했던 사람들을 다섯 개 장에 걸쳐 살펴보았다. 반나치 운동에 참여했던 사람들은 꽤나 다양했다. 무명의 남녀 소시민에서부터 상류층 시민까지 각계각층의 사람들이 반나치 운동에 참여했다. 이 책에서 주목한 것은, 그중에서도 기존 조직에 속해 있지 않으면서 또 배후에는 아무런 방패막이도 없는 사람들이 어떻게 생각하고 행동했는가 하는 것이었다. 그들을 버티게 해준 것은, 스스로의 책임으로 결단을 내리고 위험한 일을 기꺼이 떠맡은 의지였다. 바로 "시민의 용기"였다. 그들은 각기 서 있는 곳에서 스스로의 행동으로 그 의지를 드러냈다. 이들이 가진 공통점은 나치즘에 대한 윤리적인 투쟁이었다는 것이다.

여기에서 꼭 언급해두고 싶은 것이 있다. 왜곡되었거나 혹은 그 존재조차 부정당한 로테 카펠레와 고독한 암살자 게오르크 엘저의 사건 이후에 대해서다. 반나치 저항운동에 대한 조사연구가 시작된 지 70년 가까이 지났지만 이들에 대해 주목하게 된 것은 21세기에 들어서면서부터였다. 로테 카펠레는 동서냉전의 영향으로 서독에서는 오랫동안 무시되었다. 반면 7월 20일 사건의 경우, 공인되었다고 하더라도 서독의 재군비 과정에서 탄생한 연방군의 규범이 되면서 군인 슈타우펜베르크들도 '이상화' 되었다. 그리하여 서독 건국의 주춧돌로까지 과도하게 정치적으로 해석되었다.

이런 일방적인 사태를 바로잡을 수 있는 계기가 있었다. 사회민주당 출신 빌리 브란트 총리의 동방정책으로 동서 대화가 이루어진 1970년대 이후, 저항운동 연구에 대한 다면적인 검증작업이 가능해졌기 때문이다. 세대교체가 이루어진 '7월 20일 사건 지원기관'을 바탕으로 조직된 '7월 20일 사건 연구회'가 역사학계, 그중에서도 뮌헨의 '현대사연구소'와 연대해서 이 작업의 중심을 이루었다. 이런 과정을 통해 로테 카펠레 그룹을 소련의 스파이 조직이라고 규정했던 오류를 바로잡을 수 있었다. 그리고 1990년대 이후에는 이 그룹에 관한 동독 측 자료의 열람이 가능해지면서 그 이해의 폭도 더욱 넓어졌다. 4년간에 걸친 그룹 생존자 및 스무 명 이상의 유족 대상 청취 조사를 토대로 이루어진 연구(2000)는 다음과 같은 결론을 내리고 있다.

"이 그룹은 모스크바의 지령을 받는 스파이 조직도 아니었고, 또 공산주의자들의 저항조직도 아니었다. 이들은 자유와 보다 나은 생활환경을 바라면서 히틀러 타도를 내걸었던 각계각층의 국민들이 결합한 용기 있는 사람들의 느슨한 풀뿌리 조직이었다. 이 그룹을 스파이 조직으로 본 것은, 이데올로기 과잉의 사고에서 나온 오류이다."

오늘날 역사교과서도 이 그룹을 백장미 그룹과 동렬에 놓고 기술하고 있다.

문제는 뮌헨의 맥주홀 뷔르거브레우켈러 폭파범 게오르크 엘저다. 그는 나치 지도부가 최종 승리 후 이용하려 했던 정치적 도구였다. 그가 했던 행동의 진실은 은폐되었고, 사후에도 계속 단순한 폭파범으로 남아 있었다. 게다가 저명한 복음파 교회의 지도자였던 마르틴 니묄러의 소문에 따른 발언("엘저는 나치 친위대 소속의 하급분대지도자Unterscharführer였으며 히틀러와 하인리히 힘러의 하수인이라고 들었다."[27])이 퍼지면서 그 내용이 학술지에까지 인용되었다. 사건 후에는 연대책임을 물어 엘저의 부모와 여동생 부부, 동생은 구금되었고, 조카는 고아원으로 보내졌다. 또 그가 일했던 직장의 사업주는 징역형 처분을 받았다. 고향인 쾨니히스브론의 주민들도 철저한 조사와 심문을 받았다. 주민들은 이 사건으로 깊은 상처를 입었다. 사건은 작은 마을에 트라우마를 남겼다. 그리고 그의 이름은 금지어가 되었다. 종전 5년 후인 1950년 엘저의 사망 소식을 들은 어머니 마리아는, 자식이 나치의 스파이였다는 소문을 믿지 않은 채 1960년 쓸쓸히 눈을 감았다.

1970년 현대사연구소의 그루흐만에 의해 엘저에 대한 재심문 조서 발굴과 검증이 이루어졌다. 이를 통해 기존 역사가들의 시각을 완전히 뒤엎는 반나치 저항자로서의 엘저가 새롭게 부각된 것은 다분히 충격적이었다. 그렇지만 학문적으로 제시된 사실이었기 때문에 기존의 고정관념에 물들어 있던 사고가 곧바로 바뀔 수는 없었다. 그의 복권까지는 오랜

01   니묄러와 엘저는 다하우 강제수용소에 함께 수감되어 있었다.

시간이 걸렸다. 7월 20일 사건의 경우도 전후 초기라는 사정이 있었다 하더라도 국민 대중에게 받아들여져 인지되기까지는 25년 정도의 시간이 필요했다. 언론에서 캠페인을 벌이고, 역사교과서의 기술은 물론 전후 전국 각지에 설립된 정치교육센터에서 계몽활동을 벌인 끝에 이루어진 결실이었다. 그 반면 엘저의 경우에는 30년이 넘도록 범죄자로 낙인찍힌 채 살았던 한 소시민의 명예회복이었기 때문에 결코 쉽지 않았다. 게다가 고향의 거부반응도 있었다.

사실 엘저는 슈타우펜베르크 대령보다 네 살 위인데다 태어난 곳도 같은 남독일 슈바벤 지역으로, 대령이 태어난 예팅겐(Jettingen)과 엘저가 태어난 쾨니히스브론은 그다지 멀리 떨어져 있지 않다. 바깥에서 보면 동향이라고 할 만큼 가까운 곳이다. 슈타우펜베르크는 엘저 사건을 의식하지 않았다고 했지만 히틀러 폭살이라는 행동 면에서는 다를 바가 없었다. 아울러 두 사람 모두 전쟁의 진행을 저지하고, 양심의 갈등을 겪으면서도 최후의 수단으로 폭살을 선택했다. 그렇지만 한쪽은 연방군의 표상이 된 귀족 출신 엘리트 군인이고, 다른 한쪽은 어느 한순간 갑작스럽게 튀어나왔다고 할 수밖에 없는 목수 출신의 실업자 엘저였다. 그런 엘저에 대한 그 루흐만의 검증이 이루어진 1970년 이후 어떤 반응이 나타났을까.

당연한 일이지만 언론에서 재빨리 다루었고, 남독일방송에서는 엘저 사건을 다큐멘터리로 제작해 방송했다. 하지만 거의 반향이 일지 않았다. 오히려 빈발하는 극좌집단의 테러 대책이 관심을 끌던 70년대여서인지 사람들은 엘저 사건에 대해서는 입을 다물고 뒷걸음질 쳤다. 7월 20일 사건의 교양 있는 관련자와, 많이 배우지 못한 엘저를 동렬에 놓고 대한다는 것은 생각하기 힘든 일이었다.

프랑크발터 스타인마이어 독일 공화국 대통령은 엘저 기념관을 찾아
"그는 또한 우리를 부끄럽게 한다"며 추모했다.(2019)

　그렇지만 이런 사정을 반전시킨 일이 일어났다. 그 주역은 연방 총리 헬무트 콜(Helmut Josef Michael Kohl, 1930~2017)이었다. 콜은 1984년 7월 20일 7월 20일 사건 40주년 추모연설에서 "인간의 존엄과 자유, 정의와 진리를 위해 헌신했던 한 사람"으로 게오르크 엘저를 칭송했다. 그리고 독일 재통일 후인 1994년에 열린 50주년 추모식에서도 "숄 남매들의 백장미 그룹의 희생과 한 사람의 목수 게오르크 엘저의 의거를 추모한다"고 연설했다. 이러한 연설을 통해 엘저도 독일연방공화국의 공식적인 추모의 대상이 되었다. 이렇게 되기까지 그 배후에는 독일 저항기념관의 학술고문 슈타인바흐(Peter Steinbach, 1948~) 교수, 요하네스 투헬(Johannes Tuchel, 1957~) 관장 등의 정력적인 저술과 강연활동이 있었다. 이들은 엘저가 올바른 평가를 받을 수 있도록 끊임없이 노력했다.

　슈타인바흐와 투헬 등은 엘저에 관한 이야기를 터부시 했던 고향 쾨니히스브론을 찾아가서 주민들에게 그가 했던 행동의 진실과 의미에 대해

지속적으로 강연활동을 해나갔다. 이런 활동과 연계해서 이웃마을인 하이딘하임 주민들은 뜻을 모아서 1989년 '게오르크 엘저 연구회'를 조직했다. 이들은 저항자 엘저의 추모일과 추모제를 기획하고, 소개 책자도 발행하는 등 계몽활동을 이어나갔다.

이런 과정을 거치면서 쾨니히스브론 주민들의 이해도 깊어졌다. 1990년에는 젊은 지도자를 중심으로 마을 차원에서 저항자 엘저를 추모하기 위한 '엘저 기념관' 설립 논의가 활발하게 진행되었다. 1998년 2월 마을 체육관에 주민들이 가득 들어찬 가운데 열린 개관 축하식에서 주 총리는 "바덴뷔르템베르크 땅은 위대한 자식들(슈타우펜베르크와 엘저)을 크게 자랑스러워해도 된다"는 내용의 축사를 했다고 한다. 그리고 연구회의 조사에 따르면, 1989년 전 학년을 대상으로 한 70여 종의 교과서 가운데 엘저의 이름과 의거를 기록한 것은 일곱 종에 불과했지만 2000년에는 모

고향을 떠나 뮌헨으로 가는 기차역 앞에 서 있는 게오르크 엘저(쾨니히스브론)

든 교과서에서 그의 존재를 다루었으며, 특히 고등교육 기관에 진학하지 않는 기간학교용 교과서에는 그를 포괄적으로 다루고 있다고 한다. 그리고 작은 기념관에는 매년 2천 명이 찾고 있다고 한다.

현재 쾨니히스브론 철도역 옆에는 30년 동안 무시당하고 잊혀졌던 것을 나타내기 위한 것인지 초라한 노인 모습의 엘저 전신상이 서 있다. 사건으로 상처를 입었던 고향 마을은 엘저를 부끄러워하며 침묵했던 마을에서 그를 자랑스러워하는 마을로 바뀌었다.

히틀러 독재에 맞서 싸웠던 사람들의 복권은, 7월 20일 사건을 시작으로 무명의 용기 있는 시민들을 규합했던 로테 카펠레를 거쳐 고독 속에서도 부당한 권력에 대항하기 위해 목숨을 걸고 마침내 스스로를 역사의 제단에 던진 게오르크 엘저로 끝맺고 있다. 반드시 기억해야 할 것은, 사회의 엘리트가 아닌 한 사람의 소시민이 가진 용기가 세상에 드러남으로써 모두가 본받아야 할 귀감이 되었다는 사실이다. 그와 동시에 피박해자들을 구원했던 많은 '침묵하는 영웅들'이 있었다는 것이다. 인간으로서 진실하게 살아가는 것이 어려웠던 비정상적인 시대였기 때문에 그들은 자신의 본래 모습을 온전히 드러내는 것이 가능했다고 할 수 있을지도 모르겠다.

히틀러에 저항한 사람들

오랜 세월 교육 분야를 연구해온 필자는 "인간은 어떻게 살아야 하는가" 하는 물음과 무관한 교육연구는 없다고 생각해왔다. 특히 역사적인 맥락을 따져보고 생각하는 것이 습성이 되었기 때문인지 사람들이 시대의 움직임에 대응해 어떻게 살았는가 하는 것이 언제나 중심 테마였다.

오랫동안 독일 현대사를 연구했는데, 그중에서도 12년에 불과한 나치 집권기를 파고들면서 그 시기에 살았던 사람들의 생각과 행동에 커다란 흥미를 느꼈다. 거기에서 드러난 문제의식은 시공을 초월해 지금도 그 의미를 잃지 않고 있다고 생각하기 때문이다. 전문가가 아닌 분들에게 꼭 그 이야기를 하고 싶다는 생각을 계속 품어왔다. 그런 의미에서 주코신서(中公新書) 편집부로부터 히틀러 독재에 저항했던 무명의 시민들에 대한 글을 써달라는 제안을 받은 것은 실로 행운이 아닐 수 없었다.

그렇지만 일반 독자들이 쉽게 이해할 수 있는 형식의 글을 쓴 적이 없어서 꽤나 힘든 작업이었다. 편집부의 사카이 다카히로(酒井孝博) 씨로부터 귀중한 조언을 받았다. 사카이 씨의 도움이 없었다면 이 책은 세상에 나오지 못했을 것이다.

이 책의 부제인 '반나치 시민의 용기'에 대해 약간 언급해두고 싶다.

맺음말에서 '시민의 용기'라는 말에 대해 언급했지만, 그 의미가 널리 알려져 있다고 하기는 어렵다. 원래는 프랑스어였지만 독일어가 된 지빌쿠라제(Zivilcourage)라는 말인데, 나중에 독일 재상이 된 비스마르크가 만들어낸 말이다. '시민적 용기' 또는 '시민의 용기'라고 번역할 수밖에 없는 이 말을 그는 '전장의 용기'와 대비시켰다. 그런데 이 개념을 상당히 절박하게 제기한 인물이 있었다. 바로 반나치 저항자로 처형된 젊은 신학자 디트리히 본회퍼였다. 그는 10년간에 걸친 자신의 반나치 활동을 총괄하면서, 이 말에 나치즘에 순종하지 않고 이의를 제기하는 용기, 스스로 일어서려 하는 용기라는 의미를 부여했다. 그는 나치시기에 살았던 사람들이 그러한 용기를 갖기를 간절히 바랐다. 이 책의 부제는 본회퍼의 의도를 본서의 내용에서 원용한 것이다. 70년 이전의 말이지만 단지 역사적 용어로만으로 묻어둘 수 없는 의미를 함축하고 있다. 필자 자신, 반나치 시민이었던 그들이 주눅 들지 않고, 또 인간성을 잃지 않으면서 신념을 가지고 살았던 모습에 재삼 숙연한 마음으로 글을 써나갔다. 이 책을 손에 든 분들에게 조금이라도 그 의미가 전달된다면 더없이 기쁠 것이다.

끝으로, 지금까지 내 글의 첫 비평은 언제나 아내의 몫이었는데, 이 책역시 그에 힘입었다는 사실을 기록해두고자 한다.

2015년 10월
구라사키의 우거에서
쓰시마 다쓰오

히틀러에 저항한 사람들

1

이 책은 쓰시마 다쓰오의 『ヒトラーに抵抗した人々』(中公新書, 2017, 3版)을 우리말로 옮긴 것이다. 원서 제목은 『히틀러에 저항한 사람들』이며, 부제는 「반나치 시민의 용기란 무엇인가」이다. '시민의 용기'라는 말은 저자가 후기에서 밝힌 것처럼 독일어 'Zivilcourage'의 번역어다. 이는 자신에게 위험이 닥칠 수도 있다는 것을 알면서도 도덕적 이유에서 행동하는 용기를 말한다. 저자는 불의가 횡행하는 히틀러 치하에서 "어떻게 살아야 하는가"라는 실존적 고민 끝에 저항의 길을 택한 시민의 용기를 무엇보다 높이 평가하고 있다. 반나치 시민들은 자발적인 의사에 따라 유대인 구원에서부터 나치 체제 타도까지 각자 자신이 서 있는 자리에서 다양하게 활동했으며, 인간으로서 진실하게 살아가는 것이 어려웠던 비정상적인 시대에 진정한 인간의 길을 보여주었다. 감시와 탄압, 밀고가 일상화된 나치 독일에서 국가의 지시나 강요에 순종하거나 굴복하지 않고 굳건한 신념으로 저항운동을 펼쳤던 반나치 시민들이 바로 이 책의 주인공들이다.

2

'나치 독일'은 나치당과 히틀러 치하에 있던 1933년부터 1945년까지의 독일을 일컫는 말이다. 2차 대전이나 나치 독일, 히틀러, 홀로코스트 같은 주제를 다룬 책과 영화, 다큐멘터리 등을 보면 저항운동과 관련된 내용이 등장하는 경우가 있다. 그렇지만 대부분은 커다란 주제에 가려지거나 부분적인 내용만 다루고 있어 그 맥락을 파악하기가 쉽지 않다. 또 '백장미 그룹'의 저항활동이나 '7월 20일 사건'처럼 널리 알려져 있는 사건만을 상징적으로 다루는 경우도 적지 않아서 나치 독일에서 일어났던 저항운동의 전체 모습을 이해하는 데는 어려움이 있었다. 그런 면에서 이 책은 나치 독일 12년 간 일어났던 저항운동을 주제로, 주요 사건과 관련자들, 그리고 유족들의 이야기를 한 권으로 묶었다는 점에서 출간의 의의가 있다고 하겠다.

저자는 강제수용소에 끌려가야 하는 이웃의 고난을 외면하지 않고 구원의 손길을 내밀었던 이름 없는 평범한 사람들, 히틀러의 범죄 행위를 목숨 걸고 고발한 대학생들, 전쟁과 홀로코스트를 막기 위해 히틀러를 제거하려 했던 노동자와 용기 있는 군인들, 나치 독일 이후의 새로운 독일을 구상했던 지식인들, 저항운동에 나섰다가 처형당한 이들의 유족들, 그리고 저항운동을 폄하하는 나치 추종자들의 준동에 대한 전후 독일 사회의 대응 등을 역사적 사실의 바탕 위에서 감동적으로 서술하고 있다.

3

이 책에서 가장 인상적인 부분은, 저항운동 이후를 살아가는 유족들의 이야기였다. 사실 이 책은 나치 독일 하의 저항운동사인 동시에 처형의 역사이기도 하다. 히틀러에 맞서 저항운동에 펼쳤던 많은 이들이 단두대와 교수대에서, 또 감옥과 수용소에서 생을 마감했다. 이 책에 수록한 사진의 상당수가 바로 그런 인물들의 초상이다.

이 책 5장에는 히틀러 암살을 기도했던 '7월 20일 사건'으로 처형당한

히틀러에 저항한 사람들

사건 관련자 여섯 사람의 아내들에 대한 종전 후 삶을 기록해놓은 부분이 있다. 책 뒤에 수록되어 있는 「나치 독일·반나치 저항운동 관련 연표」를 보면, 여섯 아내들 중 한 사람을 제외한 다섯 사람은 모두 100세 가깝게 살면서 역사의 산 증인이 되었다. 이들 모두 자식들과 함께 히틀러에 저항했던 남편의 유지를 지키며 독일 현대사의 가장 수치스러운 순간을 자랑스러운 역사로 거듭나도록 하는 데 큰 역할을 하였다.

여기 한 장의 사진이 있다. 2003년, '7월 20일 사건'의 주역이었던 슈타우펜베르크 대령의 아내 니나 폰 슈타우펜베르크의 90세 생일에 그의 가족 43명이 모여서 함께 축하하는 모습을 찍은 사진이다. 이 사진은 평범한 가족사진에 불과할지 모르지만, 세상을 향해 '저항의 정당성'과 함께 자랑스러운 남편과 아버지, 할아버지에 대한 자긍심을 보여주고 있다. 나치 독일에 가담하고 동조했던, 그리하여 슈타우펜베르크'들'을 처형했던 자'들'은 결코 세상에 꺼내놓을 수 없는 사진인 것이다.

니나 폰 슈타우펜베르크
90세 생일 축하 가족모임(2003)

그리고 다음 사진은, 백장미 그룹 유족들이 사망 10주기인 1953년에 뮌헨 대학에서 열린 추모식에 참석한 모습이다. 사건 관련자들이 모두 처형됨으로써 유족들은 자식과 남편의 죽음이라는 차

프롭스트의 어머니, 슈모렐의 어머니,
후버 교수의 부인, 잉게 숄, 숄 남매의 부모(왼쪽부터)

마 견디기 힘든 고통 속에서 '반역자 가족'이라는 낙인마저 감내하며 살
아야 했다. 그렇지만 종전 후 백장미 그룹의 활동은 독일 역사에서 가장
빛나는 저항운동의 표상이 되었다. 실제로 2003년 독일의 공영방송인
ZDF에서 실시한 '가장 위대한 독일인 100인' 조사에서 한스와 조피 남
매는 구텐베르크와 괴테, 바흐, 비스마르크, 빌리 브란트보다 앞자리인 4
위에 이름을 올렸다. 그만큼 이들의 저항운동은 깊고도 큰 영향을 끼쳤
다. 그리하여 그들의 이름은 학교의 이름이 되고, 상(賞)의 이름이 되고,
대학의 이름이 되고, 거리와 광장의 이름이 되고, 책과 동전과 우표의 주
인공이 되었다. 그리고 무엇보다 양심과 정의, 용기의 상징이 되었다.

　원서를 우리말로 옮기는 과정에서 유족들에 관한 이야기가 나오면,
가끔씩 가계(家系)와 삶의 흔적을 찾아보기도 했다. (세계 최대의 족보 사이트인
geni.com을 통해 확인할 수 있다.) 일일이 다 찾아보기는 어려웠지만, 유족과 그
후손들이 세계 곳곳의 다양한 분야에서 활동하며 결혼을 하고 자식을 낳

으면서 꿋꿋하게 살아가는 모습을 확인할 때는 역사의 제단에 목숨을 바쳤던 용기 있는 사람들이 불의한 세력에 맞서 끝내 승리한 증거를 보는 것 같아서 더없이 기쁜 심정이었다.

역사는 천천히 흘러가고 때로는 굽어 있는 것처럼 보이기도 한다. 또 때로는 거꾸로 흘러가는 것처럼 느껴질 때도 있다. 나치 독일의 범죄행위를 부정하는 역사수정주의가 고개를 쳐들고, 그런 목소리에 편승해 정치적 영향력을 행사하려는 세력이 존재하기도 한다. 그렇지만 거대한 역사의 물줄기를 되돌릴 수는 없다. 그 가슴 아픈, 돌이킬 수 없는 고통과 고난을 기꺼이 견뎌내며 피로 써내려간 역사는 그 어떤 것으로도 지울 수 없기 때문이다. 우리가 적어도 인간이라면, 그리고 부끄러움을 아는 존재라면 어찌 그들의 희생과 헌신을 잊을 수 있겠는가. 어둠이 잠시 빛을 가릴 수는 있어도 결코 이기지는 못한다.

4

책을 번역하는 과정에서 독자들의 이해를 돕기 위해 원서에서는 언급하지 않은 내용을 사진이나 각주를 통해 소개한 것이 있다. 예를 들면, 아우슈비츠에 스스로 잠입하고 탈출하여 수용소의 실태를 세상에 알린 비톨트 필레츠키 대령, 백장미 함부르크 지부의 저항운동, 우크라이나에서 벌어졌던 나치 특별행동대의 유대인 학살을 사진과 함께 고발한 내용 등이 그런 것이다. 그리고 책 속에 등장하는 인물들의 사진을 수록하기 위해서도 적잖은 노력을 기울였다. 그렇지만 저항운동 관련 인물의 경우에는 수록할 만한 사진 자료들이 많지 않았다. 80년 전이라는 시간의 간격과 함께 사진의 주인공들은 대개 짧은 삶을 살다 갔기 때문이다. 또 겉으로 드러내놓기 힘든 지하활동의 특성상 사진 자료를 남기지 못한 경우도 있었을 것이다. 예를 들면, 유대인 구원 그룹 '에밀 아저씨'를 조직했던 루트 안드레아스의 경우에는 '쓸 만한' 사진 자료가 거의 남아 있지 않았다. 또 루트 안드레아스가 믿고 의지하는 동지로 등장하는 노동자 에리히 케르버의 경우에는 사진은커녕 그의 존재는 마치 삭제된 것처럼 나치 독일에 저항했던 인물의 데이터베이스에도 검색이 되지 않는다. 말 그대로 그는 '침묵하는 영웅'의 한 사람이 된 것이다.

이런 사정에 비하면 나치 독일 체제의 선전물들은 차고도 넘칠 만큼 많이 남아 있다. 책자, 팸플릿, 포스터, 영화, 다큐멘터리 같은 다양한 형태의 선전물은 훗날 자신들을 고발하게 될 범행 증거로 고스란히 남았다. 그들은 7월 20일 사건 재판 기록도 영상으로 남겨놓았다. 범죄자들은 언제나 지문을 남겨놓는 법이다. 조금 다른 사진들도 있다. 집 안에 지도자 히틀러 사진을 걸어놓고 그 밑에서 가족과 즐거운 한때를 보내는 평범한 독일인들의 사진이다. 사실 그들은 수백만의 사람들이 '국민동포' 독일인에게 학살당하고 있다는 사실을 알고 있었고, 지도자 히틀러에게 충성하기 위해 유대인이나 공산주의자, 노조원 같은 "불순분자"를 감시하고 밀고했다. 게다가 본토로 진공하는 적군을 물리치고 조국 독일을 수호하기 위해 국민돌격대의 일원이 되는 것도 마다하지 않았다. 이런 일들이 벌어지는 시대에 아무런 죄의식 없이 일상을 살았던 '평범한' 독일인들은 과연 나치 범죄에 일말의 책임도 없다고 할 수 있을까? 이러한 자발적 동원과 폭압에 대한 동조는, 나치 독일이 국민들의 절대적 지지에 기반 한 '동의의 독재'였다는 괴츠 알리의 주장을 뒷받침하는 강력한 증거들이다. 그들은 물론 히틀러 시대의 피해자이기도 했지만, 그와

　　　　　　　　　　　　　히틀러에 저항한 사람들

동시에 가해자이기도 했던 것이다.

책 본문에는 저항자들의 빛바랜 초상과 나치 정권이 프로파간다를 위해 찍은 사진이 나란히 실려 있다. 저들의 사진 중에는 게슈타포가 남겨놓은 "반역자들"의 사진도 있다. 한때의 승리자였던 히틀러들의 사진과, 그들에 맞서 싸웠던 저항자들의 사진 중 어느 쪽이 인간의 사진이고 어느 쪽이 괴물의 사진인가. 오늘날 우리는 괴물에 사로잡혀 강제로 렌즈 앞에 서야 했던 사람들을 "희망의 증거"라고 부른다.

나치 독일의 프랑스 침공에 맞서 레지스탕스 활동을 벌이다 끝내는 게슈타포의 총살로 생을 마감한 역사가 마르크 블로크는 전쟁 중에 쓴 책의 제일 앞머리에 쓸 말로 다음과 같은 문장을 고전에서 빌려왔다고 한다.

"애야, 전장이나 사형대 위에서 또는 감옥에서 끝나지 않는 삶은 아름다운 삶이 되기에는 언제나 무엇인가가 모자란단다."

어쩌면 이 말은 예기치 못한 죽음을 맞았던 자신의 삶에 대한 헌사이며, 오랜 인간의 역사 속에서 부당한 권력자들의 억압과 탄압에 맞서 목숨을 걸고 저항했던 모든 이들에 대한 가장 빛나는 찬사일 것이다.

번역을 끝내고 편집본을 읽어보니 지나치게 많은 내용을 담으려는 욕심이 눈에 들어온다. 선의로 이해해주시면 좋겠다. 번역에 부족한 점이 적지 않을 것이다. 기회가 있으면 고쳐나갈 것을 약속드린다.

나치가 그들을 덮쳤을 때*

마르틴 니묄러

그들이 처음 공산주의자들에게 왔을 때,
나는 침묵했다.
나는 공산주의자가 아니었기에.
이어서 그들이 노동조합원들에게 왔을 때,
나는 침묵했다.
나는 노동조합원이 아니었기에.
이어서 그들이 유대인들을 덮쳤을 때,
나는 침묵했다.
나는 유대인이 아니었기에.
이어서 그들이 내게 왔을 때
그때는 더 이상 나를 위해 말해 줄 이가
아무도 남아있지 않았다.

———

* 여러 버전이 존재하지만 저자는 한 인터뷰(1971)에서 이 버전을 선호한다고 언급하였다.

나치 독일·반나치 저항운동 관련 연표

1919년	
6월 28일	베르사유 조약 조인
8월 11일	바이마르 헌법 성립

1923년	
11월 8일	히틀러 뮌헨 폭동
11월 15일	중앙은행 통화위원 얄마르 샤흐트 하이퍼인플레이션 수습에 진력

1926년	
9월 8일	독일 국제연맹 가입

1929년	
10월 24일	뉴욕 주식 대폭락을 계기로 세계대공황 시작

1930년	
9월 14일	총선거, 나치당 제2당으로 약진

1932년	
7월 30일	경제위기 하에서 치러진 총선거에서 나치당 제1당으로 부상
11월 6일	총선거, 나치당 의석 수 감소(230 → 196)

1933년	
1월 30일	히틀러 내각 성립
3월 5일	총선거, 나치당 43.2% 득표
3월 16일	샤흐트, 중앙은행 총재 취임(1934년 8월 경제장관 겸임)
3월 22일	뮌헨 근교 다하우에 최초의 강제수용소 설치
3월 23일	전권위임법(수권법) 국회 가결(이후 국법은 정부에 의해 결정, 위헌도 허용)
4월 1일	유대계 상점 등에 대한 전국적인 보이콧
4월 7일	직업공무원재건법 제정(공직에서 유대계, 좌익계 인물 추방)
7월 14일	신당설립금지법(나치당 일당독재 확립), 유전성질환아 출생예방법 제정
7월 20일	로마교황청과 정교조약
9월 23일	아우토반 제1기 공사 개시
10월 14일	제네바 군축회담과 국제연맹 탈퇴

11월 12일	총선거, 나치당 득표 92.2%, 무효 7.8%, 투표율 95.2%
11월 23일	여가조직 KdF(Kraft durch Freude) 창설

1934년

4월 24일	대역죄, 국가반역죄 소송을 위한 인민법정 설치법
5월 29일	**프로테스탄트 교회의 '바르멘 선언'(나치국가에 대한 복종 거부)**
6월	히틀러, 포르쉐 박사에게 '폭스바겐' 개발 의뢰
8월 1일	독일제국 원수법(대통령직과 수상직 통합)
8월 2일	힌덴부르크 대통령 사망, 히틀러 수상·대통령 겸임, 칭호는 '총통 겸 수상'
	국방군, 최고사령관 히틀러에게 충성 맹세
11월 5일	라이프치히 시장 괴르델러, 전국가격관리관 취임(1935년 7월 1일까지)

1935년

3월 16일	징병제 부활
6월 26일	전국노동봉사단의 노동봉사(17~25세, 6개월간) 의무화
9월 15일	뉘른베르크 인종법(인종법), 유대인 공민권 박탈

1936년

8월 1일	베를린 하계 올림픽 개회
10월 18일	4개년 계획청 설치, 전권위원에 헤르만 괴링
12월 1일	히틀러 유겐트, 국가청소년단체가 되다.

1937년

1월 30일	국회, 전권위임법 4년 연장
3월 22일	**괴르델러, 나치 체제의 모든 공직에서 사임하고 저항자의 길로.**

1938년

2월 4일	국방군통합사령부(OKW) 신설, 히틀러 확실하게 전군 최고사령관이 되다.
3월 13일	오스트리아 병합
4월~	유대계 기업 대상으로 조직적인 '아리안화' 개시
9월	**주데텐 위기(베크, 할더, 비츨레벤 등 국방군 장성 그룹의 9월 음모)**
9월 30일	뮌헨 협정, 체코의 주데텐 지방 합병
11월 9일	(~10일 새벽) 유대인 대박해 '수정의 밤' 이후 독일 경제에서 유대인 배제, 이주 정책 강화

11월 38/39 겨울	**(~45년 5월) 반나치 시민 그룹 '에밀 아저씨' 유대인 구원 활동 개시** **몰트케와 라이히바인 의견 교환, 후에 '크라이자우 서클' 결성의** **포석**

1939년

3월 14일	독일군, 체코슬로바키아 침공
3월 25일	히틀러 유겐트 입단 의무화
여름	**반나치 시민 그룹 '로테 카펠레' 조직화**
8월	장애인을 대상으로 한 '안락사' 작전 개시
8월 23일	독소불가침 조약 체결
9월 1일	독일군, 폴란드 침공, 2차 대전 발발
9월 4일	전시경제령 포고
11월 8일	**게오르크 엘저, 뮌헨 뷔르거브레우켈러에서 히틀러 폭살 시도**

1940년

1월 16일	몰트케와 요르크 회담, '크라이자우 서클' 결성
4월 9일	독일군, 덴마크와 노르웨이 침공
4월 27일	아우슈비츠 강제수용소 건설 개시
5월 10일~	독일군, 네덜란드와 벨기에, 프랑스 침공 개시
6월 22일	프랑스 항복
7월~	게토 건설 본격화
9월 27일	독일, 이태리, 일본 삼국 동맹 체결
10월 12일	바르샤바 게토 설치

1941년

1월	**몰트케와 베크의 각서 『목표』**
3월 7일	독일 본국의 유대인 강제노동 의무화
4월 6일	독일군, 그리스와 유고슬라비아 침공 개시
6월 22일	독일군, 소련 침공(바르바로사 작전), 독소전 개시
7월 28일	**뮌스터의 갈렌 주교, 안락사 작전 항의**
8월 24일	안락사 작전 일시 중지
9월 1일	독일 본국의 유대인에게 황색별(다윗의 별) 착용 의무화
10월 1일~	독일 국내 유대인, 국외이주 금지, 아우슈비츠에 비르케나우 수용소 건설 개시
10월 14일	독일 유대인의 동유럽 게토로 강제이송 명령

12월 6일	독일군, 모스크바 공략 실패, 소련의 반격 개시
12월 11일	히틀러, 미국에 선전포고

1942년

1월20일	유럽 유대인이 절멸 방침에 관한 반제 회의 개최
1월~	절멸수용소에서 살육 본격 시동
3월~	외국인 강제노동자 급증(44년에는 독일 국내에서 750만 존재)
5월 22~25일	**제1회 크라이자우 전체 회의**
6월~	**뮌헨대학 학생 그룹 '백장미'의「백장미 통신」배포로 활동 개시**
9월~	**(~43년 6월) 반나치 시민 그룹 '로테 카펠레' 발각과 처형**
10월 16~18일	**제2회 크라이자우 전체 회의**

1943년

1월 8일	**'크라이자우 서클'과 '괴르델러 서클' 회합**
2월 2일	스탈린그라드에서 독일군 항복
2월 18일	**'백장미' 그룹 발각 및 처형**
3월 13일	**트레슈코프 일파의 히틀러 암살 미수**
4월 7일	동아프리카 전선에서 슈타우펜베르크 중상
6월 12~15일	**제3회 크라이자우 전체 회의**
8월 19일	**가톨릭 그루버 대주교를 중심으로 안락사 항의**
9월 8일	이탈리아 연합군에 항복
9월 17일	**슈타우펜베르크, 트레슈코프, 몰트케, 요르크 4인 회합**
12월 31일	**몰트케와 슈타우펜베르크 회합**

1944년

1월 19일	**몰트케 체포**
3월 11일	**브라이텐부흐의 히틀러 암살 미수**
6월 6일	연합군, 북프랑스 노르망디 상륙
7월 4~5일	**라이히바인과 레버 체포**
7월 20일	**실행자 슈타우펜베르크 대령 히틀러 암살과 쿠데타 실패 반나치 시민을 대상으로 한 대량 체포('번개작전'). 인민법정의 판결에 따라 종전 직전까지 계속 처형이 이루어짐.**
8월 8일	**몰트케 체포 후 크라이자우 서클을 이끌었던 요르크 처형**
8월 25일	미군, 파리 해방
9월 25일	16~60세의 모든 남성 '독일국민돌격대' 소집

히틀러에 저항한 사람들

1945년	
1월 17일	소련군, 바르샤바 해방
1월 23일	몰트케 처형
1월 27일	소련군, 아우슈비츠 수용소 해방
2월 4일	얄타 회담
4월 9일	**다하우 강제수용소에서 게오르크 엘저 사살**
4월 29일	미군, 다하우 강제수용소 해방
4월 30일	히틀러 자살
5월 8일	독일 무조건 항복
5월 14일	**시민 그룹 '에밀 아저씨' 해산**
5월 28일	**베를린 시청 파시즘 희생자에 대한 원조 조치 결정**
6월	소련 점령지구에서 정당·노조 허가
	베를린에서 KPD, SPD, CDU 창설
7월 17일	(~8월 2일) 포츠담 회담의 결과에 따른 '포츠담 협정'
8월 30일	연합국관리이사회, 활동 개시
8~9월	소련 점령지구에서 토지개혁 개시/서방측 점령지구에서 정당·노조 허가
가을	**영국 점령지구에서 '1944년 7월 20일 사건 구원기관' 설립**
10월	독일 사회의 '비나치화' 개시
11월 20일	(~46년 10월 1일) 뉘른베르크 재판
1946년	
1~5월	서방측 점령지구에서 아데나워를 대표로 한 CDU와 슈마허를 대표로 한 SPD 결성/소련 점령지구에서 SED 창당
1947~48년	
	4개국 관리체제의 사실상 종언. 서방측은 미군을 정점으로 한 블록 형성에 나서고, 소련은 동유럽 각국의 스탈린화에 진력
1947년	
8월	**'1944년 7월 20일 사건 지원기관'은 '재단법인 7월 20일 사건 지원 기관'으로 변경**
1948년	
6월 18일	서방측 점령지구에서 통화개혁 실시

6월 24일	(~49년 5월 12일) 소련, 서베를린 봉쇄
12월 12일	서방측 점령지구에서 자유민주당 FDP 창설(초대 당수는 테오도어 호이스)

1949년

4월 8일	서방측 점령지구, 점령군 정부를 대신해 고등판무관 설치 결정
5월	**뮌헨에 '독일·나치기연구소'(52년 이후 독일현대사연구소로 개칭) 창설**
5월 23일	기본법 공포
8월 14일	연방의회 선거
9월 12일	테오도어 호이스, 독일연방공화국(서독) 초대 대통령에 선출
9월 15일	아데나워, 서독 초대 연방수상에 선출
10월 7일	독일민주공화국(동독) 건국 선언, 헌법 발효
10월 10일	소련 군정본부, 소련관리위원회로 대체

1950년

1월 31일	**(~2월 15일) 헤들러 재판(극우세력이 반나치 저항을 중상·비방했음에도 무죄로 판결난 사건)**

1951년

4월 18일	유럽석탄철강공동체(ECSC) 조약 체결
10월 2일	**7월 20일 사건 추도와 유족 지원에 관한 연방정부 성명**
10월 3일	**연방의회, '재단법인 7월 20일 사건 지원기관'에 국고보조금 지급 승인**

1952년

3월 7~15일	**레머 재판(극우세력의 7월 20일 사건 공격을 단죄한 재판)**
7월 20일	**베를린 벤들러 블록 정원에서 '7월 20일 사건' 추도비 건립 정초식이 유족들 주도로 거행. 이듬해부터는 공식적인 추도식 행사로 거행**
9월 10일	이스라엘과 배상협정 체결
10월 20일	**연방헌법재판소, 네오나치 정당 SRP 해산 명령**
11월 25일	**반나치 저항자였던 레어 내무장관, 지역 정치교육을 위한 연방본부 창설(63년 이후에는 연방정치교육센터로 개칭)**

1953년

9월 18일	**나치 피박해·희생자에 대한 연방보상법**

히틀러에 저항한 사람들

1955년	
5월	서독 주권 회복, 재군비, NATO 가입/동독 주권 회복
6월 19일	뮌헨에서 「7월 20일에 일어난 일(Es geschah am 20. Juli)」(게오르크 빌헬름 팝스트 감독) 상영 개시
6월 21일	프랑크푸르트에서 「7월 20일」(포크 하르나 감독) 상영 개시
7월 20일	밴들러 블록의 거리 명을 슈타우펜베르크 거리로 개칭

1956년	
8월 10일	연방헌법재판소, 서독 공산당 해산 명령

1957년	
3월 26일	유럽경제공동체(EEC) 설립 조약 조인

1958년	
7월	연방군 합참의장 호이징거, 7월 20일 사건의 군인들의 행동을 "모범"으로 지칭
12월 1일	루트비히스부르크에 나치 범죄추적센터 설립

1961년	
8월 13일	동독, 베를린 장벽 건설 개시

1963년	
12월 20일	(~65년 8월 10일) 프랑크푸르트에서 프리츠 바우어의 주도로 아우슈비츠 재판 시작

1968년	
	안네도레 레버 운명(64세)

1969년	
3월 5일	빌리 브란트 정권 발족(사민당SPD과 자민당FDP 연립)

1970년	
	게슈타포 문서에서 발견된 게오르크 엘저의 심문조서가 현대사연구소를 통해 공개

1973년	
7월 20일	'재단법인 7월 20일 사건 지원기관'의 조직으로 '7월 20일 사건 연구회' 설립, 이후 현대사연구소와 제휴 확대

1989년	
여름	유럽의 상호 이해를 위해 몰트케 미망인 프레야의 주도로 '재단법인 크라이자우 운동' 창설
11월 9일	베를린 장벽 붕괴
11월 12일	크라이자우(현재 폴란드 슈비트니차 근교 크르지오와)에서 독일 수상 헬무트 콜과 폴란드 수상 마조비에츠키가 참석하여 두 나라의 화해를 위한 대회를 개최

1990년	
10월 3일	독일 재통일

1992년	
2월 7일	마스트리히트 조약(유럽연합EU) 조인

1994년	
	'재단법인 7월 20일 사건 지원기관'을 '재단법인 7월 20일'로 개칭

1998년~	
	헬무트 콜 수상 참석 하에 공식적으로 '유럽 화해를 위한 크라이자우 재단'이 주최하는 '국제청년대회' 개최됨.

2002년	
	로제마리 라이히바인 운명(98세)

2006년	
	바바라 헤프텐 운명(97세)
	니나 슈타우펜베르크 운명(93세)

2007년	
	마리온 요르크 운명(103세)

2010년	
	프레야 몰트케 운명(100세)

2013년	
	클라리타 트로트 운명(96세)

히틀러에 저항한 사람들

참고문헌

일본어(번역서 포함)

ウルリヒ·アムルンク著、対馬達雄·佐藤史浩訳 『反ナチ·抵抗の教育者 ライヒヴァイン 1898-1944』 昭和堂 1996年

ゲッツ·アリ-著、芝健介訳『ヒトラ-の国民国家 強奪·人種戦争·国民的社会主義』岩波書店 2012年

G. ヴァイゼンボルン著、佐藤晃一訳篇『声なき蜂起』岩波書店 1956年

河島幸夫『戦争·ナチズム·教会』新教出版社 1993年

グイド·クノップ著、高木玲訳『ドキュメント ヒトラ-暗殺計画』原書房 2008年

ロバ-ト·ジェラテリ-著、根岸隆夫訳『ヒトラ-を支持したドイツ国民』みすず書房 2008年

芝健介『ホロコ-スト ナチスによるユダヤ人大量殺戮の全貌』中公新書 2008年

ペ-タ-·シュタインバッハ／ヨハネス·トゥヘル編、田村光彰·小高康正·高津ドロテ-·斉藤寛·西村明人·土井香乙里訳『ドイツにおけるナチスへの抵抗 1933-1945』現代書館 1998年

對馬達雄『ナチズム·抵抗運動·戦後教育 「過去の克服」の原風景』昭和堂 2006年

對馬達雄編著『ドイツ過去の克服と人間形成』昭和堂 2011年

H. E. テ-ト著、宮田光雄·佐藤司郎·山崎和明訳 『ヒトラ-政権の共犯者、犠牲者、反対者 《第三帝国》におけるプロテスタント神学と教会の《内面史》のために』創文社 2004年

成瀬治·山田欣吾·木村靖二編『ドイツ史3』山川出版社 1997年

フランク·バヨ-ル／ディ-タァ·ポ-ル著、中村浩平·中村仁訳『ホロコ-ストを知らなかったという嘘 ドイツ国民はどこまで知っていたのか』現代書館 2011年

ラウル·ヒルバ-グ著、望田幸男·原田一美·井上茂子訳 ヨ-ロッパ·ユダヤ人の絶滅(上)(下)』柏書房 1997年

ノルベルト·フライ著、芝健介訳『総統国家ナチスの支配 1933-1945年』岩波書店 1994年

マイケル·ベ-レンバウム著、芝健介日本語版監修『ホロコ-スト全史』創元社 1996年

ワルタ-·ホ-ファ-著、救仁郷繁訳『ナチス·ドキュメント 1933-1945年』ぺりかん社 1975年

ペ-タ-·ホフマン著、大山晶訳『ヒトラ-とシュタウフェンベルク家 「ワルキュ-レ」に賭けた一族の肖像』原書房 2010年

ロジャ-·ム-アハウス著、高儀進訳『ヒトラ-暗殺』白水社 2007年

외국서적

Balfour, Michael / Frisby, Julian, *Helmuth von Moltke. A Leader against Hitler*, London 1972.

Benz, Wolfgang / Pehle, Walter (Hrsg.), *Lexikon des deutschen Widerstandes*, Frankfurt a. M. 2008.

Brakelmann, Günter, *Der Kreisauer Kreis. Chronologie, Kurzbiographien und Texte aus dem Widerstand*, Münster 2003.

Engel, Huberta (Hrsg.), *Deutscher Widerstand-Demokratie heute*, Bonn 1992.

Harpprecht, Klaus, *Harald Poelchau. Ein Leben im Widerstand*, Hamburg 2007.

Müller, Klaus-Jürgen, *Der deutsche Widerstand 1933-1945*, Paderborn 1986.

Oppen, Beate Ruhn von (Hrsg), *Helmuth James von Moltke. Briefe an Freya 1939-1945*, München 1988.

Roth, Karl Heinz / Ebbinghaus, Angelika (Hrsg.), *Rote Kapellen-Kreisauer Kreise-Schwarze Kapellen. Neue Sichtweisen auf den Widerstand gegen die NS-Diktatur 1938-1945*, Hamburg 2004.

Winterhager, *Wilhelm Ernst, Der Kreisauer Kreis-Porträt einer Widerstandsgruppe*, Berlin 1985.

각장의 참고문헌

1장

阿部良男『ヒトラ-全記録 20645日の軌跡』柏書房 2001年

アドルフ・ヒトラ-著、平野一郎・将積茂訳『わが闘争(上)(下)』角川書店 1989年

H・フォッケ/ U・ライマ-著、山本尤・鈴木直訳 『ヒトラ-政権下の日常生活- ナチスは市民をどう変えたか』社会思想社 1984年

H・フォッケ/ U・ライマ-著、山本尤・伊藤富雄訳 『ナチスに権利を剥奪された人びと-ヒトラ-政権下の日常生活II』社会思想社 1992年

エ-リカ・マン著、田代尚弘訳『ナチズム下の子どもたち-家庭と学校の崩壊』法政大学出版局 1998年

Owings, Alison, *Frauen. German women recall the third Reich*, NewYork 1993.

Trott, von Clarita, *Adam von Trott zu Solz. Eine Lebensbeschreibung*, Berlin 1994.

2장

Andreas-Friedrich, Ruth, *Der Schattenmann. Tagebuchaufzeichnungen 1938-1945*, Frankfurt a. M. 1984, 2012.(若槻敬佐訳『ベルリン地下組織-反ナチ地下抵抗運動の記録1938-1945』未来社 1991年)

Benz, Wolfgang (Hrsg.), *Überleben im Dritten Reich. Juden im Untergrund und ihre Helfer*, München 2003.

Coppi, Hans / Danyel, Jürgen / Tuchel, Johannes, *Die Rote Kapelle im Widerstand gegen den Nationalsozialismus*, Berlin 1994.

Friedrich, Karin, *Zeitfunken. Biographie einer Familie*, München 2000.

Kosmala, Beate / Schoppmann, Claudia (Hrsg.), *Überleben im Untergrund. Hilfe für Juden in Deutschland 1941-1945*, Berlin 2002.

Meyer, Gerd / Dovermann, Ulrich / Frech, Siegfried / Gugel, Günther (Hrsg), *zvilcourage lernen. Analysen-Modelle-Arbeitshilfen*, Bonn 2004.

Nachama, Andreas / Hesse, Klaus (Hrsg.), *Vor aller Augen. Die Deportation der Juden und die Versteigerung ihres Eigentums*, Berlin 2011.

Poelchau, Harald, *Die Ordnung der Bedrängten. Autobiographisches und Zeitgeschichtliches seit den zwanziger Jahren*, Berlin 1963.

Schneider, Peter, *"Und wenn Wir nur eine Stunde gewinnen...". Wie ein jüdischer Musiker die Nazi-Jahre überlebte*, Berlin 2001.

Scholl, Inge, *Die Weiße Rose*, Frankfurt a. M. 2003.

Silver, Eric, *Sie waren stille Helden. Frauen und Männer, die Juden vor den Nazis retteten*, München 2000.

3장

Grabner, Sigrid / Röder, Hendrik, *Henning von Tresckow. Ich bin der ich war-Texte und Dokumente*, Berlin 2001.

Kershaw, Ian, *Hitler 1936-45: Nemesis*, New York 2000.

Renz, Ulrich, *Bürgerbräukeller. Hochburg und Trümmerfeld*, Königsbronn 2011.

_____ *Der Fall Niemöller. Ein Briefwechsel zwischen Georg Elsers Mutter und dem Kirchenpräsidenten*, Königsbronn 2002.

Steinbach, Peter / Tuchel, Johannes, *"Ich habe den Krieg verhindern wollen". Georg Elser und das Attentat vom 8. November 1939. Eine Dokumentation*, Berlin 1997.

_____ *Georg Elser. Der Hitler-Attentäter*, Berlin 2010.

Zeller, Eberhard, *Oberst Claus Graf Stauffenberg. Ein Lebensbild*, Paderborn 1994.

Ziller, Joachim / Renz, Ulrich / Gruchmann, Lothar, *Das Protokoll. Die Autobiographie des Georg Elser*, Königsbronn 2006, 2011.

4장

Brakelmann, Günter, *Peter Yorck von Wartenburg 1904-1944. Eine Biographie*, München 2012.

Finker, Kurt, *Graf Moltke und der Kreisauer Kreis*, Berlin 1993.

Haeften Barbara von, *"Nichts Schriftliches von Politik". Hans Bernd von Haeften, Ein Lebensbericht*, München 1997.

Jacobsen, Hans-Adolf (Hrsg), *"Spiegelbild einer Verschwörung". Die Opposition gegen Hitler und der Staatsstreich vom 20. Juli 1944 in der SD-Berichterstattung*, Stuttgart 1984.

Moltke, Helmuth James von / Moltke, Freya von / Moltke, Helmuth Caspar von / Moltke, Ulrike von (Hrsg.) *Abschiedsbriefe Gefängnis Tegel September 1944-Januar 1945*, München 2011.

Pallat, G. C. / Reichwein, R. / Kunz, L., *Adolf Reichwein: Pädagoge und Widerstandskämpfer. Ein Lebensbild in Briefen und Dokumenten (1914-1944)*, Paderborn 1999.

Poelchau, Harald, *Die letzten Stunden. Erinnerungen eines Gefängnispfarrers, Berlin 1949*, 1987.

Schwerin, Franz Graf von, *Helmuth James Graf von Moltke: Im Widerstand die Zukunft denken. Zielvorstellungen für ein neues Deutschland*, Paderborn 1999.

Thielicke, Helmut, *In der Stunde Null. Die Denkschrift des Freiburger "Bonhoeffer-Kreises"*, Tübingen 1979.

5장

Andreas-Friedrich, Ruth, *Schauplatz Berlin Tagebuchaufzeichnungen 1945-1948*, Frankfurt a. M. 1984, 2012.(飯吉光夫訳『舞台·ベルリン-あるドイツ日記 1945/48』朝日イブニングニュース社 1986年)

Aretin, Felicitas von, *Die Enkel des 20. Juli 1944*, Leipzig 2004.

Dertinger, Antje, *Heldentöchter*, Bonn 1997.

Fröhlich, Claudia, *"Wider die Tabuisierung des Ungehorsams". Fritz Bauers Widerstandsbegriff und die Aufarbeitung von NS-Verbrechen*, Frankfurt a. M. 2006.

Geyken, Frauke, *Wir standen nicht abseits. Frauen im Widerstand gegen Hitler*, München 2014.

_____ Freya von Moltke. *Ein Jahrhundertleben 1911~2010*, München 2012.

Haeften, Barbara von, *Aus unserem Leben 1944-1950*, Heidelberg 1974.

Kleßmann, Christoph, *Die doppelte Staatsgründung. Deutsche Geschichte 1945-1955*, Göttingen 1991.(石田勇治·木戸衛一訳『戦後ドイツ史1945-1955-二重の建国』未来社 1995年)

Kraus, Herbert (hrsg.), *Die im Braunschweiger Remerprozeß erstatteten moraltheologischen und historischen Gutachten nebst Urteil*, Hamburg 1953.

Madelung, Eva / Scholtyseck, Joachim, *Heldenkinder Verräterkinder. Wenn die Eltern im Widerstand waren*, München 2007.

히틀러에 저항한 사람들

Meding, Dorothee von, *Mit dem Mut des Herzens. Die Frauen des 20. Juli*, Berlin 1997.

Neumann, Erich Peter / Noelle, Elisabeth, Antworten. *Politik im Kraftfeld der öffentlichen Meinung*, Allensbach 1954.

Reichel, Peter, *Vergangenheitsbewältigung in Deutschland. Die Auseinandersetzung mit der NS-Diktatur von 1945 bis heute*, München 2001.(小川保博·芝野由和訳『ドイツ　過去の克服-ナチ独裁に対する1945年以降の政治的·法的取り組み』八朔社 2006)

Reichwein, Rosemarie, *"Die Jahre mit Adolf Reichwein prägten mein Leben". Ein Buch der Erinnerung*, München 1999.

Ritter, Gerhard, *Carl Goerdeler und die deutsche Widerstandsbewegung*, Stuttgart 1954.

Steltzer, Theodor, *Von deutscher Politik. Dokumente, Aufsätze und Vorträge*, Frankfurt a. M. 1949.

Wojak, Irmtrud, *Fritz Bauer 1903-1968. Eine Biographie*, München 2009.

맺음말

Renz, Ulrich, *Georg Elser . Ein Meister der Tat*, Stuttgart 2009.

Roloff, Stefan, *Die Rote Kapelle. Die Widerstandsgruppe im Dritten Reich und die Geschichte Helmut Roloffs*, Berlin 2002.

찾아보기

히틀러에 저항한 사람들

인명

[가]

[나]

[다]

[라]

히틀러에 저항한 사람들

트레슈코프, 헤닝 폰(Henning von Tresckow) · 144~51, 153~4, 164, 173, 176, 178, 185, 244, 304

트로타, 카를 폰(Carl von Trotha) · 114, 217~8, 232

트로트, 아담 폰(Adam von Trott) · 21~2, 152, 154~5, 162, 164, 182~4, 189, 195~6, 237

트로트 클라리타 폰(Clarita von Trott) · 182, 195~6, 237, 308

틸리히, 폴(Paul Tillich) · 87

[파]

페셀, 루돌프(Rudolf Pechel) · 254, 260

페터스, 한스(Hans Peters) · 77~9, 82, 97, 114, 130, 182, 248

펠링 부부(Hermann·Dora Fehling) · 78

포엘하우, 도로테(Dorothee Poelchau) · 87~8

포엘하우, 하랄트(Harald Poelchau) · 66, 78~9, 87~9, 92, 94, 96, 118, 159, 182, 189~91, 194~8, 215, 229, 232, 237, 240, 245~6, 283

포피츠, 요하네스(Johannes Popitz) · 22, 35, 154, 156

프라이슬러(Roland Freisler) · 99, 146, 184~8, 190, 273

프라이징, 콘라트 폰(Konrad von Preysing) · 213

프롬, 프리드리히(Friedrich Fromm) · 164

프롭스트, 크리스토프(Christoph Probst) · 98~100, 103, 296

피셔(Edwin Fischer) · 93

필레츠키, 비톨트(Witold Pilecki) · 51~2, 297

[하]

하르나크, 밀드레드(Mildred Harnack) · 68~9

하르나크, 아르비트(Arvid Harnack) · 68~9, 113, 191, 257, 272

하르덴베르크, 카를 한스 폰(Carl Hans von Hardenberg) · 244

하셀, 울리히 폰(Ulrich von Hassell) · 35, 154, 156, 254

하우바흐, 테오도어(Theodor Haubach) · 189, 197~8, 209

하이드리히(Reinhard Heydrich) · 138

할더, 프란츠(Franz Halder) · 121~2, 302

허시, 오이켄 로젠스톡(Eugen Rosenstock-Huessy) · 114

헤들러(Wolfgang Hedler) · 266, 271, 306

헤페, 요아킴(Joachim Heppe) · 272, 280

헤프텐, 바바라 폰(Barbara von Haeften) · 160, 182~3, 188, 195, 233~4, 308

헤프텐, 베르너 폰(Werner von Haeften) · 152, 183

헤프텐, 한스 베른트 폰(Hans von Haeften) · 22, 87, 152, 155, 160, 162~3, 165, 167, 171, 182~4, 186~9, 194~5, 202, 233, 240

호이스, 테오도어(Theodor Heuss) · 259, 282, 306

호젠펠트, 빌헬름(Wilhelm A. Hosenfeld) · 59

호파커, 케자르 폰(Caesar von Hofacker) · 178

후버, 쿠르트(Kurt Huber) · 98, 100, 102~3, 296

후젠, 파울로스 판(Paulus van Husen) · 248~9

히틀러(Adolf Hitler) · 5~9, 17~8, 20~9, 31~3, 35~8, 43~5, 50, 57, 66, 69, 75~6, 78, 81~2, 97, 99, 104~7, 111~5, 119~30, 133~53, 156~8, 160~1, 163~6, 171~5, 179~80, 184~6, 191, 195, 197, 200~4, 206~8, 211~2, 214, 217, 221, 227, 233, 241, 249, 251~2, 254, 258~60, 262~4, 273, 275, 277~8, 283~7, 290~1, 293~5, 298~9, 301~5

힘러(Heinrich Himmler) · 8, 126~7, 156, 165, 172, 175, 177, 202, 233, 286

힘펠, 헬무트(Helmut Himpel) · 70